U0037465

大旗出版
BANNER PUBLISHING

大旗出版
BANNER PUBLISHING

翡冷翠山居閒話

徐志摩

徐志摩

目錄

人生自剖

行旅漫錄

Contents

目錄

社會批評

閒話種種

Contents

人生自剖

我的祖母之死

一個單純的孩子，過他快活的時光，與匆匆的，活潑潑的，何嘗識別生存與死亡？

這四行詩是英國詩人華滋華斯（William Wordsworth）一首有名的小詩叫做「我們是七人」（We Are Seven）的開端，也就是他的全詩的主意。這位愛自然，愛兒童的詩人，有一次碰著一個八歲的小女孩，髮鬈蓬鬆的可愛，他問她兄弟姊妹共有幾人，她說我們是七個，兩個在城裡，兩個在外國，還有一個姊妹一個哥哥，在她家裡附近教堂的墓園裡埋著。但她小孩的心理，卻不分清生與死的界限，她每晚攜著她的乾點心與小盤皿，到那墓園的草地裡，獨自的吃，獨自的唱，唱給她的在土堆裡眠著的兄姊聽，雖則他們靜悄悄的莫有回響，她爛漫的童心卻不曾感到生死間有不可思議的阻隔；所以任憑華翁多方的譬解，她只是睜著一雙靈動的小眼，回答說：

「可是，先生，我們還是七人。」

其實華翁自己的童真，也不讓那小女孩的完全：他曾經說：「在孩童時期，我不能相信我自己有一天也會得悄悄的躺在墳裡，我的骸骨會得變成塵土。」又一次他對人說：「我做孩子時最想不通的，是死的這回事將來也會得輪到我自己身上。」

孩子們天生是好奇的，他們要知道貓兒為什麼要吃耗子，小弟弟從哪裡變出來的，或是究竟先有雞還是先有雞蛋；但人生最重大的變端——死的現象與實在，他們也只能含糊的看過，我們不能期望一個個小孩子們都是搔頭窮思的丹麥王子。他們臨到喪故，往往跟著大人啼哭；但他只要眼淚一乾，就會到院子裡踢毽子，趕蝴蝶，就使在屋子裡長眠不醒了的是他們的親爹或親娘，大哥或小妹，我們也不能盼望悼死的悲哀可以完全翳蝕了他們稚羊小狗似的歡欣。你如其對孩子說，你媽死了，你知道不知道——他十次裡有九次只是對著你發呆；但他等到要媽叫媽，媽偏不應的時候，他的嫩頰上就會有熱淚流下。但小孩天然的一種表情，往往可以給人們最深的感動。我生平最忘不了的一次電影，就是描寫一個小孩愛戀已死母親的種種天真的情景。她在園裡看種花，園丁告訴她這花在泥裡，澆下水去，就會長大起來。那天晚上天下大雨，她睡在床上，被雨聲驚醒了，忽然想起園丁的話，她的小腦筋裡就發生了絕妙的主意。她偷偷的爬出了床，走下樓梯，到書房裡去拿下桌上供著的她死母的照片，一把揣在懷裡，也不顧傾倒著的大雨，一直走到園裡，在地上用園丁的小鋤掘鬆了泥土，把她懷裡的親媽，謹慎的取了出來，栽在泥裡，把鬆泥掩護著；她做完了工就蹲在那裡守候——一個三四歲的女孩，穿著白色的睡衣，在深夜的暴雨裡，蹲在露天的地上，專心篤意的盼望已經死去的親娘，像花草一般，從泥土裡發長出來！

我初次遭逢親屬的大故，是二十年前我祖父的死，那時我還不滿六歲。那是我生平第一次可怕的經驗，但我追想當時的心理，我對於死的見解也不見得比華翁的那位小姑娘高明。我記得那天夜裡，家裡人吩咐祖父病重，他們今夜不睡了，但叫我和我的姊妹先上樓睡去，回頭要我們時他們會來叫的。我們就上樓去睡了，底下就是祖父的臥房，我那時也不十分明白，只知道今夜一定有很怕的事，有火燒，強盜搶，做怕夢，一樣的可怕。我也不十分睡著，只聽得樓下的急步聲，碗碟聲，喚婢僕聲，隱隱的哭泣聲，不息的響著。過了半夜，他們上來把我從睡夢裡抱了下去，我醒過來只聽得一片的哭聲，他們已經把長條香點起來，一屋子的煙，一屋子的人，圍攏在床前，哭的哭，喊的喊，我也捱了過去，在人叢裡偷看大床裡的好祖父。忽然聽說醒了醒了，哭喊聲也歇了，我看見父親爬在床裡，把病父抱持在懷裡，祖父倚在他的身上，雙眼緊閉著，口裡銜著一塊黑色的藥物他說話了，很清的聲音，雖則我不曾聽明他說的什麼話，後來知道他經過了一陣昏暈，他又醒了過來對家人說：「你們吃嚇了，這算是小死。」他接著又說了好幾句話，隨講音隨低，呼氣隨微，去了，再不醒了，但我卻不曾親見最後的彌留，也許是我記不起，總之我那時早已跪在地板上，手裡擎著香，跟著大眾高聲的哭喊了。

此後我在親戚家收殮雖則看得不少，但死的實在的狀況卻不曾見過。我們念書人的幻想力是較比的豐富，但往往因為有了幻想力，就不管生命現象的實在，結果是書呆子，陸放翁說的「百無一用是書生」。人生的範圍是無窮的：我們少年時精力充足什麼都不怕嘗試，只愁沒有出奇的事情做，往往抱怨這宇宙太窄，青天太低，大鵬似的翅膀飛不痛快，但是……但是平心的說，且不論奇的，怪的，特別的，離奇的，我們姑且試問人生裡最基本的事實，最單純的，最普遍的，最平庸的，最近人情的經驗，我們究竟能有多少的把握，我們能有多少深澈的瞭解，我們是否都親身經歷過？譬如說：生產，戀愛，痛苦，悲，死，妒，恨，快樂，真疲倦，真饑餓，渴，毒焰似的渴，眞的幸福，凍的刑罰，懺悔，種種的情熱。我可以說，我們平常人生觀，人類，人道，人情，眞理，哲理，本能等等名詞不離口吻的念書人們，什麼文學家，什麼哲學家——關於眞正人生基本的事實的實在，知道的——恐怕是極微至鮮，即使不等於圓圈。我有一個朋友，他和他夫人的感情極厚，一次他夫人臨到難產，因為在外國，所以進醫院什麼都得他自己照料，最後醫生宣言只有用手術一法，但性命不能擔保，他沒有法子，只好和他半死的夫人訣別（解剖時親屬不准在旁的）。滿心毒魔似的難受，他出了醫院，走在道上，走上橋去，像得了離魂病似的，心脈舂臼似的跳著，最後他聽著了教堂和緩的鐘聲，他就不自主的跟著鐘聲，進了教堂，跟著在做禮拜的跪著，禱告，懺悔，祈求，唱詩，流淚（他並不是信教的人），他這樣的捱過時刻，後來回轉醫院時，一步步都是慘酷的磨難，比上行刑場的犯人，加倍的難受，他怕見醫生與看護婦，彷彿他的運命是在他們的手掌裡握著。事後他對人說：「我這才知道了人生一點子的意味！」

所以不曾經歷過精神或心靈的大變的人們，只是在生命的戶外徘徊，也許偶爾猜想到幾分牆內的動靜，但總是浮的淺的，不切實的，甚至完全是隔膜的。人生也許是個空虛的幻夢，但在這幻象中，生與死，戀愛與痛苦，畢竟是陡起的奇峰，應得激動我們彷徨者的注意，在此中也許有可以感悟到一些幻裡的眞，虛中的實，這浮動的水泡不曾破裂以前，也應得飽吸自由的日光，反射幾絲顏色！

我是一隻不羈的野駒，我往往縱容想像的猖狂，詭辯人生的現實；比如憑藉凹折的玻璃，覺察當前景色。但時而復再，我也能從煩囂的雜響中聽出清新的樂調，在眩耀的雜彩裡，看出有條理的意匠。

這次祖母的大故，老家庭的生活，給我不少靜定的時刻，不少深刻的反省。我不敢說我因此感悟了部分的眞理，或是取得了若干的智慧；我只能說我因此與實際生活更深了一層的接觸，益發激動我對於人生種種好奇的探討，益發使我驚訝這迷謎的玄妙，不但死是神奇的現象，不但生命與呼吸是神奇的現象，就連日常的生活與習慣與迷信，也好像放射著異樣的光閃，不容我們擅用一兩個形容詞來概狀，更不容我們昌言什麼主義來抹煞——一個革新者的熱心，碰著了實在的寒冰！

陸

我在我的日記裡翻出一封不曾寫完不曾付寄的信，是我祖母死後第二天的早上寫的。我那時在極強烈的極鮮明的時刻內，很想把那幾日經過感想與疑問，痛快的寫給一個同情的好友，使他在數千里外也能分嘗我強烈的鮮明的感情。那位同情的好友我選中了通伯，但那封信卻只起了一個呆重的頭，一爲喪中忙，二爲我那時眼熱不耐用心，始終不曾寫就，一直挨到現在再想補寫，恐怕強烈已經變弱，鮮明已經透暗，逃亡的囚逋，不易追獲的了。我現在把那封殘信錄在這裡，再來追摹當時的情景。

通伯：

我的祖母死了！從昨夜十時半起，直到現在，滿屋子只是號啕呼搶的悲音。與和尚道士女僧的禮懺鼓磬聲。二十年前祖父喪時的情景。如今又在眼前了。忘不了的情景！你願否聽我講些？

我一路回家，怕的是也許已經見不到老人，但老人卻在生死的交關彷彿存心的彌留著，等待她最鍾愛的孫兒——即不能與他開言訣別，也使他尚能把握她依然溫暖的手掌，撫摩她依然跳動著的胸懷。

凝視她依然能自開自闔雖則不再能表情的目睛。她的病是腦充血的一種，中醫稱為「卒中」(最難救的中風)。她十日前在暗房裡躓仆倒地，從此不再開口出言，登仙似的結束了她八十四年的長壽，六十年良妻與賢母的辛勤，她現在已經永遠的脫辭了煩惱的人間，還歸她清淨自在的來處。我們承受她一生的厚愛與蔭澤的兒孫，此時親見，將來追念，她最後的神化，不能自禁中懷的摧痛，熱淚暴雨似的盆湧，然痛心中卻亦隱有無窮的讚美，熱淚中依稀想見她功成德備的微笑，無形中似有不朽的靈光，永遠的臨照她綿衍的後裔……

舊曆的乞巧那一天，我們一大群快活的遊蹤，驢子灰的黃的白的，轎子四個腳夫抬的，正在山海關外，紆迴的，曲折的繞登角山的棲賢寺，面對著殘圮的長城，巨蟲似的爬山越嶺，隱入煙靄的迷茫。那晚回北戴河海濱住處，已經半夜，我們還打算天亮四點鐘上蓮峰山去看日出，我已經快上床，忽然想起了，出去問有信沒有，聽差遞給我一封電報，家裡來的四等電報。我就知道不妙，果然是「祖母病危速回」！我當晚就收拾行裝，趕早上六時車到天津，晚上才上津浦快車。正嫌路遠車慢，半路又為水發沖壞了軌道過不去，一停就停了十二點鐘有餘，在車裡多過了一夜，直到第三天的中午方才過江上滬寧車。這趟車如其準點到上海，剛好可以接上滬杭的夜車，誰知道又誤了點，誤了不多不少的一分鐘，一面我們的車進站，他們的車頭烏的一聲叫，別斷別斷的去了！我若然是空身子，還可以冒險跳車，偏偏我的一雙手又被行李雇定了，所以只得定著眼睛送它走。

所以直到八月二十二日的中午我方才到家。我給通伯的信說「怕是已經見不著老人」，在路上那幾天真是難受，縮不短的距離沒有法子，但是那急人的水發，急人的火車，幾面湊攏來，叫我整整的遲一晝夜到家！試想病危了的八十四歲的老人，這二十四點鐘不是容易過的，說不定她剛巧在這個期間內有什麼動靜，那才叫人抱憾哩！但是結果還算沒有多大的差池——她老人家還在生死的交關等著！

奶奶——奶奶——奶奶！奶——奶！你的孫兒回來了，奶奶！沒有回音。老太太闔著眼，仰面躺在床裡，右手拿著一把半舊的雕翎扇很自在的扇動著。老太太原來就怕熱，每年暑天總是扇子不離手的，那幾天又是特別的熱。這還不是好好的老太太，呼吸頂勻淨的，定是睡著了，誰說危險！奶奶，奶奶！她把扇子放下了，伸手去摸著頭頂上掛著的冰袋，一把抓得緊緊的，呼了一口長氣，像是暑天趕道兒的喝了一碗涼湯似的，這不是她明明的有感覺不是？我把她的手拿在我的手裡，她似乎感覺我手心的熱，可是她也讓我握著，她開眼了！右眼張得比左眼開些，瞳子卻是發呆，我拿手指在她的眼前一挑，她也沒有瞬，那準是她瞧不見了——奶奶，奶奶，——她也眞沒有聽見，難道她眞是病了，眞是危險，這樣愛我疼我寵我的好祖母，難道眞會得……我心裡一陣的難受，鼻子裡一陣的酸，滾熱的眼淚就迸了出來。這時候床前已經擠滿了人，我的這位，我的那位，我一眼看過去，只見一片慘白憂愁的面色，一雙雙裝滿了淚珠的眼眶。我的媽更看的憔悴。她們已經伺候了六天六夜，媽對我講祖母這回不幸的情形，怎樣的她夜飯前還在大廳上吩咐事情，怎樣的飯後進房去自己擦臉，不知怎樣的閃了下去，外面人聽著響聲才進去，已經是不能開口了，怎樣的請醫生，一直到現在還沒有轉機……

一個人到了天倫骨肉的中間，整套的思想情緒，就變換了式樣與顏色。你的不自然的口音與語法沒有用了；你的耀眼的袍服可以不必穿了；你的潔白的天使的翅膀，預備飛翔出人間到天堂的，不便在你的慈母跟前自由的開豁；你的理想的樓台亭閣，也不易輕易的放進這二百年的老屋；你的佩劍，要塞，以及種種的防禦，在爭競的外界即使是必要的，到此只是可笑的累贅。在這裡，不比在其餘的地方，他們所要求於你的，只是隨熟的聲音與笑貌，只是好的，純粹的本性，只是一個沒有斑點子的赤裸裸的好心。在這些純愛的骨肉的經緯中心，不由得你不從你的天性裡抽出最柔儒亦最有力的幾縷絲線來加密或是縫補這幅天倫的結構。

所以我那時坐在祖母的床邊，含著兩朵熱淚，聽母親敘述她的病況，我腦中發生了異常的感想，我像是至少逃回了二十年的光陰，正如我膝前子侄輩一般的高矮，回復了一片純樸的童真，早上走來祖母的床前，揭開帳子叫一聲軟和的奶奶，她也回叫了我一聲，伸手到裡床去摸給我一個蜜棗或是三片狀元糕，我又叫了一聲奶奶，出去玩了，那是如何可愛的辰光，如何可愛的天眞，但如今沒有了，再也不回來了。現在床裡躺著的，還不是我的親愛的祖母，十個月前我伴著到普陀登山拜佛清健的祖母，但現在何以不再答應我的呼喚，何以不再能表情，不再能說話，她的靈性哪裡去了，她的靈性哪裡去了？

一天，一天，又是一天——在垂危的病榻前過的時刻，不比平常飛駛無礙的光陰，時鐘上同樣的一聲的鞳，直接的打在你的焦急的心裡，給你一種模糊的隱痛——祖母還是照樣的眠著，右手的脈自從起病以來已是極微僅有的，但不能動彈的卻反是有脈的左側，右手還是不時在揮扇，但她的呼吸還是一例的平匀，面容雖不免瘦削，光

澤依然不減，並沒有顯著的衰象，所以我們在旁邊看她的，差不多每分鐘都盼望她從這長期的睡眠中醒來，打一個哈欠，就開眼見人，開口說話——果然她醒了過來，我們也不會覺得離奇，像是原來應當似的。但這究竟是我們親人絕望中的盼望，實際上所有的醫生，中醫，西醫，針醫，都已一致的回絕，說這是「不治之症」，中醫說這脈象是憑證，西醫說腦殼裡血管破裂，雖則植物性機能——呼吸，消化——不曾停止，但言語中樞已經斷絕——此外更專門更玄學更科學的理論我也記不得了。所以暫時不變的原因，就在老太太本來的體元太好了，拳術家說的「一時不能散工」，並不是病有轉機的兆頭。

我們自己人也何嘗不明白這是個絕症；但我們卻總不忍自認是絕望：這「不忍」便是人情。我有時在病榻前，在淒悒的靜默中，發生了重大的疑問。科學家說人的意識與靈感，只是神經系最高的作用，這複雜、微妙的機械，只要部分有了損傷或是停頓，全體的動作便發生相當的影響；如其最重要的部分受了擾亂，他不是變成反常的瘋癲，便是完全的失去意識。照這一說，體即是用，離了體即沒有用；靈魂是宗教家的大謊，人的身體一死什麼都完了。這是最乾脆不過的說法，我們活著時有這樣有那樣已經盡夠麻煩，盡夠受，誰還有興致，誰還願意到墳墓的那一邊再去發生關係，地獄也許是黑暗的，天堂是光明的，但光明與黑暗的區別無非是人類專擅的假定，我們只要擺脫這皮囊，還歸我清靜，我就不願意頭戴一個黃色的空圈子，合著手掌跪在雲端裡受罪！

再回到事實上來，我的祖母——一位神智最清明的老太太——究竟在哪裡？我既然不能斷定因為神經部分的震裂她的靈感性便永遠的消滅，但同時她又分明的失卻了表情的能力，我只能設想她人格的自覺性，也許比平時消澹了不少，卻依舊是在著，像在夢魘裡將醒未醒時似的，明知她的兒女孫曾不住的叫喚她醒來，明知她即使要永別也總還有多少的囑咐，但是可憐她的睛球再不能反映外界的印象，她的聲帶與口舌再不能表達她內心的情意，隔著這脆弱的肉體的關係，她的性靈再不能與她最親的骨肉自由的交通——也許她也在整天整夜的伴著我們焦急，伴著我們傷心，伴著我們出淚，這才是可憐，這才眞叫人悲戚哩！

到了八月二十七那天，離她起病的第十一天，醫生吩咐脈象大大的變了，叫我們當心，這十一天內每天她只咽入很困難的幾滴稀薄的米湯，現在她的面上的光澤也不如早幾天了，她的目眶更陷落了，她的口部的筋肉也更寬馳了，她右手的動作也減少了，即使拿起了扇子也不再能很自然的扇動了——她的大限的確已經到了。但是到晚飯後，反是沒有什麼顯象。同時一家人著了忙，準備壽衣的，準備冥銀的，準備香燈等等的。我從裡走出外，又從外走進裡，只見匆忙的腳步與嚴肅的面容。這時病人的大動脈已經微細的不可辨，雖則呼吸還不至怎樣的急促。這時一門的骨肉已經齊集在病房裡，等候那不可避免的時刻。到了十時光景，我和我的父親正坐在房的那一頭一張床上，忽然聽得一個哭叫的聲音說——「大家快來看呀，老太太的眼睛張大了！」這尖銳的喊聲，彷彿是一大桶的冰水澆在我的身上，我所有的毛管一齊豎了起來，我們踉蹌的奔到了床前，擠進了人群。果然，老太太的眼睛張大了，張得很大了！這是我一生從不曾見過，也是我一輩子忘不了的眼見的神奇。（恕罪我的描寫！）不但是兩眼，面容也是絕對的神變了（Transfigured）：她原來皺縮的面上，發出一種鮮潤的彩澤，彷彿半瘀的血脈，又一度滿充了生命的精液，她的口，她的兩頰，也都回復了異樣的豐潤；同時她的呼吸漸漸的上升，急進的短促，現在已經幾乎脫離了氣管，只在鼻孔裡脆響的呼出了。但是最神奇不過的是一隻眼睛！她的瞳孔早已失去了收斂性，呆頓的放大了。但是最後那幾秒鐘！不但眼眶是充分的張開了，不但黑白分明，瞳孔銳利的緊斂了，並且放射著一種不可形容，不可信的輝光，我只能稱他為「生命最集中的靈光」！這時候床前只是一片的哭聲，子媳喚著娘，孫子喚著祖母，婢僕爭喊著老太太，幾個稚齡的曾孫，也跟著狂叫太太……但老太太最後的開眼，彷彿是與她親愛的骨肉，作無言的訣別，我們都在號泣的送終，她也安慰了，她放心的去了。在幾秒時內，死的黑影已經移上了老人的面部，遏滅了生命的異彩，她最後的呼氣，正似水泡破裂，電光杳滅，菩提的一響，生命呼出了竅，什麼都止息了。

我滿心充塞了死象的神奇，同時又須顧管我有病的母親，她那時出性的號啕，在地板上滾著，我自己反而哭不出來；我自己也覺得奇怪，眼看著一家長幼的涕淚滂沱，耳聽著狂沸似的呼搶號叫，我不但不發生同情的反應，卻反而達到了一個超感情的，靜定的，幽妙的意境，我想像的看見祖母脫離了軀殼與人間，穿著雪白的長袍，冉冉的上升天去，我只想默默的跪在塵埃，讚美她一生的功德，讚美她一生的圓寂。這是我的設想！我們內地人卻沒有這樣純粹的宗教思想；他們的假定是不論死的是高年厚德的老人或是無知無愆的幼孩，或是罪大惡極的凶人，臨到彌留的時刻總是一例的有無常鬼，摸壁鬼，牛頭馬面，赤髮獠牙的陰差等等到門，拿著鐐鏈枷鎖，來捉拿陰魂到案。所以燒紙帛是平他們的暴戾，最後的呼搶是沒奈何的訣別。這也許是大部分臨死時實在的情景，但我們卻不能概定所有的靈魂都不免遭受這樣的凌辱。譬如我們的祖老太太的死，我只能想像她是登天，只能想像她慈祥的神化——像那樣鼎沸的號啕，固然是至性不能自禁，但我總以為不如匐伏隱泣或禱默，較為近情，較為合理。

理智發達了，感情便失了自然的濃摯；厭世主義的看來，眼淚與笑聲一樣是空虛的，無意義的。但厭世主義姑且不論，我卻不相信理智的發達，會得妨礙天然的情感；如其教育真有效力，我以為效力就在剝削了不合理性的「感情作用」，但決不會有損真純的感情；他眼淚也許比一般人流得少些，但他等到流淚的時候，他的淚才是應流的淚。我也是智識愈開流淚愈少的一個人，但這一次卻也真的哭了好幾次。一次是伴我的姑母哭的，她為產後不曾復元，所以祖母的病一直瞞著她，一直到了祖母故後的早上方才通知她。她扶病來了，她還不曾下轎，我已經聽出她在啜泣，我一時感覺一陣的悲傷，等到她出轎放聲時，我也在房中噓唏不住。又一次是伴祖母當年的贈嫁婢哭的。她比祖母小十一歲，今年七十三歲，亦已是個白髮的婆子，她也來哭她的「小姐」，她是見著我祖母的花燭的唯一個人，她的一哭我也哭了。

再有是伴我的父親哭的。我總是覺得一個身體偉大的人，他動情感的時候，動人的力量也比平常人偉大些。我見了我父親哭泣，我就忍不住要伴著淌淚。但是感動我最強烈的幾次，是他一人倒在床裡，反覆的啜泣著，叫著媽，像一個小孩似的，我就感到最熱烈的傷感，在他偉大的心胸裡浪濤似的起伏，我就感到母子的感情的確是一切感情的起原與總結，等到一失慈愛的蔭蔽，彷彿一生的事業頓時莫有了根柢，所有的快樂都不能填平這唯一的缺陷；所以他這一哭，我也真哭了。

但是我的祖母果真是死了嗎？她的軀體是的。但她是不死的。詩人勃蘭恩德（Bryant）[1]說：

So live, that when thy summons comes to join the innumerable caravan, which moves to that mysterious realm where each one takes his chamber in the silent halls of death, then go not, like the quarry slave at night scourged to his dungeon, but sustained and soothed.

By an unfaltering truth, approach thy grave like one that wraps the drapery of his couch, about him, and lies down to pleasant dreams.[2]

如果我們的生前是盡責任的，是無愧的，我們就會安坦的走近我們的墳墓，我們的靈魂裡不會有慚愧或悔恨的齧痕。人生自生至死，如勃蘭恩德的比喻，眞是大隊的旅客在不盡的沙漠中進行，只要良心有個安頓，到夜裡你臥倒在帳幕裡也就不怕噩夢來纏繞。

我的祖母，在那舊式的環境裡，到我們家來五十九年，眞像是做了長期的苦工，她何嘗有一日的安閒，不必說子女的嫁娶，就是一家的柴米油鹽，掃地抹桌，哪一件事不在八十歲老人早晚的心上！我的伯父快近六十歲了，但他的起居飲食，還差不多完全是祖母經管的，初出世的曾孫如其有些身熱咳嗽，老太太晚上就睡不安穩；她愛我寵我的深情，更不是文字所能描寫；她那深厚的慈蔭，眞是無所不

❶ Bryant：今譯布萊恩特（1794～1878），美國詩人，代表作為《死亡觀》、《致水鳥》等。

❷「活下去吧，當你受到召喚，去加入向那神秘的領域行進的無窮無盡的旅行隊伍，去死亡的府第入住的時候，不要像那逃奴，在深夜裡被鞭子抽著回到他的地牢，而應該是鎮定與平靜的。／因為對真理的毫不動搖的信念，你在走近墳墓的時候要像一個上床睡覺的人，把床邊的簾子捲好，躺下準備做一夜的美夢。」

包，無所不蔽。但她的身心即使勞碌了一生，她的報酬卻在靈魂無上的平安；她的安慰就在她的兒女孫曾，只要我們能夠步她的前例，各盡天定的責任，她在冥冥中也就永遠的微笑了。

十一月二十四日

我的彼得

新近有一天晚上，我在一個地方聽音樂，一個不相識的小孩，約莫八九歲光景，過來坐在我的身邊，他說的話我不懂，我也不易使他懂我的話，那可並不妨事，因爲在幾分鐘內我們已經是很好的朋友，他拉著我的手，我拉著他的手，一同聽台上的音樂。他年紀雖則小，他音樂的興趣已經很深：他比著手勢告我他也有一張提琴，他會拉，並且說哪幾個是他已經學會的調子。他那資質的敏慧，性情的柔和，體態的秀美，不能使人不愛；而況我本來是歡喜小孩們的。

但那晚雖則結識了一個可愛的小友，我心裡卻並不快爽；因爲不僅見著他使我想起你，我的小彼得，並且在他活潑的神情裡我想見了你，彼得，假如你長大的話，與他同年齡的影子。你在時，與他一樣，也是愛音樂的；雖則你回去的時候剛滿三歲，你愛好音樂的故事，從你襁褓時起，我屢次聽你媽與你的「大大」❶講，不但是十分的有趣可愛，竟可說是你有天賦的憑證，在你最初開口學話的日子，你媽已經寫信給我，說你聽著了音樂便異常的快活，說你在坐車裡常常伸出你的小手在車欄上跟著音樂按拍；你稍大些會得淘氣的時候，你媽說，只要把話匣開上，你便在旁邊乖乖的坐著靜聽，再也不出聲不鬧——並且你有的是可驚的口味，是貝德花芬❷是槐格納❸你就愛，要是中國的戲片，你便蓋沒了你的小耳，決意不讓無意味的鑼

❶ 褓姆。

❷ 今譯貝多芬（1770～1827），德國作曲家。世稱為「樂聖」。

❸ 今譯華格納（1813～1883），德國作曲家。擅長歌劇，被譽為歌劇之王。

鼓，打攪你的清聽——你的大大（她多疼你！）講給我聽你得小提琴的故事：怎樣那晚上買琴來的時候你已經在你的小床上睡好，怎樣她們爲怕你起來鬧趕快滅了燈亮把琴放在你的床邊，怎樣你這小機靈早已看見，卻偏不作聲，等你媽與大大都上了床，你才偷偷的爬起來，摸著了你的寶貝，再也忍不住的你技癢，站在漆黑的床邊，就開始你「截桑柴」[4]的本領，後來怎樣她們干涉了你，你便乖乖的把琴抱進你的床去，一起安眠。她們又講你怎樣喜歡拿著一根短棍站在桌上模仿音樂會的導師，你那認眞的神情常常叫在座人大笑。此外還有不少趣話，大大記得最清楚，她都講給我聽過；但這幾件故事已夠見證你小小的靈性裡早長著音樂的慧根。實際我與你媽早經同意想叫你長大時留在德國學習音樂——誰知道在你的早殤裡我們不失去了一個可能的毛贊德（Mozart）[5]：在中國音樂最饑荒的日子，難得見這一點希冀的青芽，又教運命無情的腳跟踏倒，想起怎不可傷？

彼得，可愛的小彼得，我「算是」你的父親，但想起我做父親的往蹟，我心頭便湧起了不少的感想；我的話你是永遠聽不著了，但我想借這悼念你的機會，稍稍疏泄我的積愫，在這不自然的世界上，與我境遇相似或更不如的當不在少數，因此我想說的話或許還有人聽，竟許有人同情。就是你媽，彼得，她也何嘗有一天接近過快樂與幸福，但她在她同樣不幸的境遇中證明她的智斷，她的忍耐，尤其是她的勇敢與膽量；所以至少她，我敢相信，可以懂得我話裡意味的深淺，也只有她，我敢說。最有資格指證或相詮釋，在她有機會時，我的情感的眞際。

---

❹ 這裡是在形容彼得拉小提琴的模樣，像是在鋸樹枝一樣。
❺ 今譯莫札特（1756～1791），奧地利作曲家。被譽為「音樂神童」。

但我的情愫！是怨，是恨，是懺悔，是悵惘？對著這不完全，不如意的人生，誰沒有怨，誰沒有恨，誰沒有悵惘？除了天生顢頇的，誰不曾在他生命的經途中——葛德❻說的——和著悲哀吞他的飯，誰不曾擁著半夜的孤衾飲泣？我們應得感謝上蒼的是他不可度量的心裁，不但在生物的境界中他創造了不可計數的種類，就這悲哀的人生也是因人差異，各各不同，——同是一個碎心，卻沒有同樣的碎痕；同是一滴眼淚，卻難尋同樣的淚晶。

彼得我愛，我說過我是你的父親。但我最後見你的時候你才不滿四月，這次我再來歐洲你已經早一個星期回去，我見著的只你的遺像，那太可愛；與你一撮的遺灰，那太可慘。你生前日常把弄的玩具——小車，小馬，小鵝，小琴，小書——你媽曾經件件的指給我看，你在時穿著的衣衵鞋帽，你媽與你大大也曾含著眼淚從箱裡理出來給我撫摩，同時她們講你生前的故事，直到你的影像活現在我的眼前，你的腳蹤彷彿在樓板上踹響。你是不認識你父親的，彼得，雖則我聽說他的名字常在你的口邊，他的肖像也常受你小口的親吻，多謝你媽與你大大的慈愛與真摯，她們不僅永遠把你放在她們心坎的底裡，她們也使我，沒福見著你的父親，知道你，認識你，愛你，也把你的影像，活潑，美慧，可愛，永遠鏤上了我的心版。那天在柏林的會館裡，我手捧著那收存你遺灰的錫瓶，你媽與你七舅站在旁邊止不住滴淚，你的大大哽咽著，把一個小花圈掛上你的門前——那時間我，你的父親，覺著心裡有一個尖銳的刺痛，這才初次明白曾經有一點血肉從我自己的生命裡分出，這才覺著父性的愛像泉眼似的在性靈

❻ 今譯歌德（1749～1832），德國詩人、作家，青年時代為狂飆運動的代表人物，在文學、藝術、哲學、政治、自然科學等領域皆有可觀的成就，代表作有詩劇《浮士德》、小說《少年維特的煩惱》等。

裡汨汨的流出：只可惜是遲了，這慈愛的甘液不能救活已經萎折了的鮮花，只能在他紀念日的周遭永遠無聲的流轉。

彼得，我說我要借這機會稍稍爬梳我年來的鬱積；但那也不見得容易；要說的話彷彿就在口邊，但你要它們的時候，它們又不在口邊：像是長在大塊岩石底下的嫩草，你得有力量翻起那岩石才能把它不傷損的連根起出——誰知道那根長的多深！是恨，是怨，是懺悔，是悵惘？許是恨，許是怨，許是懺悔，許是悵惘。荊棘刺入了行路人的脛踝，他才知道這路的難走；但爲什麼有荊棘？是它們自己長著，還是有人成心種著的？也許是你自己種下的？至少你不能完全抱怨荊棘，一則因爲這道是你自願才來走的，再則因爲那刺傷是你自己的腳踏上了荊棘的結果，不是荊棘自動來刺你——但又誰知道？因此我有時想，彼得，像你倒眞是聰明：你來時是一團活潑、光亮的天眞，你去時也還是一個光亮、活潑的靈魂；你來人間眞像是短期的作客，你知道的是慈母的愛，陽光的和暖與花草的美麗，你離開了媽的懷抱，你回到了天父的懷抱，我想他聽你欣欣的回報這番作客——只嘗甜漿，不吞苦水——的經驗，他上年紀的臉上一定滿布著笑容——你的小腳踝上不曾碰著過無情的荊刺，你穿來的白衣不曾沾著一斑的泥汙。

但我們，比你住久的，彼得，卻不是來作客；我們是遭放逐，無形的解差永遠在後背催逼著我們趕道：爲什麼受罪，前途是哪裡，我們始終不曾明白，我們明白的只是底下流血的脛踝，只是這無恩的長路，這時候想回頭已經太遲，想中止也不可能，我們眞的羨慕，彼得，像你那譎期的簡淨。

在這道上遭受的，彼得，還不止是難，不止是苦，最難堪的是逐步相追的嘲諷，身影似的不可解脫。我既是你的父親，彼得，比方說，爲什麼我不能在你的生前，日子雖短，給你應得的慈愛，爲什麼要到這時候，你已經去了不再回來，我才覺著骨肉的關連？並且假如我這番不到歐洲，假如我在萬里外接到你的死耗，我怕我只能看作水面上的雲影，來時自來，去時自去：正如你生前我不知欣喜，你在時我不知愛惜，你去時也不能過分動我的情感。我自分不是無情，不是寡思，爲什麼我對自身的血肉，反是這般不近情的冷漠？彼得，我問爲什麼，這問的後身便是無限的隱痛：我不能怨，我不能恨，更無從悔，我只是悵惘，我只能問！明知是自苦的揶揄，但我只能忍受。而況揶揄還不止此，我自身的父母，何嘗不赤心的愛我；但他們的愛卻正是造成我痛苦的原因：我自己也何嘗不篤愛我的親親，但我不僅不能盡我的責任，不僅不曾給他們想望的快樂，我，他們的獨子，也不免加添他們的煩愁，造作他們的痛苦，這又是爲什麼？在這裡，我也是一般的不能恨，不能怨，更無從悔，我只是悵惘——我只能問。昨天我是個孩子，今天已是壯年；昨天腮邊還帶著圓潤的笑渦，今天頭上已見星星的白髮；光陰帶走的往跡，再也不容追贖，留下在我們心頭的只是些揶揄的鬼影；我們在這道上偶爾停步回想的時候，只能投一個虛圈的「假使當初」，解嘲已往的一切。但已往的教訓，即使有，也不能給我們利益，因爲前途還是不減啓程時的渺茫，我們還是不能選擇取由的途徑——到那天我們無形的解差喝住的時候，我們唯一的權利，我猜想，也只是再丟一個虛圈更大的「假使」，圓滿這全程的寂寞，那就是止境了。

北戴河海濱的幻想

他們都到海邊去了。我為左眼發炎不曾去。我獨坐在前廊，偎坐在一張安適的大椅內，袒著胸懷，赤著腳，一頭的散髮，不時有風來撩拂。清晨的晴爽，不曾消醒我初起時睡態；但夢思卻半被曉風吹斷。我闔緊眼簾內視，只見一斑斑消殘的顏色，一似晚霞的餘赭，留戀地膠附在天邊。廊前的馬櫻，紫荊，藤蘿，青翠的葉與鮮紅的花，都將他們的妙影映印在水汀上，幻出幽媚的情態無數；我的臂上與胸前，亦滿綴了綠蔭的斜紋。從樹蔭的間隙平望，正見海灣：海波亦似被晨曦喚醒，黃藍相間的波光，在欣然的舞蹈。灘邊不時見白濤湧起，迸射著雪樣的水花。浴線內點點的小舟與浴客，水禽似的浮著；幼童的歡叫，與水波拍岸聲，與潛濤嗚咽聲，相間的起伏，競報一灘的生趣與樂意。但我獨坐的廊前，卻只是靜靜的，靜靜的無甚聲響。嫵媚的馬櫻，只是幽幽的微輾著，蠅蟲也斂翅不飛。只有遠近樹裡的秋蟬在紡紗似的綞引他們不盡的長吟。

在這不盡的長吟中，我獨坐在冥想。難得是寂寞的環境，難得是靜定的意境：寂寞中有不可言傳的和諧，靜默中有無限的創造。我的心靈，比如海濱，生平初度的怒潮，已經漸次的清翳，只剩有疏鬆的海砂中偶爾的迴響，更有殘缺的貝殼，反映星月的輝芒。此時摸索潮餘的斑痕，追想當時洶湧的情景，是夢或是真，再亦不須辨問，只此眉梢的輕縐，唇邊的微哂，已足解釋無窮奧緒，深深的蘊伏在靈魂的微纖之中。

青年永遠趨向反叛，愛好冒險；永遠如初度航海者，幻想黃金機緣於浩淼的煙波之外：想割斷繫岸的纜繩，扯起風帆，欣欣的投入無垠的懷抱。他厭惡的是平安，自喜的是放縱與豪邁。無顏色的生涯，是他目中的荊棘；絕海與凶，是他愛取由的途徑。他愛折玫瑰：爲她的色香，亦爲她冷酷的刺毒。他愛搏狂瀾：爲他的莊嚴與偉大，亦爲他吞噬一切的天才，最是激發他探險與好奇的動機。他崇拜衝動：不可測，不可節，不可預逆，起，動，消歇皆在無形中，狂風似的倏忽與猛烈與神秘。他崇拜鬥爭：從鬥爭中求劇烈的生命之意義，從鬥爭中求絕對的實在，在血染的戰陣中，呼勝利之狂歡或歌敗喪的哀曲。

幻象消滅是人生裡命定的悲劇；青年的幻滅，更是悲劇中的悲劇，夜一般的沉黑，死一般的凶惡。純粹的，猖狂的熱情之火，不同阿拉亭的神燈，只能放射一時的異彩，不能永久的朗照；轉瞬間，或許，便已斂熄了最後的焰舌，只留存有限的餘燼與殘灰，在未滅的餘溫裡自傷與自慰。

流水之光，星之光，露珠之光，電之光，在青年的妙目中閃耀，我們不能不驚訝造化者藝術之神奇；然可怖的黑影，倦與衰與飽饜的黑影，同時亦緊緊的跟著時日進行，彷彿是煩惱，痛苦，失敗，或庸俗的尾曳，亦在轉瞬間，彗星似的掃滅了我們最自傲的神輝——流水涸，明星沒，露珠散滅，電閃不再！

在這豔麗的日輝中，只見愉悅與歡舞與生趣，希望，閃爍的希望，在蕩漾，在無窮的碧空中，在綠葉的光澤裡，在蟲鳥的歌吟中，在青草的搖曳中——夏之榮華，春之成功。春光與希望，是長駐的；自然與人生，是調諧的。

在遠處有福的山谷內，蓮馨花在坡前微笑，稚羊在亂石間跳躍，牧童們，有的吹著蘆笛，有的平臥在草地上，仰看變幻的浮游的白雲，放射下的青影在初黃的稻田中縹渺地移過。在遠處安樂的村中，有妙齡的村姑，在流澗邊照映她自製的春裙；口銜煙斗的農夫三四，在預度秋收的豐盈，老婦人們坐在家門外陽光中取暖，她們的周圍有不少的兒童，手擎著黃白的錢花在環舞與歡呼。

在遠——遠處的人間，有無限的平安與快樂，無限的春光……

在此暫時可以忘卻無數的落蕊與殘紅；亦可以忘卻花蔭中掉下的枯葉，私語地預告三秋的情意；亦可以忘卻苦惱的僵癟的人間，陽光與雨露的殷勤，不能再恢復他們腮頰上生命的微笑；亦可以忘卻紛爭的互殺的人間，陽光與雨露的仁慈，不能感化他們凶惡的獸性；亦可以忘卻庸俗的卑瑣的人間，行雲與朝露的丰姿，不能引逗他們剎那間的凝視；亦可以忘卻自覺的失望的人間，絢爛的春時與媚草，只能反激他們悲傷的意緒。

我亦可以暫時忘卻我自身的種種；忘卻我童年期清風白水似的天真；忘卻我少年期種種虛榮的希冀；忘卻我漸次的生命的覺悟；忘卻我熱烈的理想的尋求；忘卻我心靈中樂觀與悲觀的鬥爭；忘卻我攀登文藝高峰的艱辛；忘卻剎那的啓示與澈悟之神奇；忘卻我生命潮流之驟轉；忘卻我陷落在危險的旋渦中之幸與不幸；忘卻我追憶不完全的夢境；忘卻我大海底裡埋著的秘密；忘卻曾經刳割我靈魂的利刃，炮烙我靈魂的烈焰，摧毀我靈魂的狂飆與暴雨；忘卻我的深刻的怨與艾；忘卻我的冀與願；忘卻我的恩澤與惠感，忘卻我的過去與現在……

過去的實在，漸漸的膨漲，漸漸的模糊，漸漸的不可辨認；現

在的實在，漸漸的收縮，逼成了意識的一線，細極狹極的一線，又裂成了無數不相聯續的黑點……黑點亦漸次的隱翳？幻術似的滅了，滅了，一個可怕的黑暗的空虛……

迎上前去

這回我不撒謊，不打隱謎，不唱反調，不來烘托：我要說幾句至少我自己信得過的話，我要痛快的招認我自己的虛實，我願意把我的花押畫在這張供狀的末尾。

我要求你們大量的容許我，在我第一天接手《晨報副刊》的時候，介紹我自己，解釋我自己，鼓勵我自己。

今天碰巧是我這輩子一個轉向的日子，我新近經驗過在我算是嚴重、慘刻、極痛心的經驗：這經驗撼動我全身的纖維，像大風搖動一株孤立的樹，在這劇震中誰知道掉下了多少不曾焦透的葉子？但我卻因此得到一種心地的清明，近年來不曾嘗味過的；因此我敢放膽的說我要說的話：我的呼吸這時候是潔淨的，我的嗓音是瀏亮的，像大風雨後的空氣，原有的蕪穢與雜質都叫大自然的震怒洗刷一個淨盡，我此時覺著在受重傷的過去的我裡，重新透出了一團新來的勇氣，一部新來的健康；一個更確定的我，更倔強的我，更有力的我。

我相信眞的理想主義者是受得住眼看他往常保持著的理想萎成灰，碎成斷片，爛成泥，在這灰這斷片這泥的底裡他再來發現他更偉大更光明的理想。我就是這樣的一個。

只有信生病是榮耀的人們才來不知恥的高聲嚷痛，這時候他聽著有腳步聲，他以為有幫助他的人向著他來，誰知是他自己的靈性離了他去！眞有志氣的病人，在不能自己豁脫苦痛的時候，寧可死休，

不來忍受醫藥與慈善的侮辱。我又是這樣的一個。

我們在這生命裡到處碰頭失望，連續遭逢「幻滅」，頭頂只見烏雲，地下滿是黑影；同時我們的年歲，病痛，工作，習慣，惡狠狠的壓上我們的肩背，一天重似一天，在無形中嘲諷的呼喝著：「倒，倒，你這不量力的蠢才！」因此你看這滿路的倒屍，有全死的，有半死的，有爬著掙扎的，有默無聲息的……嘿！生命這十字架，有幾個人扛得起來？

但生命還不是頂重的擔負，比生命更重實更壓得死人的是思想那十字架。人類心靈的歷史裡能有幾個天成的孟賁烏育？在思想可怕的戰場上我們就只有數得清有限的幾具光榮的屍體。我不敢非分的自誇；我不夠狂，不夠妄。我認識我自己的力量的止境，但我卻不能制止我看了這時候國內思想界萎癟現象的憤懣與羞惡。我要一把抓住這時代的腦袋，問他要一點真思想的精神給我看看——不是借來的稅來的冒來的描來的東西，不是紙糊的老虎，搖頭的傀儡，蜘蛛網幕面的偶像；我要的是筋骨裡迸出來，血液裡激出來，性靈裡跳出來，生命裡震盪出來的真純的思想。我不來問他要，是我的懦怯；他拿不出來給我看，是他的恥辱。朋友，我要你選定一邊，假如你不能站在我的對面，拿出我要的東西來給我看，你就得站在我這一邊，幫著我對這時代挑戰。

我預料有人笑罵我的大話。是的，大話。我正嫌這年頭的話太小了，我們得造一個比小更小的字來形容這年頭聽著的說話，寫下印成的文字；我們得請一個想像力細緻如史魏夫脫（Dean Swift）的來描寫那些說小話的小口，說尖話的尖嘴。一大群的食蟻獸！他們最大的快樂是忙著他們的尖喙在泥土裡墾尋細微的螞蟻。螞蟻是吃不完的，同時這可笑的尖嘴卻益發不住的向尖的方向進化，小心再隔幾代連螞蟻這食料都顯太大了！

我不來談學問，我不配，我書本的知識是眞的十二分的有限。年輕的時候我念過幾本極普通的中國書，這幾年不但沒有知新，溫過都說不上，我實在是固陋，但我卻抱定孔子的一句話「知之爲知之，不知爲不知，是知也」，決不來強不知爲知；我並不看不起國學與研究國學的學者，我十二分的尊敬他們，只是這部分的工作我只能豔羨的看他們去做，我自己恐怕不但今天，竟許這輩子都沒希望參加的了。外國書呢？看過的書雖則有幾本，但是眞說得上「我看過的」能有多少，說多一點，三兩篇戲，十來首詩，五六篇文章，不過這樣罷了。

科學我是不懂的，我不曾受過正式的訓練，最簡單的物理化理，都說不明白，我要是不預備就去考中學校，十分裡有九分是落第，你信不信！天上我只認識幾顆大星，地上幾棵大樹；這也不是先生教我的；先生那裡學來的，十幾年學校教育給我的，究竟有些什麼，我實在想不起，說不上，我記得的只是幾個教授可笑的嘴臉與課堂裡強烈的催眠的空氣。

我人事的經驗與知識也是同樣的有限，我不曾做過工，我不曾嘗味過生活的艱難，我不曾打過仗，不曾坐過監，不曾進過什麼秘密黨，不曾殺過人，不曾做過買賣，發過一個大的財。所以你看，我只是個極平常的人，沒有出人頭地的學問，更沒有非常的經驗。但同時我自信我也有我與人不同的地方。我不曾投降這世界。我不受它的拘束。

我是一隻沒籠頭的野馬，我從來不曾站定過。我人是在這社會

裡活著，我卻不是這社會裡的一個，像是有離魂病似的，我這軀殼的動靜是一件事，我那夢魂的去處又是一件事。我是一個傻子：我曾經妄想在這流動的生活裡發現一些不變的價值，在這打謊的世上尋出一些不磨滅的眞，在我這靈魂的冒險是生命核心裡的意義；我永遠在無形的經驗的巉巖上爬著。

冒險——痛苦——失敗——失望，是跟著來的，存心冒險的人就得打算他最後的失望；但失望卻不是絕望，這分別很大。我是曾經遭受失望的打擊，我的頭是流著血，但我的脖子還是硬的；我不能讓絕望的重量壓住我的呼吸，不能讓悲觀的慢性病侵蝕我的精神，更不能讓厭世的惡質染黑我的血液。厭世觀與生命是不可並存的；我是一個生命的信徒，初起是的，今天還是的，將來我敢說，也是的。我決不容忍性靈的頹唐，那是最不可救藥的墮落，同時卻繼續軀殼的存在；在我，單這開口說話，提筆寫字的事實就表示後背有一個基本的信仰，完全的沒破綻的信仰；否則我何必再做什麼文章，辦什麼報刊？

但這並不是說我不感受人生遭遇的痛創；我決不是那童呆性的樂觀主義者；我決不來指著黑影說這是陽光，指著雲霧說這是青天，指著分明的惡說這是善；我並不否認黑影，雲霧與惡，我只是不懷疑陽光與青天與善的實在；暫時的掩蔽與侵蝕不能使我們絕望，這正應得加倍的激動我們尋求光明的決心。前幾天我覺著異常懊喪的時候無意中翻著尼采的一句話，極簡單的幾個字卻涵有無窮的意義與強悍的力量，正如天上星斗的縱橫與山川的經緯在無聲中暗示你人生的奧義，祛除你的迷惘，照亮你的思路，他說「受苦的人沒有悲觀的權利」(The sufferer has no right to pessimism)，我那時感受一種異樣的驚心，一種異樣的澈悟：

我不辭痛苦，因為我要認識你，上帝；
我甘心，甘心在火焰裡存身，
到最後那時辰見我的真，
見我的真，我定了主意，上帝，再不遲疑！

所以我這次從南邊回來，決意改變我對人生的態度，我寫信給朋友說這來要來認眞做一點「人的事業」了：

我再不想成仙，蓬萊不是我的分；
我只要這地面，情願安分的做人。

在我這「決心做人，決心做一點認眞的事業」，是一個思想的大轉變；因爲先前我對這人生只是不調和不承認的態度，因此我與這現世界並沒有什麼相互的關係，我是我，它是它，它不能責備我，我也不來批評它。但這來我決心做人的宣言卻就把我放進了一個有關係，負責任的地位，我再不能張著眼睛做夢。從今起得把現實當現實看：我要來察看，我要來檢查，我要來清除，我要來顚撲，我要來挑戰，我要來破壞。

人生到底是什麼？我得先對我自己給一個相當的答案。人生究竟是什麼？爲什麼這形形色色的，紛擾不清的現象——宗教，政治，社會，道德，藝術，男女，經濟？我來是來了，可還是一肚子的不明白，我得慢慢的看古玩似的，一件件拿在手裡看一個清切再來說話，我不敢保證我的話一定在行，我敢擔保的只是我自己思想的忠實；我前面說過我的學識是極淺陋的，但我卻並不因此自餒，有時學問是一種束縛，知識是一層障礙，我只要能信得過我能看的眼，能感受的心，我就有我的話說；至於我說的話有沒有人聽，有沒有人懂，那是另外一件事我管不著了——「有的人身死了才出世的」，誰知道

一個人有沒有眞的出世那一天？

是的，我從今起要迎上前去！生命第一個消息是活動，第二個消息是搏鬥，第三個消息是決定；思想也是的，活動的下文就是搏鬥。搏鬥就包含一個搏鬥的對象，許是人，許是問題，許是現象，許是思想本體。一個武士最大的期望是尋著一個相當的敵手，思想家也是的，他也要一個可以較量他充分的力量的對象，「攻擊是我的本性，」一個哲學家說，「要與你的對手相當——這是一個正直的決鬥的第一個條件。你心存鄙夷的時候你不能搏鬥。你占上風，你認定對手無能的時候你不應當搏鬥。我的戰略可以約成四個原則——第一，我專打正占勝利的對象——在必要時我暫緩我的攻擊等他勝利了再開手。第二，我專打沒有人打的對象，我這邊不會有助手，我單獨的站定一邊——在這搏鬥中我難爲的只是我自己。第三，我永遠不來對人的攻擊——在必要時我只拿一個人格當顯微鏡用，借它來顯出某種普遍的，但卻隱遁不易蹤跡的惡性。第四，我攻擊某事物的動機，不包含私人嫌隙的關係，在我攻擊是一個善意的，而且在某種情況下，感恩的憑證。」

這位哲學家的戰略，我現在僭引作我自己的戰略，我盼望我將來不至於在搏鬥的沉酣中忽略了預定的規律，萬一疏忽時我懇求你們隨時提醒。我現在戴我的手套去！

自剖

我是個好動的人；每回我身體行動的時候，我的思想也彷彿就跟著跳蕩。我做的詩，不論它們是怎樣的「無聊」，有不少是在行旅期中想起的。我愛動，愛看動的事物，愛活潑的人，愛水，愛空中的飛鳥，愛車窗外掣過的田野山水。星光的閃動，草葉上露珠的顫動，花鬚在微風中的搖動，雷雨時雲空的變動，大海中波濤的洶湧，都是在在觸動我感興情景。是動，不論是什麼性質，就是我的興趣，我的靈感。是動就會催快我的呼吸，加添我的生命。

近來卻大大的變樣了。第一我自身的肢體，已不如原先靈活；我的心也同樣的感受了不知是年歲還是什麼的拘縶。動的現象再不能給我歡喜，給我啓示。先前我看著在陽光中閃爍的金波，就彷彿看見了神仙宮闕——什麼荒誕美麗的幻覺，不在我的腦中一閃閃的掠過；現在不同了，陽光只是陽光，流波只是流波，任憑景色怎樣的燦爛，再也照不化我的呆木的心靈。我的思想，如其偶爾有，也只似岩石上的藤蘿，貼著枯乾的粗糙的石面，極困難的蜒著；顏色是蒼黑的，姿態是崛強的。

我自己也不懂得何以這變遷來得這樣的兀突，這樣的深徹。原先我在人前自覺竟是一注的流泉，在在有飛沫，在在有閃光；現在這泉眼，如其還在，彷彿是叫一塊石板不留餘隙的給鎮住了。我再沒有先前那樣蓬勃的情趣，每回我想說話的時候，就覺著那石塊的重壓，怎麼也掀不動，怎麼也推不開，結果只能自安沉默！「你再不用想什麼了，你再沒有什麼可想的了」；「你再不用開口了，你再沒有什麼話可說的了」，我常覺得我沉悶的心府裡有這樣半嘲諷半弔唁的諄囑。

說來我思想上或經驗上也並不曾經受什麼過分劇烈的戟刺。我處境是向來順的，現在，如其有不同，只是更順了的。那麼爲什麼這變遷？遠的不說，就比如我年前到歐洲去時的心境：阿！我那時還不是一隻初長毛角的野鹿？什麼顏色不激動我的視覺，什麼香味不奮興我的嗅覺？我記得我在義大利寫遊記的時候，情緒是何等的活潑，興趣何等的醇厚，一路來眼見耳聽心感的種種，哪一樣不活栩栩的叢集在我的筆端，爭求充分的表現！如今呢？我這次到南方去，來回也有一個多月的光景，這期內眼見耳聽心感的事物也該有不少。我未動身前，又何嘗不自喜此去又可以有機會飽餐西湖的風色，鄧尉的梅香——單提一兩件最合我脾胃的事。有好多朋友也曾期望我在這閒暇的假期中採集一點江南風趣，歸來時，至少也該帶回一兩篇爽口的詩文，給在北京泥土的空氣中活命的朋友們一些清醒的消遣。但在事實上不但在南中時我白瞪著大眼，看天亮換天昏，又閉上了眼，拼天昏換天亮，一枝禿筆跟著我涉海去，又跟著我涉海回來，正如岩洞裡的一根石筍，壓根兒就沒一點搖動的消息；就在我回京後這十來天，任憑朋友們怎樣的催促，自己良心怎樣的責備，我的筆尖上還是滴不出一點墨沉來。我也會勉強想想，勉強想寫，但到底還是白費！可怕是這心靈驟然的呆頓。完全死了不成？我自己在疑惑。

說來是時局也許有關係。我到京幾天就逢著空前的血案。五卅事件發生時我正在義大利山中，採茉莉花編花籃兒玩，翡冷翠山中只見明星與流螢的交喚，花香與山色的溫存，俗氛是吹不到的。直到七月間到了倫敦，我才理會國內風光的慘澹，等得我趕回來時，設想中的激昂，又早變成了明日黃花，看得見的痕跡只有滿城黃牆上黑彩斑爛的「泣告」！

這回卻不同。屠殺的事實不僅是在我住的城子裡發現，我有時竟覺得是我自己的靈府裡的一個慘像。殺死的不僅是青年們的生命，我自己的思想也彷彿遭著了致命的打擊，好比是國務院前的斷脰殘肢，再也不能回復生動與連貫。但這深刻的難受在我是無名的，是不能完全解釋的。這回事變的奇慘性引起憤慨與悲切是一件事，但同時我們也知道在這根本起變態作用的社會裡，什麼怪誕的情形都是可能的。屠殺無辜，還不是年來最平常的現象。自從內戰糾結以來，在受戰禍的區域內，哪一處村落不曾分到過遭姦汙的女性，屠殘的骨肉，供犧牲的生命財產？這無非是給冤氛圍結的地面上多添一團更集中更鮮豔的怨毒。再說哪一個民族的解放史能不濃濃的染著Martyrs[1]的腔血？俄國革命的開幕就是二十年前冬宮的血景。只要我們有識力認定，有膽量實行，我們理想中的革命，這回羔羊的血就不會是白塗的。所以我個人的沉悶決不完全是這回慘案引起的感情作用。

愛和平是我的生性。在怨毒、猜忌、殘殺的空氣中，我的神經每每感受一種不可名狀的壓迫。記得前年奉直戰爭時我過的那日子簡直是一團黑漆，每晚更深時，獨自抱著臘殼伏在書桌上受罪，彷彿整個時代的沉悶蓋在我的頭頂——直到寫下了「毒藥」那幾首不成形的咒詛詩以後，我心頭的緊張才漸漸的緩和下去。這回又有同樣的情形；只覺著煩，只覺著悶，感想來時只是破碎，筆頭只是笨滯。結果身體也不舒暢，像是蠟油塗抹住了全身毛竅似的難過，一天過去了又是一天，我這裡又在重演更深獨坐箍緊腦殼的姿勢，窗外皎潔的月

❶ Martyrs：殉道者。

光，分明是在嘲諷我內心的枯窘！

不，我還得往更深處按。我不能叫這時局來替我思想驟然的呆頓負責，我得往我自己生活的底裡找去。

平常有幾種原因可以影響我們的心靈活動。實際生活的牽制可以劫去我們心靈所需要的閒暇，積成一種壓迫。在某種熱烈的想望不曾得滿足時，我們感覺精神上的煩悶與焦躁，失望更是顛覆內心平衡的一個大原因；較劇烈的種類可以麻痺我們的靈智，淹沒我們的理性。但這些都合不上我的病源；因為我在實際生活裡已經得到十分的幸運，我的潛在意識裡，我敢說不該有什麼壓著的欲望在作怪。

但是在實際上反過來看，另有一種情形可以阻塞或是減少你心靈的活動。我們知道舒服，健康，幸福，是人生的目標，我們因此推想我們痛苦的起點是在望見那些目標而得不到的時候。我們常聽人說「假如我像某人那樣生活無憂我一定可以好好的做事，不比現在整天的精神全花在瑣碎的煩惱上」。我們又聽說「我不能做事就為身體太壞，若是精神來得，那就……」我們又常常設想幸福的境界，我們想：「只要有一個意中人在跟前那我一定奮發，什麼事做不到？」但是不，在事實上，舒服，健康，幸福，不但不一定是幫助或獎勵心靈生活的條件，它們有時正得相反的效果。我們看不起有錢人，在社會上得意人，肌肉過分發展的運動家，也正在此；至於年少人幻想中的美滿幸福，我敢說等得當真有了紅袖添香，你的書也就讀不出所以然來，且不說什麼在學問上或藝術上更認真的工作。

那末生活的滿足是我的病源嗎？

「在先前的日子，」一個真知我的朋友，就說：「正為是你生活不得平衡，正爲你有欲望不得滿足，你的壓在內裡的Libido❷就形成一種昇華的現象，結果你就借文學來發洩你生理上的鬱結（你不常說你從事文學是一件不預期的事嗎？）；這情形又容易在你的意識裡形成一種虛幻的希望，因爲你的寫作得到一部分讚許，你就自以爲確有相當創作的天賦以及獨立思想的能力。但你只是自冤自，實在你並沒有什麼超人一等的天賦，你的設想多半是虛榮，你的以前的成績只是昇華的結果。所以現在等得你生活換了樣，感情上有了安頓，你就發現你向來寫作的來源頓呈萎縮甚至枯竭的現象；而你又不願意承認這情形的實在，妄想到你身子以外去找你思想枯窘的原因，所以你就不由的感到深刻的煩悶。你只是對你自己生氣，不甘心承認你自己的本相。不，你原來並沒有三頭六臂的！」

「你對文藝並沒有眞興趣，對學問並沒有眞熱心。你本來沒有什麼更高的志願，除了相當合理的生活，你只配安分做一個平常人，享你命裡鑄定的『幸福』；在事業界，在文藝創作界，在學問界內，全沒有你的位置，你眞的沒有那能耐。不信你只要自問在你心裡的心裡有沒有那無形的『推力』，整天整夜的惱著你，逼著你，督著你，放開實際生活的全部，單望著不可捉摸的創作境界裡去冒險？是的，頂明顯的關鍵就是那無形的推力或是衝動（The Impulse），沒有它人類就沒有科學，沒有文學，沒有藝術，沒有一切超越功利實用性質的創作。你知道在國外（國內當然也有，許沒那樣多）有多少人被這無形的推力驅使著，在實際生活上變成一種離魂病性質的變態動物，不但人們所有的虛榮永遠沾不上他們的思想，就連維持生命的睡眠飲食，在他們都失了重要，他們全部的心力只是在他們那無形的推力所指示

❷ Libido：里比多，奧地利心理學家佛洛伊德所創的心理分析學用語，狹義地指性本能，廣義地指追求所有愛欲和快感乃至死亡的本能。

的特殊方向上集中應用。怪不得有人說天才是瘋癲；我們在巴黎倫敦不就到處碰得著這類怪人？如其他是一個美術家，惱著他的就只怎樣可以完全表現他那理想中的形體；一個線條的準確，某種色彩的調諧，在他會得比他生身父母的生死與國家的存亡更重要，更迫切，更要求注意。我們知道專門學者有終身掘墳墓的，研究蚊蟲生理的，觀察億萬萬里外一個星的動定的。並且他們決不問社會對於他們的勞力有否任何的認識，那就是虛榮的進路；他們是被一點無形的推力的魔鬼蠱定了的。」

「這是關於文藝創作的話。你自問有沒有這種情形。你也許經驗過什麼『靈感』，那也許有，但你卻不要把剎那誤認作永久的，虛幻認作眞實。至於說思想與眞實學問的話，那也得背後有一種推力，方向許不同，性質還是不變。做學問你得有原動的好奇心，得有天然熱情的態度去做求知識的工夫。眞思想家的準備，除了特強的理智，還得有一種原動的信仰；信仰或尋求信仰，是一切思想的出發點：極端的懷疑派思想也只是期望重新位置信仰的一種努力。從古來沒有一個思想家不是宗教性的。在他們，各按各的傾向，一切人生的和理智的問題是實在有的；神的有無，善與惡，本體問題，認識問題，意志自由問題，在他們看來都是含逼迫性的現象，要求合理的解答——比山嶺的崇高，水的流動，愛的甜蜜更眞，更實在，更聳動。他們的一點心靈，就永遠在他們設想的一種或多種問題的周圍飛舞，旋繞，正如燈蛾之於火焰：犧牲自身來貫徹火焰中心的秘密，是他們共有的決心。」

「這種慘烈的情形，你怕也沒有吧？我不說你的心幕上就沒有思想的影子；但它們怕只是虛影，像水面上的雲影，雲過影子就跟著消散，不是石上的痕越日久越深刻。」

「這樣說下來，你倒可以安心了！因爲個人最大的悲劇是設想一個虛無的境界來謊騙你自己；騙不到底的時候你就得忍受『幻滅』的莫大的苦痛。與其那樣，還不如及早認清自己的深淺，不要把不必要的負擔，放上支撐不住的肩背，壓壞你自己，還難免旁人的笑話！朋友，不要迷了，定下心來享你現成的福分吧；思想不是你的分，文藝創作不是你的分，獨立的事業更不是你的分！天生扛了重擔來的那也沒法想（哪一個天才不是活受罪！），你是原來輕鬆的，這是多可羨慕，多可賀喜的一個發現！算了吧，朋友！」

三月二十五日至四月一日

再剖

你們知道喝醉了想吐吐不出或是吐不爽快的難受不是？這就是我現在的苦惱；腸胃裡一陣陣的作惡，腥膩從食道裡往上泛，但這喉關偏跟你彆扭，它捏住你，逼住你，逗著你——不，它且不給你痛快哪！前天那篇《自剖》，就比是哇出來的幾口苦水，過後只是更難受，更覺著往上冒。我告你我想要怎麼樣。我要孤寂：要一個靜極了的地方——森林的中心，山洞裡，牢獄的暗室裡——再沒有外界的影響來逼迫或引誘你的分心，再不須計較旁人的意見，喝彩或是嘲笑；當前唯一的對象是你自己：你的思想，你的感情，你的本性。那時它們再不會躲避，不會隱遁，不會裝作：赤裸裸的聽憑你察看，檢驗，審問。你可以放膽解去你最後的一縷遮蓋，袒露你最自憐的創傷，最掩諱的私褻。那才是你痛快一吐的機會。

但我現在的生活情形不容我有那樣一個時機。白天太忙（在人前一個人的靈性永遠是蜷縮在殼內的蝸牛），到夜間，比如此刻，靜是靜了，人可又倦了，惦著明天的事情又不得不早些休息。阿，我眞羨慕我台上放著那塊唐磚上的佛像，他在他的蓮台上瞑目坐著，什麼都搖不動他那入定的圓澄。我們只是在煩惱網裡過日子的眾生，怎敢企望那光明無礙的境界！有鞭子下來，我們躲；見好吃的，我們垂涎；聽聲響，我們著忙；逢著痛癢，我們著惱。我們是鼠，是狗，是刺蝟，是天上星星與地上泥土間爬著的蟲。哪裡有工夫，即使你有心想親近你自己？哪裡有機會，即使你想痛快的一吐？

前幾天也不知無形中經過幾度掙扎，才嘔出那幾口苦水，這在我雖則難受還是照舊，但多少總算是發洩。事後我私下覺著愧悔，因爲我不該拿我一己苦悶的骨鯁，強讀者們陪著我吞咽。是苦水就不免薰蒸的惡味。我承認這完全是我自私的行爲，不敢望恕的。我唯一的解嘲是這幾口苦水的確是從我自己的腸胃裡嘔出——不是去髒水桶裡舀來的。我不曾期望同情，我只要朋友們認識我的深淺——（我的淺？）我最怕朋友們的容寵容易形成一種虛擬的期望；我這操刀自剖的一個目的，就在及早解卸我本不該扛上的擔負。

是的，我還得往底裡按，往更深處剖。

最初我來編輯副刊，我有一個願心。我想把我自己整個兒交給能容納我的讀者們，我心目中的讀者們，說實話，就只這時代的青年。我覺著只有青年們的心窩裡有容我的空隙，我要偎著他們的熱血，聽他們的脈搏。我要在我自己的情感裡發現他們的情感，在我自己的思想裡反映他們的思想。假如編輯的意義只是選稿，配版，付印，拉稿，那還不如去做銀行的夥計——有出息得多。我接受編輯《晨副》的機會，就爲這不單是機械性的一種任務。（感謝《晨報》主人的信任與容忍，）《晨副》變了我的喇叭，從這管口裡我有自由吹弄我古怪的不調諧的音調，它是我的鏡子，在這平面上描畫出我古怪的不調諧的形狀。我也決不掩諱我的原形：我就是我。記得我第一次與讀者們相見，就是一篇供狀。我的經過，我的深淺，我的偏見，我的希望，我都曾經再三的聲明，怕是你們早聽厭了。但初起我有一種期望是眞的——期望我自己。也不知那時間爲什麼原因我竟有那活棱棱的一副勇氣。我宣言我自己跳進了這現實的世界，存心想來對準人生的面目認他一個仔細。我信我自己的熱心（不是知識）多少可以給我一些對敵力量的。我想拼這一天，把我的血肉與靈魂，放進這現實世界的磨盤裡去捱，鋸齒下去拉，——我就要嘗那味兒！只有這樣，我想，才可以期望我主辦的刊物多少是一個有生命氣息的東西；才可以期望在作者與讀者間發生一種活的關係；才可以期望讀者們覺著這一長條報紙與黑的字印的背後，的確至少有一個活著的人與一個動著的心，他的把握是在你的腕上，他的呼吸吹在你的臉上，他的歡喜，他的惆悵，他的迷惑，他的傷悲，就比是你自己的，的確是從一個可認識的主體上發出來的變化——是站在台上人的姿態，——不是投射在白幕上的虛影。

並且我當初也並不是沒有我的信念與理想。有我崇拜的德性，有我信仰的原則，有我愛護的事物，也有我痛疾的事物。往理性的方向走，往愛心與同情的方向走，往光明的方向走，往眞的方向走，往健康快樂的方向走，往生命，更多更大更高的生命方向走——這是我那時的一點「赤子之心」。我恨的是這時代的病象，什麼都是病象：猜忌，詭詐，小巧，傾軋，挑撥，殘殺，互殺，自殺，憂愁，作僞，骯髒。我不是醫生，不會治病；我就有一雙手，趁它們活靈的時候，我想，或許可以替這時代打開幾扇窗，多少讓空氣流通些，濁的毒性的出去，清醒的潔淨的進來。

但緊接著我的狂妄的招搖，我最敬畏的一個前輩（看了我的弔劉叔和文）就給我當頭一棒：

……既立意來辦報而且鄭重宣言「決意改變我對人的態度」，那麼自己的思想就得先磨冶一番，不能單憑主覺，隨便說了就算完事。迎上前去，不要又退了回來！一時的興奮，是無用的，說話越覺得響亮起勁，跳躑有力，其實即是內心的虛弱，何況說出衰頹懊喪的語氣，教一般青年看了，更給他們以可怕的影響，似乎不是志摩這番挺身出馬的本意！……

迎上前去，不要又退了回來！這一喝這幾個月來就沒有一天不在我「虛弱的內心」裡迴響。實際上自從我喊出「迎上前去」以後，即使不曾撐開了往後退，至少我自己覺不得我的腳步曾經向前挪動。今天我再不能容我自己這夢夢的下去。算清虧欠，在還算得清的時候，總比窩著渾著強。我不能不自剖。冒著「說出衰頹懊喪的語氣」的危險，我不能不利用這反省的鋒刃，劈去糾著我心身的累贅，淤積，或許這來倒有自我眞得解放的希望！

想來這做人眞是奧妙。我信我們的生活至少是複性的。看得見，覺得著的生活是我們的顯明的生活，但同時另有一種生活，跟著知識的開豁逐漸胚胎，成形，活動，最後支配前一種的生活，比是我們投在地上的身影，跟著光亮的增加漸漸由模糊化成清晰，形體是不可捉的，但它自有它的奧妙的存在，你動它跟著動，你不動它跟著不動。在實際生活的匆遽中，我們不易辨認另一種無形的生活的並存，正如我們在陰地裡不見我們的影子；但到了某時候某境地忽的發現了它，不容否認的踵接著你的腳跟，比如你晚間步月時發現你自己的身影。它是你的性靈的或精神的生活。你覺到你有超實際生活的性靈生活的俄頃，是你一生的一個大關鍵！你許到極遲才覺悟（有人一輩子不得機會），但你實際生活中的經歷，動作，思想，沒有一絲一屑不同時在你那跟著長成的性靈生活中留著「對號的存根」，正如你的影子不放過你的一舉一動，雖則你不注意到或看不見。

我這時候就比是一個人初次發現他有影子的情形。驚駭，訝異，迷惑，聳悚，猜疑，恍惚同時並起，在這辨認你自身另有一個存在的時候。我這輩子只是在生活的道上盲目的前衝，一時踹入一個泥潭，一時踏折一枝草花，只是這無目的的奔馳；從哪裡來，向哪裡去，現在在哪裡，該怎麼走，這些根本的問題卻從不曾到我的心上。但這時候突然的，恍然的我驚覺了。彷彿是一向跟著我形體奔波的影子忽然阻住了我的前路，責問我這匆匆的究竟是爲什麼！一種新意識的誕生。這來我再不能盲衝，我至少得認明來蹤與去跡，該怎樣走法如其有目的地，該怎樣準備如其前程還在遙遠？

阿，我何嘗願意吞這果子，早知有這多的麻煩！現在我第一要考查明白的是這「我」究竟是怎麼一回事；然後再決定掉落在這生活道上的「我」的趨路方法。以前種種動作是沒有這新意識作主宰的；此後，什麼都得由它。

四月五日

想飛

假如這時候窗子外有雪——街上，城牆上，屋脊上，都是雪，胡同口一家屋簷下偎著一個戴黑兜帽的巡警，半攏著睡眼，看棉團似的雪花在半空中跳著玩……假如這夜是一個深極了的啊，不是壁上掛鐘的時針指示給我們看的深夜，這深就比是一個山洞的深，一個往下鑽螺旋形的山洞的深……

假如我能有這樣一個深夜，它那無底的陰森捻起我遍體的毫管；再能有窗子外不住往下篩的雪，篩淡了遠近間動的市謠，篩泯了在泥道上掙扎的車輪。篩滅了腦殼中不妥協的潛流……我要那深，我要那靜。那在樹蔭濃密處躲著的夜鷹輕易不敢在天光還在照亮時出來睜眼。思想：它也得等。

青天裡有一點子黑的。正衝著太陽耀眼，望不真，你把手遮著眼，對著那兩株樹縫裡瞧，黑的，有柳丁來大，不，有桃子來大——嘿，又移著往西了！

我們吃了中飯出來到海邊去。（這是英國康槐爾極南的一角，三面是大西洋。）勗麗麗的叫響從我們的腳底下勻勻的往上顫，齊著腰，到了肩高，過了頭頂，高入了雲，高出了雲。阿，你能不能把一種急震的樂音想像成一陣光明的細雨，從藍天裡衝著這平鋪著青綠的地面不住的下？不，那雨點都是跳舞的小腳，安琪兒的。雲雀們也吃過了飯，離開了牠們卑微的地巢飛往高處做工去。上帝給牠們的工作，替上帝做的工作。瞧著，這兒一隻，那邊又起了兩隻！一起就沖著天頂飛，小翅膀動活的多快活，圓圓的，不躊躇的飛，——牠們就認識青天。一起就開口唱，小嗓子動活的多快活，一顆顆小精圓珠子直往外唾，亮亮的唾，脆脆的唾，——牠們讚美的是青天。瞧著，這飛得多高，有豆子大，有芝麻大，黑刺刺的一屑，直頂著無底的天頂細細的搖，——這全看不見了，影子都沒了！但這光明的細雨還是不住的下著……

飛。「其翼若垂天之雲……背負蒼天，而莫之夭閼者」：那不容易見著。我們鎮上東關廟外有一座黃泥山，山頂上有一座七層的塔，塔尖頂著天。塔院裡常常打鐘，鐘聲響動時，那在太陽西曬的時候多，一枝豔豔的大紅花貼在西山的鬢邊迴照著塔山上的雲彩，——鐘聲響動時，繞著塔頂尖，摩著塔頂天，穿著塔頂雲，有一隻兩隻有時三隻四隻有時五隻六隻蜷著爪往地面瞧的「餓老鷹」，撐開了牠們灰蒼蒼的大翅膀沒掛戀似的在盤旋，在半空中浮著，在晚風中泅著，彷彿是按著塔院鐘的波蕩來練習圓舞似的。那是我做孩子時的「大鵬」。有時好天抬頭不見一瓣雲的時候聽著憂憂的叫響，我們就知道那是寶塔上的餓老鷹尋食吃來了，這一想像半天裡禿頂圓睛的英雄，我們背上的小翅膀骨上就彷彿豁出了一銼銼鐵刷似的羽毛，搖起來呼呼響的，只一擺就衝出了書房門，鑽入了玳瑁鑲邊的白雲裡玩兒去，誰耐煩站在先生書桌前晃著身子背早上的多難背的書！阿，飛！不是那在樹枝上矮矮的跳著的麻雀兒的飛；不是那湊天黑從堂匾後背衝出來趕蚊子吃的蝙蝠的飛；也不是那軟尾巴軟嗓子做窠在堂簷上的燕子的飛。要飛就得滿天飛，風攔不住雲擋不住的飛，一翅膀就跳過一座山頭，影子下來遮得陰二十畝稻田的飛，到天晚飛倦了就來繞著那塔頂尖順著風向打圓圈做夢……聽說餓老鷹會抓小雞！

飛。人們原來都是會飛的。天使們有翅膀，會飛，我們初來時也有翅膀，會飛。我們最初來就是飛了來的，有的做完了事還是飛了去，他們是可羨慕的。但大多數人是忘了飛的，有的翅膀上掉了毛不長再也飛不起來，有的翅膀叫膠水給膠住了再也拉不開，有的羽毛叫人給修短了像鴿子似的只會在地上跳，有的拿背上一對翅膀上當鋪去典錢使過了期再也贖不回……眞的，我們一過了做孩子的日子就掉了飛的本領。但沒了翅膀或是翅膀壞了不能用是一件可怕的事。因爲你再也飛不回去，你蹲在地上呆望著飛不上去的天，看旁人有福氣的一程一程的在青雲裡逍遙，那多可憐。而且翅膀又不比是你腳上的鞋，穿爛了可以再問媽要一雙去，翅膀可不成，折了一根毛就是一根，沒法給補的。還有，單顧著你翅膀也還不定規到時候能飛，你這身子要是不謹愼養太肥了，翅膀力量小再也拖不起，也是一樣難不是？一對小翅膀馱不起一個胖肚子，那情形多可笑！到時候你聽人家高聲的招呼說，朋友，回去罷，趁這天還有紫色的光，你聽他們的翅膀在半空中沙沙的搖響，朵朵的春雲跳過來推著他們的肩背，望著最光明的來處翩翩的，冉冉的，輕煙似的化出了你的視域，像雲雀似的只留下一瀉光明的驟雨——“Thou art unseen,but yet I hear the shrill delight.”❶——那你，獨自在泥途裡淹著，夠多難受，夠多懊惱，夠多寒傖！趁早留神你的翅膀，朋友。

是人沒有不想飛的。老是在這地面上爬著夠多厭煩，不說別的。飛出這圈子，飛出這圈子！到雲端裡去，到雲端裡去！哪個心裡不成天千百遍的這麼想？飛上天空去浮著；看地球這彈丸在太空裡滾著，從陸地看到海，從海再看回陸地。凌空去看一個明白——這才是做人的趣味，做人的權威，做人的交代。這皮囊要是太重挪不動，

❶「我看不到你的形象，但能聽見你歡樂的尖聲歌唱。」引自雪萊的《致雲雀》。

就擲了它，可能的話，飛出這圈子，飛出這圈子！

人類初發明用石器的時候，已經想長翅膀。想飛。原人洞壁上畫的四不像，牠的背上掮著翅膀；拿著弓箭趕野獸的，他那肩背上也給安了翅膀。小愛神是有一對粉嫩的肉翅的。挨開拉斯（Icarus）❷是人類飛行史裡第一個英雄，第一次犧牲。安琪兒（那是理想化的人）第一個標記是幫助他們飛行的翅膀。那也有沿革——你看西洋畫上的表現。最初像是一對小精緻的令旗，蝴蝶似的粘在安琪兒們的背上，像真的，不靈動的。漸漸的翅膀長大了，地位安準了，毛羽豐滿了。畫圖上的天使們長上了真的可能的翅膀。人類初次實現了翅膀的觀念，徹悟了飛行的意義。挨開拉斯閃不死的靈魂，回來投生又投生。人類最大的使命，是製造翅膀，最大的成功是飛！理想的極度，想像的止境，從人到神！詩是翅膀上出世的；哲理是在空中盤旋的。飛：超脫一切，籠蓋一切，掃蕩一切，吞吐一切。

你上那邊山峰頂上試去，要是度不到這邊山峰上，你就得到這萬丈的深淵裡去找你的葬身地！「這人形的鳥會有一天試他第一次的飛行，給這世界驚駭，使所有的著作讚美，給他所從來的棲息處永久的光榮。」啊達文謇❸！

但是飛？自從挨開拉斯以來，人類的工作是製造翅膀，還是束縛翅膀？這翅膀，承上了文明的重量，還能飛嗎？都是飛了來的，還都能飛了回去嗎？鉗住了，烙住了，壓住了，——這人形的鳥會有

---

❷ Icarus：今譯伊卡洛斯，希臘神話中的巧匠代達羅斯之子，與其父一起以蠟翼粘身飛離克里特島，因不聽其父警告飛得太高，蠟翼被陽光熔化，墜入海中而死。

❸ 今譯達文西（1452～1519），義大利文藝復興時期的三大藝術巨匠之一，同時在機械、天文、解剖等自然科學也有非凡的表現，是個天才。

試他第一次飛行的一天嗎？……

同時天上那一點子黑的已經迫近在我的頭頂，形成了一架鳥形的機器，忽的機沿一側，一球光直往下注，硼的一聲炸響，——炸碎了我在飛行中的幻想，青天裡平添了幾堆破碎的浮雲。

十四～十六日

求醫

To understand that the sky is everywhere blue, it is not necessary to have travelled all round the world.—— Goethe[1]

新近有一個老朋友來看我，在我寓裡住了好幾天。彼此好久沒有機會談天，偶爾通信也只泛泛的；他只從旁人的傳說中聽到我生活的梗概，又從他所聽到的推想及我更深一義的生活的大致。他早把我看作「丟了」。誰說空閒時間不能離間朋友間的相知？但這一次彼此又撿起了，理清了早年息息相通的線索，這是一個愉快！單說一件事：他看看我四月間副刊上的兩篇《自剖》，他說他也有文章做了，他要寫一篇《剖志摩的自剖》。他卻不曾寫；我幾次逼問他，他說一定在離京前交卷。有一天他居然謝絕了約會，躲在房子裡裝病，想試他那柄解剖的刀。晚上見他的時候，他文章不曾做起，臉上倒真的有了病容！「不成功，」他說，「不要說剖，我這把刀，即使有，早就在刀鞘裡鏽住了，我怎麼也拉它不出來！我倒自己發生了恐怖，這回回去非發奮不可。」打了全軍覆沒的大敗仗回來的，也沒有他那晚談話時的沮喪！

但他這來還是幫了我的忙；我們倆連著四五晚通宵的談話，在我至少感到了莫大的安慰。我的朋友正是那一類人，說話是絕對不敏捷的，他那永遠茫然的神情與偶爾激出來的幾句話，在當時極易招笑，但在事後往往透出極深刻的意義，在聽著的人的心上不易磨滅

[1]「沒有必要遊遍全世界，才能知道天到處都是藍的。」——歌德

的：別看他說話的外貌亂石似的粗糙，它那核心裡往往藏著直覺的純璞。他是那一類的朋友，他那不浮誇的同情心在無形中啓發你思想的活動，引逗你心靈深處的「解嚴」；「你儘量披露你自己」，他彷彿說，「在這裡你沒有被誤解的恐怖。」我們倆的談話是極不平等的；十分裡有九分半的時光是我占據的，他只貢獻簡短的評語，有時修正，有時讚許，有時引申我的意思；但他是一個理想的「聽者」，他能儘量的容受，不論對面來的是細流或是大水。

我的自剖文不是解嘲體的閒文，那是我個人眞的感到絕望的呼聲。「這篇文章是値得寫的，」我的朋友說，「因爲你這來冷酷的操刀，無顧戀的劈剖你自己的思想，你至少摸著了現代的意識的一角；你剖的不僅是你，我也叫你剖著了，正如葛德說的『要知道天到處是碧藍，並用不著到全世界去繞行一周』。你還得往更深處剖，難得你有勇氣下手；你還得如你說的，犯著噁心嘔苦水似的嘔，這時代的意識是完全叫種種相衝突的價値的尖刺給交占住，支離了纏昏了的，你希冀回復清醒與健康先得清理你的外邪與內熱。至於你自己，因爲發現病象而就放棄希望，當然是不對的；我可以替你開方。你現在需要的沒有別的，你只要多多的睡！休息，休養，到時候你自會強壯。我是開口就會牽到葛德的，你不要笑；葛德就是懂得睡的秘密的一個。他每回覺得他的創作活動有退潮的趨向，他就上床去睡，眞的放平了身子的睡，不是喻言，直睡到精神回復了，一線新來的波瀾逼著他再來一次發瘋似的創作。你近來的沉悶，在我看，也只是內心需要休息的符號。正如潮水有漲落的現象，我們勞心的也不免同樣受這自然律的支配。你怎麼也不該挫氣，你正應得利用這時期；休息不是工作的斷絕，它是消極的活動；這正是你吸新營養取得新生機的機會。聽憑地面上風吹的怎樣尖厲，霜蓋得怎麼嚴密，你只要安心在泥土裡等

著，不愁到時候沒有再來一次爆發的驚喜。」

這是他開給我的藥方。後來他又跟別的朋友談起，他說我的病——如其是病——有兩味藥可醫，一是「隱居」，一是「上帝」。煩悶是起原於精神不得充分的怡養；煩囂的生活是勞心人最致命的傷，離開了就有辦法，最好是去山林靜僻處躲起。但這環境的改變，雖則重要，還只是消極的一面；為要啓發性靈，一個人還得積極的尋求。比性愛更超越更不可搖動的一個精神的寄託——他得自動去發現他的上帝。

上帝這味藥是不易配得的，我們姑且放開在一邊（雖則我們不能因他字面的兀突就忽略他的深刻的涵義，那就是說這時代的苦悶現象隱示一種漸次形成宗教性大運動的趨向）；暫時脫離現社會去另謀隱居生活那味藥，在我不但在事實上有要得到的可能，並且正合我新近一天迫似一天的私願，我不能不計較一下。

我們都是在生活的蜘網中膠住了的細蟲，有的還在勉強掙扎，大多數是早已沒了生氣，只當著風來吹動網絲的時候頂可憐相的晃動著，多經歷一天人事，做人不自由的感覺也跟著真似一天。人事上的關連一天加密一天，理想的生活上的依據反而一天遠似一天，儘是這飄忽忽的，彷彿是一塊石子在一個無底的深潭中無窮盡的往下墜著似的——有到底的一天嗎，天知道！實際的生活逼得越緊，理想的生活宕得越空，你這空手僕僕的不「丟」怎麼著？你睜開眼來看看，見著的只是一個悲慘的世界。我們這倒運的民族眼下只有兩種人可分，一種是在死的邊沿過活的，又一種簡直是在死裡面過活的：你不能不發悲心不是，可是你有什麼能耐能抵擋這普遍「死化」的凶潮？太淒慘了呀這「人道的幽微的悲切的音樂」！那麼你閉上眼罷，你只是發現另一個悲慘的世界：你的感情，你的思想，你的意志，你的經驗，你的理想，有哪一樣調諧的，有哪一樣容許你安舒的？你想要——但是你的力量？你彷彿是掉落在一個井裡，四邊全是光油油不可攀援的陡壁，你怎麼想上得來？就我個人說，所謂教育只是「畫皮」的勾當，我何嘗得到一點眞的知識？說經驗吧，不錯，我也曾進貨似的運得一部分的經驗，但這都是硬性的，雜亂的，不經受意識滲透的；經驗自經驗，我自我，這一屋子滿滿的生客只使主人覺得迷惑，慌張，害怕。不，我不但不曾「找到」我自己；我竟疑心我是「丟」定了的。曼殊斐爾在她的日記裡寫——

「我不是晶瑩的透澈。」

「我什麼都不願意寫。全是灰色的；重的，悶的。……我要生活，這話怎麼講？單說是太易了。可是你有什麼法子？」

「所有我寫下的，所有我的生活，全是在海水的邊沿上。這彷彿是一種玩藝。我想把我所有的力量全給放上去，但不知怎的我做不到。」

「前這幾天，最使人注意的是藍的色彩。藍的天，藍的山——一切都是神異的藍！……但深黃昏的時刻才真是時光的時光。當著那時候，面前放著非人間的美景，你不難領會到你應分走的道兒有多遠。珍重你的筆，得不辜負那上升的明月，那白的天光。你得夠『簡潔』的。正如你在上帝跟前得簡潔。」

「我方才細心的刷淨收拾我的水筆。下回它再要是漏，那它就不夠格兒！」

「我覺得我總不能給我自己一個沉思的機會，我正需要那個。我覺得我的心地不夠清白，不謙卑，不❷興。這底裡的渣子新近又漾了

❷ 此處疑缺一字。

起來。我對著山看，我見著的就是山。說實話？我念不相干的書……不經心，隨意？是的，就是這情形。心思亂，含糊，不積極，尤其是躲懶，不夠用功——白費時光！我早就這麼喊著——現在還是這呼聲。為什麼這闌珊的，你？阿，究竟為什麼？」

「我一定得再發心一次，我得重新來過。我再來寫一定得簡潔的，充實的，自由的寫，從我心坎裡出來的。平心靜氣的，不問成功或是失敗，就這往前去做去。但是這回得下決心了！尤其得跟生活接近。跟這天，這月，這些星，這些冷落的坦白的高山。」

「我要是身體健，」曼殊斐爾在又一處寫，「我就一個人跑到一個地方，在一株樹下坐著去。」她這苦痛的企求內心的瑩澈與生活的調諧，哪一個字不在我此時比她更「散漫，含糊，不積極」的心境裡引起同情的迴響！啊，誰不這樣想：我要是能，我一定跑到一個地方在一株樹下坐著去。但是你能嗎？

行旅漫錄

印度洋上的秋思

昨夜中秋。黃昏時西天掛下一大簾的雲母屏，掩住了落日的光潮，將海天一體化成暗藍色，寂靜得如黑衣尼在聖座前默禱。過了一刻，即聽得船梢布篷上悉悉索索啜泣起來，低壓的雲夾著迷濛的雨色，將海線逼得像湖一般窄，沿邊的黑影，也辨認不出是山是雲，但涕淚的痕跡，卻滿布在空中水上。

又是一番秋意！那雨聲在急驟之中，有零落蕭疏的況味，連著陰沉的氣氳，只是在我靈魂的耳畔私語道：「秋！」我原來無歡的心境，抵禦不住那樣溫婉的浸潤，也就開放了春夏間所積受的秋思，和此時外來的怨艾構合，產出一個弱的嬰兒——「愁」。

天色早已沉黑，雨也已休止。但方才啜泣的雲，還疏鬆地幕在天空，只露著些慘白的微光，預告明月已經裝束齊整，專等開幕。同時船煙正在莽莽蒼蒼地吞吐，築成一座蟒鱗的長橋，直聯及西天盡處，和船輪泛出的一流翠波白沫，上下對照，留戀西來的蹤跡。

北天雲幕豁處，一顆鮮翠的明星，喜孜孜地先來問探消息，像新嫁娘的侍婢，也穿扮得遍體光豔。但新娘依然姍姍未出。

我小的時候，每於中秋夜，呆坐在樓窗外等看「月華」。若然天上有雲霧繚繞，我就替「亮晶晶的月亮」擔憂，若然見了魚鱗似的雲彩，我的小心就欣欣怡悅，默禱著月兒快些開花，因為我常聽人說只要有「瓦楞」雲，就有月華；但在月光放彩以前，我母親早已逼我去上床，所以月華只是我腦筋裡一個不曾實現的想像，直到如今。

現在天上砌滿了瓦楞雲彩，霎時間引起了我早年許多有趣的記憶——但我的純潔的童心，如今哪裡去了！

月光有一種神秘的引力。她能使海波咆哮，她能使悲緒生潮。月下的喟息可以結聚成山，月下的情淚可以培百畝的畹蘭，千莖的紫琳耿。我疑悲哀是人類先天的遺傳，否則，何以我們兒年不知悲感的時期，有時對著一瀉的清輝，也往往淒心滴淚呢？

但我今夜卻不曾流淚。不是無淚可滴，也不是文明教育將我最純潔的本能鋤淨，卻爲是感覺了神聖的悲哀，將我理解的好奇心激動，想學契古特白登來解剖這神秘的「眸冷骨累」。冷的智永遠是熱的情的死仇。他們不能相容的。

但在這樣浪漫的月夜，要來練習冷酷的分析，似乎不近人情，所以我的心機一轉，重複將鋒快的智刃劇起，讓沉醉的情淚自然流轉，聽他產生什麼音樂，讓綣繾的詩魂漫自低回，看他尋出什麼夢境。

明月正在雲岩中間，周圍有一圈黃色的彩暈，一陣陣的輕靄，在她面前扯過。海上幾百道起伏的銀溝，一齊在微叱淒其的音節，此外不受清輝的波域，在暗中憤憤漲落，不知是怨是慕。我一面將自己一部分的情感，看入自然界的現象，一面拿著紙筆，癡望著月彩，想從她明潔的輝光裡，看出今夜地面上秋思的痕跡，希冀他們在我心裡，凝成高潔情緒的菁華。因爲她光明的捷足，今夜遍走天涯，人間的恩怨，哪一件不經過她的慧眼呢？

印度的Ganges[1]（埂奇）河邊有一座小村落，村外一個榕絨密纏的湖邊，坐著一對情醉的男女，他們中間草地上放著一尊古銅香爐，燒著上品的水息，那溫柔婉戀的煙篆，沉馥香濃的熱氣，便是他們愛感的象徵——月光從雲端裡輕俯下來，在那女子胸前的珠串上，水息的煙尾上，印下一個慈吻，微哂，重複登上她的雲艇，上前駛去。

一家別院的樓上，窗簾不曾放下，幾枝肥滿的桐葉正在玻璃上搖曳逗趣，月光窺見了窗內一張小蚊床上紫紗帳裡，安眠著一個安琪兒似的小孩，她輕輕挨進身去，在他溫軟的眼睫上，嫩桃似的腮上，撫摩了一會。又將她銀色的纖指，理齊了他臍圓的額髮，靄然微哂著，又回她的雲海去了。

一個失望的詩人，坐在河邊一塊石頭上，滿面寫著幽鬱的神情，他愛人的倩影，在他胸中像河水似的流動，他又不能在失望的渣滓裡榨出些微甘液，他張開兩手，仰著頭，讓大慈大悲的月光，那時正在過路，洗沐他淚腺濕腫的眼眶，他似乎感覺到清心的安慰，立即摸出一管筆，在白衣襟上寫道：

「月光，

你是失望兒的乳娘！」

面海一座柴屋的窗欞裡，望得見屋裡的內容：一張小桌上放著半塊麵包和幾條冷肉，晚餐的剩餘。窗前几上開著一本家用的《聖經》，爐架上兩座點著的燭台，不住地在流淚，旁邊坐著一個縐面駝腰的老婦人，兩眼半閉不閉地落在伏在她膝上悲泣的一個少婦，她的

[1] Ganges：今譯恆河。

長裙散在地板上像一隻大花蝶。老婦人掉頭向窗外望，只見遠遠海濤起伏，和慈祥的月光在擁抱密吻，她歎了聲氣向著斜照在《聖經》上的月彩囁道：

「眞絕望了！眞絕望了！」

她獨自在她精雅的書室裡，把燈火一齊熄了，倚在窗口一架籐椅上，月光從東牆肩上斜瀉下去，籠住她的全身，在花瓶上幻出一個窈窕的倩影，她兩根垂辮的髮梢，她微澹的媚唇，和庭前幾莖高峙的玉蘭花，都在靜秘的月色中微顫，她加她的呼吸，吐出一股幽香，不但鄰近的花草，連月兒聞了，也禁不住迷醉，她腮邊天然的妙渦，已有好幾日不圓滿：她瘦損了。但她在想什麼呢？月光，你能否將我的夢魂帶去，放在離她三五尺的玉蘭花枝上。

威爾斯西境一座礦床附近，有三個工人，口銜著笨重的煙斗，在月光中閒坐。他們所能想到的話都已講完，但這異樣的月彩，在他們對面的松林，左首的溪水上，平添了不可言語比說的嫵媚，惟有他們工餘倦極的眼珠不闔，彼此不約而同今晚較往常多抽了兩斗的煙，但他們礦火熏黑，煤塊擦黑的面容，表示他們心靈的薄弱，在享樂煙斗以外；雖經秋月溪聲的戟刺，也不能有精美情緒之反感。等月影移西一些，他們默默地撲出了一斗灰，起身進屋，各自登床睡去。月光從屋背飄眼望進去，只見他們都已睡熟；他們即使有夢，也無非礦內礦外的景色！

月光渡過了愛爾蘭海峽，爬上海爾佛林的高峰，正對著靜默的紅潭。潭水凝定得像一大塊冰，鐵青色。四圍斜坦的小峰，全都滿鋪著蟹青和蛋白色的岩片碎石，一株矮樹都沒有。沿潭間有些叢草，那全體形勢，正像一大青碗，現在滿盛了清潔的月輝，靜極了，草裡不

聞蟲吟，水裡不聞魚躍；只有石縫裡潛澗瀝淅之聲，斷續地作響，彷彿一座大教堂裡點著一星小火，益發對照出靜穆寧寂的境界，月兒在鐵色的潭面上，倦倚了半晌，重複起她的銀瀉，過山去了。

昨天船離了新加坡以後，方向從正東改為東北，所以前幾天的船梢正對落日，此後「晚霞的工廠」漸漸移到我們船向的左手來了。

昨夜吃過晚飯上甲板的時候，船右一海銀波，在犀利之中涵有幽秘的彩色，淒清的表情，引起了我的凝視。那放銀光的圓球正掛在你頭上，如其起靠著船頭仰望。她今夜並不十分鮮豔；她精圓的芳容上似乎輕籠著一層藕灰色的薄紗；輕漾著一種悲喟的音調；輕染著幾痕淚化的露靄。她並不十分鮮豔，然而她素潔溫柔的光線中，猶之少女淺藍妙眼的斜瞟；猶之春陽融解在山顛白雲反映的嫩色，含有不可解的迷力，媚態，世間凡具有感覺性的人，只要承沐著她的清輝，就發生也是不可理解的反應，引起隱複的內心境界的緊張，——像琴弦一樣，——人生最微妙的情緒，戟震生命所蘊藏高潔名貴創現的衝動。有時在心理狀態之前，或於同時，撼動軀體的組織，使感覺血液中突起冰流之冰流，嗅神經難禁之酸辛，內藏洶湧之跳動，淚腺之驟熱與潤濕。那就是秋月興起的秋思——愁。

昨晚的月色就是秋思的泉源，豈止，直是悲哀幽騷悱怨沉鬱的象徵，是季候運轉的偉劇中最神秘亦最自然的一幕，詩藝界最淒涼亦最微妙的一個消息。

今夜月明人盡望，不知秋思在誰家。

中國字形具有一種獨一的嫵媚，有幾個字的結構，我看來純是藝術家的匠心：這也是我們國粹之尤粹者之一。譬如「秋」字，已經是一個極美的字形；「愁」字更是文字史上有數的傑作：有石開湖暈，風掃松針的妙處，這一群點畫的配置，簡直經過柯羅的畫篆，米仡朗其羅的雕圭，Chopin❷的神感；像——用一個科學的比喻——原子的結構，將旋轉宇宙的大力收縮成一個無形無蹤的電核；這十三筆造成的象徵，似乎是宇宙和人生悲慘的現象和經驗，吒喟和涕淚，所凝成最純粹精密的結晶，滿充了催迷的秘力。你若然有高蒂閑（Gautier）❸異超的知感性，定然可以夢到，愁字變形爲秋霞黯綠色的通明寶玉，若用銀槌輕擊之，當吐銀色的幽咽電蛇似騰入雲天。

我並不是爲尋秋意而看月，更不是爲覓新愁而訪秋月；蓄意沉浸於悲哀的生活，是丹德所不許的。我蓋見月而感秋色，因秋窗而拈新愁：人是一簇脆弱而富於反射性的神經！

我重複回到現實的景色，輕裹在雲錦之中的秋月，像一個遍體蒙紗的女郎，她那團圓清朗的外貌像新娘，但同時她冪弦的顏色，那是藕灰，她踟躕的行踵，掩泣的痕跡，又使人疑是送喪的麗姝。所以我曾說：

「秋月呀！

我不盼望你團圓。」

這是秋月的特色，不論她是懸在落日殘照邊的新鐮，與「黃昏曉」競豔的眉鉤，中宵斗沒西陲的金碗，星雲參差間的銀床，以至一

❷ Chopin：今譯蕭邦（1810～1849），波蘭作曲家、鋼琴家，1831年後定居法國，其音樂靈感源於自己和波蘭的悲劇性經歷，兼具浪漫氣質和古典法度。

❸ Gautier：今譯戈蒂埃（1811～1872），法國詩人、小說家、評論家、新聞記者，早期參與浪漫主義運動，後在長篇小說《莫班小姐》的前言中首先提出「為藝術而藝術」的唯美主義主張。另有詩集《琺瑯與玉雕》等。

輪腴滿的中秋，不論盈昃高下，總在原來澄爽明秋之中，遍灑著一種我只能稱之為「悲哀的輕靄」，和「傳愁的乙太」。即使你原來無愁，見此也禁不得沾染那「灰色的音調」，漸漸興感起來！

秋月呀！
誰禁得起銀指尖兒
浪漫地搔爬呵！

不信但看那一海的輕濤，可不是禁不住她玉指的撫摩，在那裡低徊飲泣呢！就是那
無聊的雲煙，
秋月的美滿，
熏暖了飄心冷眼，
也清冷地穿上了輕縞的衣裳，
來參與這
美滿的婚姻和喪禮。

十月六日

山中來函

劍三，我還活著；但是我至少是一個「出家人」。我住在我們鎮上的一個山裡，這裡有一個新造的祠堂，叫做「三不朽」，這名字肉麻得凶，其實只是一個鄉賢祠的變名：我就寄宿在這裡。你不要見笑徐志摩活著就進了祠堂，而且是三不朽！這地方倒不壞，我現在坐著寫字的窗口，正對著山景，燒剩的廟，精光的樹，常青的樹，石牌坊戲台，怪形的石錯落在樹木間，山頂上的寶塔，塔頂上徘徊著的「餓老鷹」有時賣弄著牠們穿天響的怪叫，累累的墳堆，亭亭，白木的與包著蘆席的棺材，都在嫩色的朝陽裡浸著。隔壁是祠堂的大廳，供著歷代的忠臣孝子清客書生大官富翁棋國手（陳子仙）數學家（李善蘭壬叔）以及我自己的祖宗，他們爲什麼「不朽」我始終沒有懂；再隔壁是節孝祠，多是些跳井的投河的上吊的吞金的服鹽鹵的也許吃生鴉片吃火柴頭的烈女烈婦以及無數咬緊牙關的「望門寡」，抱牌位做親的，教子成名的，節婦孝婦，都是犧牲了生前的生命來換死後的冷豬頭肉，也還不很靠得住的；再隔壁是東寺，外邊牆壁已是半爛殿上神像只剩了泥灰。前窗望出去是一條小河的盡頭，一條藤蘿滿攀著磊石的石橋，一條狹堤，過堤一潭清水，不知是血污還是蓄荷池（土音同），一個鬼客棧（厝所）一片荒場也是墓墟累累的；再望去是硤石鎮的房屋了。這裡時常過路的是：香客，挑菜擔的鄉下人，青布包頭的婦人，背著黃葉簍子的童子，戴黑布風帽手提燈籠的和尚，方巾的道士，寄宿在戲台下與我們守望相助的丐翁，牧羊的童子與他的可愛的白山羊，到山上去尋柴，掘樹根，或掠乾草的，送羹飯與叫姓的

（現在眼前就是，眞妙，前面一個男子手裡拿著一束稻柴口裡喊著病人的名字叫他到「屋裡來」，後面跟著一個著紅棉襖綠背心的老婦人，撐著一把雨傘，低聲的答應著那男子的叫喚。）晚上只聽見各種的聲響，塔院裡的鐘聲，林子裡的風響，寺角上的鈴聲，遠處小兒啼聲，狗吠聲，梟鳥的咒詛聲，石路上行人的腳步聲——點綴這山腳下深夜的沉靜，管祠管人的屋子裡，不時還鬧鬼，差不多每天有鬼話聽！

這是我的寓處。世界，熱鬧的世界，離我遠得很；北京的灰砂也吹不到我這裡來——博生眞鄙吝，連一份《晨報》附張都捨不得寄給我；朋友的資訊更是杳然了。今天我偶爾高興，寫成了三段「東山小曲」，現在寄給你，也許可以補補空白。

我唯一的希望只是一場大雪。

志摩問安一月二十日

小曲是要打我們土白念或是唱，才有神氣。

契訶夫的墓園

詩人們在這喧豗的市街上不能不感寂寞；因此「傷時」是他們怨愫的發洩，「弔古」是他們柔情的寄託。但「傷時」是感情直接的反動：子規的清啼容易轉成夜的急調，弔古卻是情緒自然的流露，想像已往的韶光，慰藉心靈的幽獨：在墓墟間，在晚風中，在山一邊，在水一角，慕古人情，懷舊光華；像是朵朵出岫的白雲，輕沾斜陽的彩色，冉冉的捲，款款的舒，風動時動，風止時止。

弔古便不得不憬悟光陰的實在：隨你想像它是洶湧的洪湖，想像它是緩漸的流水，想像它是倒懸的急湍，想像它是無蹤跡的尾閭，只要你見到它那水花裡隱現著的骸骨，你就認識它那無顧戀的冷酷，它那無限量的破壞的饞慾：桑田變滄海，紅粉變枯髏，青梗變枯柴，帝國變迷夢，夢變煙，火變灰，石變砂，玫瑰變泥，一切的紛爭消納在無聲的墓窟裡……那時間人生的來蹤與去跡，它那色調與波紋，便如夕照晚靄中的山嶺融成了青紫一片，是邱是壑，是林是谷，不再分明，但它那大體的輪廓卻亭亭的刻畫在天邊，給你一個最清切的辨認。這一辨認就相聯的喚起了疑問：人生究竟是什麼？你得加下你的按語，你得表示你的「觀」。陶淵明說大家在這一條水裡浮沉，總有一天浸沒在裡面，讓我今天趁南山風色好，多種一棵菊花，多喝一杯甜釀；李太白，蘇東坡，陸放翁都迴響說不錯，我們的「觀」就在這酒杯裡。古詩十九首說這一生一扯即過，不過也得過，想長生的是傻子，抓住這現在的現在儘量的享福尋快樂是真的——「不如飲美酒，被服紈與素」，曹子建望著火燒了的洛陽，免不得動感情；他對著渺渺的人生也是絕望——轉蓬離本根，飄飄隨長風，何意回飆舉，吹我入雲中，高高上無極，天路安可窮。光陰「悠悠」的神秘警覺了陳元龍：人們在世上都是無儔伴的獨客，各個，在他覺悟時，都是寂寞的靈魂。莊子也沒奈何這悠悠的光陰，他借重一個調侃的枯髏，設想另一個宇宙，那邊生的進行不再受時間的制限。

所以弔古——尤其是上墳——是中國文人的一個癖好。這癖好想是遺傳的；因為就我自己說，不僅每到一處地方愛去郊外冷落處尋墓園消遣，那墳墓的意象竟彷彿在我每一個思想的後背闌著，——單這饅形的一塊黃土在我就有無窮的意趣——更無須蔓草，涼風，白楊，青磷等等的附帶。墳的意象與死的概念當然不能差離多遠，但在我，墳與死的關係卻並不密切：死彷彿有附著或有實質的一個現象，墳墓只是一個美麗的虛無。在這靜定的意境裡，光陰彷彿止息了波動，你自己的思感也收斂了震悸，那時你的性靈便可感到最純淨的慰安，你再不要什麼。還有一個原因為什麼我不愛想死，是為死的對象就是最惱人不過的生，死止是中止生，不是解決生，更不是消滅生，止是增劇生的複雜，並不清理它的糾紛。墳的意象卻不暗示你什麼對舉或比稱的實體，它沒有遠親，也沒有近鄰，它只是它，包涵一切，覆蓋一切，調融一切的一個美的虛無。

我這次到歐洲來倒像是專做清明來的；我不僅上知名的或與我有關係的墳（在莫斯科上契訶夫、克魯泡德金的墳，在柏林上我自己兒子的墳，在楓丹薄羅上曼殊斐爾的墳，在巴黎上茶花女、哈哀內的墳；上菩特萊《惡之花》的墳；上凡爾泰、盧騷、囂俄的墳；在羅馬上雪萊、基茨的墳；在翡冷翠上勃郎寧太太的墳，上密佗郎其羅、梅迪啓家的墳；日內到Ravenna[1]去還得上丹德的墳，到Assisi[2]上法蘭

[1] Ravenna：拉文納，又譯拉韋納，義大利東北部港市。

西士的墳，到Mantua[3]上浮吉爾（Virgil）[4]的墳）。我每過不知名的墓園也往往進去留連，那時情緒不定是傷悲，不定是感觸，有風隨風，在塊塊的墓碑間且自徘徊，等斜陽淡了再計較回家。

你們下回到莫斯科去，不要貪看列寧，那無非是一個像活的死人放著做廣告的（口孽罪過！），反而忘卻一個眞値得去的好所在──那是在雀山山腳下的一座有名的墓園，原先是貴族埋葬的地方，但契訶夫的三代與克魯泡德金也在裡面，我在莫斯科三天，過得異常的昏悶，但那一個向晚，在那噤寂的寺園裡，不見了莫斯科的紅塵，脫離了猶太人的怖夢，從容的懷古，默默的尋思，在他人許有更大的幸福，在我已經知足。那庵名像是Monestiere Vinozositch（可譯作聖貞庵），但不敢說是對的，好在容易問得。

我最不能忘情的墳山是日本神戶山上專葬僧尼那地方，一因它是依山築道，林蔭花草是天然的，二因南側引泉，有不絕的水聲，三因地位高亢，望見海濤與對岸山島。我最不喜歡的是巴黎Montmartre[5]的那個墓園，雖則有茶花女的芳鄰我還是不願意，因爲它四周是市街，駕空又是一架走電車的大橋，什麼清寧的意致都叫那些機輪軋成了斷片，我是立定主意不去的；羅馬雪萊、基茨的墳場也算是不錯，但這留著以後再講；莫斯科的聖貞庵，是應得讚美的，但躺到那邊去的機會似乎不多！

那聖貞庵本身是白石的，葫蘆頂是金的，旁邊有一個極美的鐘

---

❷ Assisi：義大利溫布利亞區城鎮。

❸ Mantua：曼圖亞，義大利北部城市。

❹ Virgil：今譯維吉爾（西元前70～19），古羅馬詩人，作品有《牧歌》10首、《農事詩》4卷和史詩《埃涅阿斯紀》。

❺ Montmartre：蒙馬特（徐譯蒙馬特爾），巴黎的一個區。

塔，紅色的，方的，異常的鮮豔，遠望這三色——白，金，紅——的配置，極有風趣；墓碑與墳亭密密的在這塔影下散布著，我去的那天正當傍晚，地下的雪一半化了水，不穿膠皮套鞋是不能走的；電車直到庵前，後背望去森森的林山便是拿破崙退兵時曾經回望的雀山，庵門內的空氣先就不同，常青的樹蔭間，雪鋪的地裡，悄悄的屏息著各式的墓碑：青石的平台，鏤像的長碣，嵌金的塔，中空的享亭，有高踞的，有低伏的，有雕飾繁複的，有平易的；但他們表示的意思卻只是極簡單的一個，古詩說的「下有陳死人，杳杳即長暮，潛寐黃泉下，千載永不寤」。

我們向前走不久便發現了一個頗堪驚心的事實：有不少極莊嚴的碑碣倒在地上的，有好幾處堅致的石欄與鐵欄打毀了的；你們記得在這裡埋著的貴族居多，近幾年來風水轉了，貴族最吃苦，幸而不毀，也不免亡命，階級的怨毒在這墓園裡都留下了痕跡——楚平王死得快還是逃不了屍體受刑——雖則有標記與無標記，有祭掃與無祭掃，究竟關不關這底下陳死人的痛癢，還是不可知的一件事：但對於虛榮心重實的活人，這類示威的手段卻是一個警告。

我們摸索了半天，不曾尋著契訶夫；我的朋友上那邊問去了，我在一個轉角站著等，那時候忽的眼前一亮（那天本是陰沉），夕陽也不知從那邊過來，正照著金頂與紅塔，打成一片不可信的輝煌；你們沒見過大金頂的，不易想像他那回光的力量，平常玻窗上的反光已夠你的耀眼，何況偌大一個純金的圓穹，我不由得不感謝那建築家的高見，我看了《西遊記》《封神傳》渴慕的金光神霞，到這裡見著了！更有那秀挺的緋紅的高塔，也在這俄頃間變成了粲花搖曳的長虹，彷彿脫離了地面，將次凌空飛去。

契訶夫的墓上（他父親與他並肩）只是一塊瓷青色的石碑，刻著他的名字與生死的年分，有鐵欄圍著，欄內半化的雪裡有幾瓣小青葉，旁邊樹上掉下去的，在那裡微微的轉動。

我獨自倚著鐵欄，沉思契訶夫今天要是在著，他不知怎樣；他是最愛「幽默」，自己也是最有諧趣的一位先生：他的太太告訴我們他臨死的時候還要她講笑話給他聽；有幽默的人是不易做感情的奴隸的，但今天俄國的情形，今天世界的情形，他要是看了還能笑否，還能拿著他的靈活的筆繼續寫他靈活的小說否？……我正想著，一陣異樣的聲浪從園的那一角傳過來打斷了我的盤算，那聲音在中國是聽慣了的，但到歐洲來是不提防的；我轉過去看時有一位黑衣的太太站在一個墳前，她旁邊一個服裝古怪的牧師（像我們的遊方和尚）高聲念著經咒，在晚色團聚時，在森森的墓門間，聽著那異樣的音調（語尾曼長向上曳作顛），你知道那怪調是念給墓中人聽的，這一想毛髮間就起了作用，彷彿底下的一大群全爬了上來在你的周圍站著傾聽似的。同時鐘聲響動，那邊庵門開了，門前亮著一星的油燈，裡面出來成行列的尼僧，向另一屋子走去，一體的黑衣黑兜，悄悄的在雪地裡走去……

克魯泡德金的墳在後園，只一塊扁平的白石，指示這偉大靈魂遺蛻的歇處，看著頗覺淒惘，關門鈴已經搖過，我們又得回紅塵去了。

翡冷翠山居閒話

在這裡出門散步去，上山或是下山，在一個晴好的五月的向晚，正像是去赴一個美的宴會，比如去一果子園，那邊每株樹上都是滿掛著詩情最秀逸的果實，假如你單是站著看還不滿意時，只要你一伸手就可以採取，可以恣嘗鮮味，足夠你性靈的迷醉。陽光正好暖和，決不過暖；風息是溫馴的，而且往往因為他是從繁花的山林裡吹度過來，他帶來一股幽遠的澹香，連著一息滋潤的水氣，摩挲著你的顏面，輕繞著你的肩腰，就這單純的呼吸已是無窮的愉快；空氣總是明淨的，近谷內不生煙，遠山上不起靄，那美秀風景的全部正像畫片似的展露在你的眼前，供你閒暇的鑒賞。

作客山中的妙處，尤在你永不須躊躇你的服色與體態；你不妨搖曳著一頭的蓬草，不妨縱容你滿腮的苔蘚；你愛穿什麼就穿什麼；扮一個牧童，扮一個漁翁，裝一個農夫，裝一個走江湖的桀卜閃，裝一個獵戶；你再不必提心整理你的領結，你盡可以不用領結，給你的頸根與胸膛一半日的自由，你可以拿一條這邊艷色的長巾包在你的頭上，學一個太平軍的頭目，或是拜倫那埃及裝的姿態；但最要緊的是穿上你最舊的舊鞋，別管他模樣不佳，他們是頂可愛的好友，他們承著你的體重卻不叫你記起你還有一雙腳在你的底下。

這樣的玩頂好是不要約伴，我竟想嚴格的取締，只許你獨身；因為有了伴多少總得叫你分心，尤其是年輕的女伴，那是最危險最專制不過的旅伴，你應得躲避她像你躲避青草裡一條美麗的花蛇！平常我們從自己家裡走到朋友的家裡，或是我們執事的地方，那無非是在同一個大牢裡從一間獄室移到另一間獄室去，拘束永遠跟著我們，自由永遠尋不到我們；但在這春夏間美秀的山中或鄉間你要是有機會獨身閒逛時，那才是你福星高照的時候，那才是你實際領受，親口嘗味，自由與自在的時候，那才是你肉體與靈魂行動一致的時候；朋友們，我們多長一歲年紀往往只是加重我們頭上的枷，加緊我們腳脛上的鏈，我們見小孩子在草裡在沙堆裡在淺水裡打滾作樂，或是看見小貓追牠自己的尾巴，何嘗沒有羨慕的時候，但我們的枷，我們的鏈永遠是制定我們行動的上司！所以只有你單身奔赴大自然的懷抱時，像一個裸體的小孩撲入他母親的懷抱時，你才知道靈魂的愉快是怎樣的，單是活著的快樂是怎樣的，單就呼吸單就走道單就張眼看聳耳聽的幸福是怎樣的。因此你得嚴格的為己，極端的自私，只許你，體魄與性靈，與自然同在一個脈搏裡跳動，同在一個音波裡起伏，同在一個神奇的宇宙裡自得。我們渾樸的天真是像含羞草似的嬌柔，一經同件的抵觸，他就捲了起來，但在澄靜的日光下，和風中，他的姿態是自然的，他的生活是無阻礙的。

你一個人漫遊的時候，你就會在青草裡坐地仰臥，甚至有時打滾，因為草的和暖的顏色自然的喚起你童稚的活潑；在靜僻的道上你就會不自主的狂舞，看著你自己的身影幻出種種詭異的變相，因為道旁樹木的陰影在他們紆徐的婆娑裡暗示你舞蹈的快樂；你也會得信口的歌唱，偶爾記起斷片的音調，與你自己隨口的小曲，因為樹林中的鶯燕告訴你春光是應得讚美的；更不必說你的胸襟自然會跟著曼長的山徑開拓，你的心地會看著澄藍的天空靜定，你的思想和著山壑間的水聲，山罅裡的泉響，有時一澄到底的清澈，有時激起成章的波動，流，流，流入涼爽的橄欖林中，流入嫵媚的阿諾河去……

並且你不但不須應伴，每逢這樣的遊行，你也不必帶書。書是理想的伴侶，但你應得帶書，是在火車上，在你住處的客室裡，不是在你獨身漫步的時候。什麼偉大的深沉的鼓舞的清明的優美的思想的根源不是可以在風籟中，雲彩裡，山勢與地形的起伏裡，花草的顏色與香息裡尋得？自然是最偉大的一部書，葛德說，在它每一頁的字句裡我們讀得最深奧的消息。並且這書上的文字是人人懂得的；阿爾帕斯與五老峰，雪西里與普陀山，萊因河與揚子江，梨夢湖與西子湖，建蘭與瓊花，杭州西溪的蘆雪與威尼市夕照的紅潮，百靈與夜鶯，更不提一般黃的黃麥，一般紫的紫藤，一般青的青草同在大地上生長，同在和風中波動——它們應用的符號是永遠一致的，它們的意義是永遠明顯的，只要你自己性靈上不長瘡瘢，眼不盲，耳不塞，這無形跡的最高等教育便永遠是你的名分，這不取費的最珍貴的補劑便永遠供你的受用；只要你認識了這一部書，你在這世界上寂寞時便不寂寞，窮困時不窮困，苦惱時有安慰，挫折時有鼓勵，軟弱時有督責，迷失時有南針。

十四年七月

巴黎的鱗爪

咳巴黎！到過巴黎的一定不會再希罕天堂；嘗過巴黎的，老實說，連地獄都不想去了。整個的巴黎就像是一床野鴨絨的墊褥，襯得你通體舒泰，硬骨頭都給薰酥了的——有時許太熱一些。那也不礙事，只要你受得住。讚美是多餘的，正如讚美天堂是多餘的；咒詛也是多餘的，正如咒詛地獄是多餘的。巴黎，軟綿綿的巴黎，只在你臨別的時候輕輕地囑咐一聲：「別忘了，再來！」其實連這都是多餘的，誰不想再去？誰忘得了？

香草在你的腳下，春風在你的臉上，微笑在你的周遭。不拘束你，不責備你，不督飭你，不窘你，不惱你，不揉你。它摟著你，可不縛住你：是一條溫存的臂膀，不是根繩子。它不是不讓你跑，但它那招逗的指尖卻永遠在你的記憶裡晃著。多輕盈的步履，羅襪的絲光隨時可以沾上你記憶的顏色！

但巴黎卻不是單調的喜劇。賽因河的柔波裡掩映著羅浮宮的倩影，它也收藏著不少失意人最後的呼吸。流著，溫馴的水波；流著，纏綿的恩怨。咖啡館：和著交頸的軟語，開懷的笑響，有踞坐在屋隅裡蓬頭少年計較自毀的哀思。跳舞場：和著翻飛的樂調，迷醇的酒香，有獨自支頤的少婦思量著往跡的愴心。浮動在上一層的許是光明，是歡暢，是快樂，是甜蜜，是和諧；但沉澱在底裡陽光照不到的才是人事經驗的本質：說重一點是悲哀，說輕一點是惆悵；誰不願意永遠在輕快的流波裡漾著，可得留神了你往深處去時的發現！

一天一個從巴黎來的朋友找我閒談，談起了勁，茶也沒喝，煙也沒吸，一直從黃昏談到天亮，才各自上床去躺了一歇，我一闔眼就回到了巴黎，方才朋友講的情境惝恍的把我自己也纏了進去；這巴黎的夢眞醇人，醇你的心，醇你的意志，醇你的四肢百體，那味兒除是親嘗過的誰能想像！——我醒過來時還是迷糊的忘了我在哪兒，剛巧一個小朋友進房來站在我的床前笑吟吟喊我，「你做什麼夢來了，朋友，爲什麼兩眼潮潮的像哭似的？」我伸手一摸，果然眼裡有水，不覺也失笑了——可是朝來的夢，一個詩人說的，同是這悲涼滋味，正不知這淚是爲哪一個夢流的呢！

下面寫下的不成文章，不是小說，不是寫實，也不是寫夢，——在我寫的人只當是隨口曲，南邊人說的「出門不認貨」，隨你們寬容的讀者們怎樣看罷。

出門人也不能太小心了，走道總得帶些探險的意味。生活的趣味大半就在不預期的發現，要是所有的明天全是今天刻板的化身，那我們活什麼來了？正如小孩子上山就得採花，到海邊就得撿貝殼，書呆子進圖書館想撈新智慧——出門人到了巴黎就想……

你的批評也不能過分嚴正不是？少年老成——什麼話！老成是老年人的特權，也是他們的本分；說來也不是他們甘願，他們是到了年紀不得不。少年人如何能老成？老成了才是怪哪！放寬一點說，人生只是個機緣巧合；別瞧日常生活河水似的流得平順，它那裡面多的是潛流，多的是漩渦——輪著的時候誰躲得了給捲了進去？那就是你發愁的時候，是你登仙的時候，是你辨著酸的時候，是你嘗著甜的時候。

巴黎也不定比別的地方怎樣不同：不同就在那邊生活流波裡的

潛流更猛，漩渦更急，因此你叫給捲進去的機會也就更多。

我趕快得聲明我是沒有叫巴黎的漩渦給淹了去——雖則也就夠險。多半的時候我只是站在賽因河岸邊看熱鬧，下水去的時候也不能說沒有，但至多也不過在靠岸清淺處溜著，從沒敢往深處跑——這來漩渦的紋螺，勢道，力量，可比遠在岸上時認清楚多了。

壹、九小時的萍水緣

我忘不了她。她是在人生的急流裡轉著的一張萍葉，我見著了它，掬在手裡把玩了一晌，依舊交還給它的命運，任它飄流去——它以前的飄泊我不曾見來，它以後的飄泊，我也見不著，但就這曾經相識匆匆的恩緣——實際上我與她相處不過九小時——已在我的心泥上印下蹤跡，我如何能忘，在憶起時如何能不感須臾的惆悵？

那天我坐在那熱鬧的飯店裡瞥眼看著她，她獨坐在燈光最暗淡的屋角裡，這屋內哪一個男子不帶媚態，哪一個女子的胭脂口上不沾笑容，就只她：穿一身淡素衣裳，戴一頂寬邊的黑帽，在密的睫毛上隱隱閃亮著深思的目光——我幾乎疑心她是修道院的女僧偶爾到紅塵裡隨喜來了。我不能不接著注意她，她的別樣的支頤的倦態，她的曼長的手指，她的落寞的神情，有意無意間的歎息，在在都激發我的好奇——雖則我那時左邊已經坐下了一個瘦的，右邊來了肥的，四條光滑的手臂不住的在我面前晃著酒杯。但更使我奇異的是她不等跳舞開始就匆匆的出去了，好像害怕或是厭惡似的。第一晚這樣，第二晚又是這樣：獨自默默的坐著，到時候又匆匆的離去。到了第三晚她再來的時候我再也忍不住不想法接近她。第一次得著的回音，雖則是「多謝好意，我再不願交友」的一個拒絕，只是加深了我的同情的好奇。我再不能放過她。巴黎的好處就在處處近人情；愛慕的自由是永

遠容許的。你見誰愛慕誰想接近誰，決不是犯罪，除非你在經程中洩漏了你的粗氣暴氣，陋相或是貧相，那不是文明的巴黎人所能容忍的。只要你「識相」，上海人說的，什麼可能的機會你都可以利用。對方人理你不理你，當然又是一回事；但只要你的步驟對，文明的巴黎人決不讓你難堪。

我不能放過她。第二次我大膽寫了個字條付中國人——店主人——交去。我心裡直怔怔的怕討沒趣。可是回話來了——她就走了，你跟著去吧。

她果然在飯店門口等著我。

你爲什麼一定要找我說話，先生，像我這再不願意有朋友的人？

她張著大眼看我，口唇微微的顫著。

我的冒昧是不望恕的，但是我看了你憂鬱的神情我足足難受了三天，也不知怎的我就想接近你，和你談一次話，如其你許我，那就是我的想望，再沒有別的意思。

眞的她那眼內綻出了淚來，我話還沒說完。

想不到我的心事又叫一個異邦人看透了……她聲音都啞了。

我們在路燈的燈光下默默的互注了一晌，並著肩沿馬路走去，走不到多遠她說不能走，我就問了她的允許雇車坐下，直望波龍尼大林園清涼的暑夜裡兜去。

原來如此，難怪你聽了跳舞的音樂像是厭惡似的，但既然不願意何以每晚還去？

那是我的感情作用；我有些捨不得不去，我在巴黎一天，那是我最初遇見——他的地方，但那時候的我……可是你眞的同情我的際遇嗎，先生？我快有兩個月不開口了，不瞞你說，今晚見了你我再也不能制止，我爽性說給你我的生平的始末吧，只要你不嫌。我們還是回那飯莊去罷。

你不是厭煩跳舞的音樂嗎？

她初次笑了。多齊整潔白的牙齒，在道上的幽光裡亮著！有了你我的生氣就回復了不少，我還怕什麼音樂？

我們倆重進飯莊去選一個基角坐下，喝完了兩瓶香檳，從十一時舞影最凌亂時談起，直到早三時客人散盡侍役打掃屋子時才起身走，我在她的可憐身世的演述中遺忘了一切，當前的歌舞再不能分我絲毫的注意。

下面是她的自述。

我是在巴黎生長的。我從小就愛讀《天方夜譚》的故事，以及當代描寫東方的文學；阿，東方，我的童貞的夢魂那一刻不在它的玫瑰園中留戀？十四歲那年我的姊姊帶我上北京去住，她在那邊開一個時式的帽鋪，有一天我看見一個小身材的中國人來買帽子，我就覺著奇怪，一來他長得異樣的清秀，二來他爲什麼要來買那樣時式的女帽；到了下午一個女太太拿了方才買去的帽子來換了，我姊姊就問她那中國人是誰，她說是她的丈夫，說開了頭她就講她當初怎樣爲愛他觸怒了自己的父母，結果斷絕了家庭和他結婚，但她一點也不追悔，因爲她的中國丈夫待她怎樣好法，她不信西方人會得像他那樣體貼，那樣溫存。我再也忘不了她說話時滿心怡悅的笑容。從此我仰慕東方的私衷又添深了一層顏色。

我再回巴黎的時候已經長成了，我父親是最寵愛我的，我要什麼他就給我什麼。我那時就愛跳舞，阿，那些迷醉輕易的時光，巴黎哪一處舞場上不見我的舞影。我的妙齡，我的顏色，我的體態，我的聰慧，尤其是我那媚人的大眼——阿，如今你見的只是悲慘的餘生再不留當時的丰韻——制定了我初期的墮落。我說墮落不是？是的，墮落，人生哪處不是墮落，這社會哪裡容得一個有姿色的女人保全她的清潔？我正快走入險路的時候，我那慈愛的老父早已看出我的傾向，私下安排了一個機會，叫我與一個有爵位的英國人接近。一個十七歲的女子哪有什麼主意，在兩個月內我就做了新娘。

說起那四年結婚的生活，我也不應得過分的抱怨，但我們歐洲的勢利的社會實在是樹心裡生了蠹，我怕再沒有回復健康的希望。我到倫敦去做貴婦人時我還是個天眞的孩子，哪有什麼機心，哪懂得虛僞的卑鄙的人間的底裡，我又是個外國人，到處遭受嫉忌與批評。還有我那叫名的丈夫。他娶我究竟爲什麼動機我始終不明白，許貪我年輕貪我貌美帶回家去廣告他自己的手段，因爲眞的我不曾感著他一息的眞情；新婚不到幾時他就對我冷淡了，其實他就沒有熱心，碰巧我是個傻孩子，一天不聽著一半句軟語，不受些溫柔的憐惜，到晚上我就不自制的悲傷。他有的是錢，有的是趨奉諂媚，成天在外打獵作樂，我愁了不來慰我，我病了不來問我，連著三年抑鬱的生涯完全消滅了我原來活潑快樂的天機，到第四年實在耽不住了，我與他吵一場回巴黎再見我父親的時候，他幾乎不認識我了。我自此就永別了我的英國丈夫。因爲雖則實際的離婚手續在他方面到前年方始辦理，他從我走了後也就不再來顧問我——這算是歐洲人夫妻的情分！

我從倫敦回到巴黎，就比久困的雀兒重複飛回了林中，眼內又有了笑，臉上又添了春色，不但身體好多，就連童年時的種種想望又在我心頭活了回來。三四年結婚的經驗更叫我厭惡西歐，更叫我神往東方。東方，阿，浪漫的多情的東方！我心裡常常的懷念著。有一晚，那一個運定的晚上，我就在這屋子內見著了他，與今晚一樣的歌聲，一樣的舞影，想起還不就是昨天，多飛快的光陰，就可憐我一個單薄的女子，無端叫運神擺布，在情網裡顛連，在經驗的苦海裡沉淪，朋友，我自分是已經埋葬了的活人，你何苦又來逼著我把往事掘起，我的話是簡短的，但我身受的苦惱，朋友，你信我，是不可量的；你望我的眼裡看，憑著你的同情你可以在剎那間領會我靈魂的眞際！

他是菲律賓人，也不知怎的我初次見面就迷了他。他膚色是深黃的，但他的性情是不可信的溫柔；他身材是短的，但他的私語有多叫人魂銷的魔力？阿，我到如今還不能怨他；我愛他太深，我愛他太眞，我如何能一刻忘他，雖則他到後來也是一樣的薄情，一樣的冷酷。你不倦麼，朋友，等我講給你聽？

我自從認識了他我便傾注給他我滿懷的柔情，我想他，那負心的他，也夠他的享受，那三個月神仙似的生活！我們差不多每晚在此聚會的。秘談是他與我，歡舞是他與我，人間再有更甜美的經驗嗎？朋友你知道癡心人赤心愛戀的瘋狂嗎？因爲不僅滿足了我私心的想望，我十多年夢魂繚繞的東方理想的實現。有他我什麼都有了，此外我更有什麼沾戀？因此等到我家裡爲這事情與我開始交涉的時候，我更不躊躇的與我生身的父母根本決絕。我此時又想起了我垂髫時在北京見著的那個嫁中國人的女子，她與我一樣也爲了癡情犧牲一切，我只希冀她這時還能保持著她那純愛的生活，不比我這失運人成天在幻滅的辛辣中回味。

我愛定了他。他是在巴黎求學的，不是貴族，也不是富人，那更使我放心，因爲我早年的經驗使我迷信眞愛情是窮人才能供給的。誰知他騙了我——他家裡也是有錢的，那時我在熱戀中抛棄了家，犧牲了名譽，跟了這黃臉人離卻巴黎，辭別歐洲，經過一個月的海程，我就到了我理想的燦爛的東方。阿，我那時的希望與快樂！但才出了紅海，他就上了心事，經我再三的逼他才告訴他家裡的實情，他父親是菲律賓最有錢的土著，性情是極嚴厲的，他怕輕易不能收受我進他們的家庭。我眞不願意把此後可憐的身世煩你的聽，朋友，但那才是我癡心人的結果，你耐心聽著吧！

東方，東方才是我的煩惱！我這回投進了一個更陌生的社會，呼吸更沉悶的空氣；他們自己中間也許有他們溫軟的人情，但輪著我的卻一樣還只是猜忌與譏刻，更不容情的刺襲我的孤獨的性靈。果然他的家庭不容我進門，把我看作一個「巴黎淌來的可疑的婦人」。我爲愛他也不知忍受了多少不可忍的侮辱，吞了多少悲淚，但我自慰的是他對我不變的恩情。因爲在初到的一時他還是不時來慰我——我獨自賃屋住著。但慢慢的也不知是人言浸潤還是他原來愛我不深，他竟然表示割絕我的意思。朋友，試想我這孤身女子犧牲了一切爲的還不是他的愛，如今連他都離了我，那我更有什麼生機？我怎的始終不曾自毀，我至今還不信，因爲我那時眞的是沒路走了。我又沒有錢，他狠心丟了我，我如何能再去纏他，這也許是我們白種人的倔強，我不久便揩乾了眼淚，出門去自尋活路。我在一個菲美合種人的家裡尋得了一個保姆的職務；天幸我生性是耐煩領小孩的——我在倫敦的日子沒孩子管我就養貓弄狗——救活我的是那三五個活靈的孩子，黑頭髮短手指的乖乖。在那炎熱的島上我是過了兩年沒顏色的生活，得了一次凶險的熱病，從此我面上再不存青年期的光彩。我的心境正稍稍回復平衡的時候兩件不幸的事情又臨著了我：一件是我那他與另一女子的結婚，這消息使我昏絕了過去；一件是被我棄絕的慈父也不知怎的問得了我的蹤跡來電說他老病快死要我回去。阿，天罰我！等我趕回巴黎的時候正好趕著與老人訣別，懺悔我先前的造孽！

從此我在人間還有什麼意趣？我只是個實體的鬼影，活動的屍體；我的心也早就死了，再也不起波瀾；在初次失望的時候我想像中還有個遼遠的東方，但如今東方只在我的心上留下一個鮮明的新傷，我更有什麼希冀，更有什麼心情？但我每晚還是不自主的到這飯店裡來小坐，正如死去的鬼魂忘不了他的老家！我這一生的經驗本不想再向人前吐露的，誰知又碰著了你，苦苦的追著我，逼我再一度撩撥死盡的火灰，這來你夠明白了，爲什麼我老是這落漠的神情，我猜你也是過路的客人，我深深自幸又接近一次人情的溫慰，但我不敢希望什麼，我的心是死定了的，時候也不早了，你看方才舞影凌亂的地板上現在只剩一片冷淡的燈光，侍役們已經收拾乾淨，我們也該走了，再會吧，多情的朋友！

貳、「先生，你見過豔麗的肉沒有？」

我在巴黎時常去看一個朋友，他是一個畫家，住在一條老聞著魚腥的小街底頭一所老屋子的頂上一個A字式的尖閣裡，光線暗慘得怕人，白天就靠兩塊日光胰子大小的玻璃窗給裝裝幌，反正住的人不嫌就得，他是照例不過正午不起身，不近天亮不上床的一位先生，下午他也不居家，起碼總得上燈的時候他才脫下了他的外褂露出兩條破爛的臂膀埋身在他那豔麗的垃圾窩裡開始他的工作。

豔麗的垃圾窩——它本身就是一幅妙畫！我說給你聽聽。貼牆有精窄的一條上面蓋著黑毛氈的算是他的床，在這上面就准你規規矩矩的躺著，不說起坐一定扎腦袋，就連翻身也不免冒犯斜著下來永遠不退讓的屋頂先生的身分！承著頂尖全屋子頂寬舒的部分放著他的書桌——我捏著一把汗叫它書桌，其實還用提嗎，上邊什麼法寶都有，畫冊子，稿本，黑炭，顏色盤子，爛襪子，領結，軟領子，熱水瓶子壓癟了的，燒乾了的酒精燈，電筒，各色的藥瓶，彩油瓶，髒手絹，斷頭的筆桿，沒有蓋的黑水瓶子，一柄手鎗，那是瞞不過我花七法郎在密歇耳大街路旁舊貨攤上換來的，照相鏡子，小手鏡，斷齒的梳子，蜜膏，晚上喝不完的咖啡杯，詳夢的小書，還有——還有可疑的小紙盒兒，凡士林一類的油膏……一隻破木板箱一類漆著名字上面蒙著一塊灰色布的是他的梳粧台兼書架，一個洋瓷面盆半盆的胰子水似乎都叫一部舊板的盧騷集子給饗了去，一頂便帽套在洋瓷長提壺的耳柄上，從袋底裡倒出來的小銅錢錯落的散著像是土耳其人的符咒，幾隻稀小的爛蘋果圍著一條破香蕉像是一群大學教授們圍著一個教育次長索薪……

壁上看得更斑斕了：這是我頂得意的一張龐那的底稿當廢紙買來的，這是我臨蒙內的裸體，不十分行，我來撩起燈罩你可以看清楚一點，草色太濃了，那膝部畫壞了。這一小幅更名貴，你認是誰，羅丹的！那是我前年最大的運氣，也算是錯來的，老巴黎就是這點子便宜，挨了半年八個月的餓不要緊，只要有機會撈著真東西，這還不值得！那邊一張擠在兩幅油畫縫裡的，你見了沒有，也是有來歷的，那是我前年趁馬克倒楣路過佛蘭克福德時夾手搶來的，是真的孟察爾都難說，就差糊了一點，現在你給三千佛郎我都不賣，加倍再加倍都值，你信不信？再看那一長條……在他那手指東點西的賣弄他的家珍的時候，你竟會忘了你站著的地方是不夠六尺闊的一間閣樓，倒像跨在你頭頂那兩爿斜著下來的屋頂也順著他那藝術談法術似的隱了去，露出一個爽愷的高天，壁上的疙瘩，壁窠，黴塊，釘疤，全化成了哥羅畫幀中「飄搖欲化煙」的最美麗林樹與輕快的流澗；桌上的破領帶及手絹爛香蕉臭襪子等等也全變形成戴大闊邊稻草帽的牧童們，偎著樹打盹的，牽著牛在澗裡喝水的，手反襯著腦袋放平在青草地上瞪眼看天的，斜眼溜著那邊走進來的娘們手按著音腔吹橫笛的——可不是那邊來了一群娘們，全是年歲青青的，露著胸膛，散著頭髮，還有光著白腿的在青草地上跳著來了？……！小心扎腦袋，這屋子真彆扭，你出什麼神來了？想著你的Bel Ami對不對？你到巴黎快半個月，該早有落兒了，這年頭收成真容易——嘸，太容易了！誰說巴黎不是理想的地獄？你吸煙斗嗎？這兒有自來火。對不起，屋子裡除了床，就是那張彈簧早經追悼過了的沙發，你坐坐吧，給你一個墊子，這是全屋子頂溫柔的一樣東西。

不錯，那沙發，這閣樓上要沒有那張沙發，主人的風格就落了一個極重要的原素。說它肚子裡的彈簧完全沒了勁，在主人說是太謙，在我說是簡直污蔑了它。因爲分明有一部分內簧是不曾死透的，那在正中間，看來倒像是一座分水嶺，左右都是往下傾的，我初坐下時不提防它還有彈力，倒叫我駭了一下；靠手的套布可眞是全黴了，露著黑黑黃黃不知是什麼貨色，活像主人襯衫的袖子。我正落了坐，他咬了咬嘴唇翻一翻眼珠微微的笑了。笑什麼了你？我笑——你坐上沙發那樣兒叫我想起愛菱。愛菱是誰？她呀——她是我第一個模特兒。模特兒？你的？你的破房子還有模特兒，你這窮鬼花得起……別急，究竟是中國初來的，聽了模特兒就這樣的起勁，看你那脖子都上了紅印了！本來不算事，當然，可是我說像你這樣的破雞棚……破雞棚便怎麼樣，耶穌生在馬號裡的，安琪兒們都在馬矢裡跪著禮拜哪！別忙，好朋友，我講你聽。如其巴黎人有一個好處，他就是不勢利！中國人頂糟了，這一點；窮人有窮人的勢利，闊人有闊人的勢利，半不闌珊的有半不闌珊的勢利——那才是半開化，才是野蠻！你看像我這樣子，頭髮像刺蝟，八九天不刮的破鬍子，半年不收拾的髒衣服，鞋帶扣不上的皮鞋——要在中國，誰不叫我外國叫化子，哪配進北京飯店一類的勢利場；可是在巴黎，我就這樣兒隨便問哪一個衣服頂漂亮脖子搽得頂香的娘們跳舞，十回就有九回成，你信不信？至於模特兒，那更不成話，哪有在巴黎學美術的，不論多窮，一年裡不換十來個眼珠亮亮的來坐樣兒？屋子破更算什麼？波希民的生活就是這樣，按你說模特兒就不該坐壞沙發，你得準備杏黃貢緞繡丹鳳朝陽做墊的太師椅請她坐你才安心對不對？再說……

別再說了！算我少見世面，算我是鄉下老憨，得了；可是說起模特兒，我倒有點好奇，你何妨講些經驗給我長長見識？有真好的沒有？我們在美術院裡見著的什麼維納絲得米羅，維納絲梅第妻，還有鐵青的，魯班師的，鮑第千里的，丁稻來篤的，箕奧其安內的裸體實在是太美，太理想，太不可能，太不可思議；反面說，新派的比如雪尼約克的，瑪提斯的，塞尚的，高耿的，弗郎剌馬克的，又是太醜，太損，太不像人，一樣的太不可能，太不可思議。人體美，究竟怎麼一回事，我們不幸生長在中國女人衣服一直穿到下巴底下腰身與後部看不出多大分別的世界裡，實在是太蒙昧無知，太不開眼。可是再說呢，東方人也許根本就不該叫人開眼的，你看過約翰巴里士那本沙揚娜拉沒有，他那一段形容一個日本裸體舞女——就是一張臉子粉搽得像棺材裡爬起來的顏色，此外耳朵以後下巴以下就比如一節蒸不透的珍珠米！——看了真叫人噁心。你們學美術的才有第一手的經驗，我倒是……

你倒是眞有點羨慕，對不對？不怪你，人總是人。不瞞你說，我學畫畫原來的動機也就是這點子對人體秘密的好奇。你說我窮相，不錯，我眞是窮，飯都吃不出，衣都穿不全，可是模特兒——我怎麼也省不了。這對人體美的欣賞在我已經成了一種生理的要求，必要的奢侈，不可擺脫的嗜好；我寧可少吃儉穿，省下幾個佛郎來多雇幾個模特兒。你簡直可以說我是著了迷，成了病，發了瘋，愛說什麼就什麼，我都承認——我就不能一天沒有一個精光的女人躺在我的面前供養，安慰，餵飽我的「眼淫」。當初羅丹我猜也一定與我一樣的狼狽，據說他那房子裡老是有剝光了的女人，也不爲坐樣兒，單看她們日常生活「實際的」多變化的姿態——他是一個牧羊人，成天看著一群剝了毛皮的馴羊！魯班師那位窮凶極惡的大手筆，說是常難爲他太太做模特兒，結果因爲他成天不斷的畫他太太竟許連穿褲子的空兒都難得有！但如果這話是眞的魯班師還是太傻，難怪他那畫裡的女人都是這剝白豬似的單調，少變化；美的分配在人體上是極神秘的一個現象，我不信有理想的全材，不論男女我想幾乎是不可能的；上帝拿著一把顏色望地面上撒，玫瑰，羅蘭，石榴，玉簪，剪秋羅，各樣都沾到了一種或幾種的彩澤，但決沒有一種花包涵所有可能的色調的，那如其有，按理論講，豈不是又得回復了沒顏色的本相？人體美也是這樣的，有的美在胸部，有的腰部，有的下部，有的頭髮，有的手，有的腳踝，那不可理解的骨格，筋肉，肌理的會合，形成各各不同的線條，色調的變化，皮面的漲度，毛管的分配，天然的姿態，不可制止的表情——也得你不怕麻煩細心體會發現去，上帝沒有這樣便宜你的事情，他決不給你一個具體的絕對美，如果有我們所有藝術的努力就沒了意義；巧妙就在你明知這山裡有金子，可是在哪一點你得自己下工夫去找。阿！說起這藝術家審美的本能，我眞要閉著眼感謝上帝——要不是它，豈不是所有人體的美，說窄一點，都變了古長安道上歷代帝王的墓窟，全叫一層或幾層薄薄的衣服給埋沒了！回頭我給你看我那張破床底下有一本寶貝，我這十年血汗辛苦的成績——千把張的人體臨摹，而且十分之九是在這間破雞棚裡鉤下的，別看低我這張彈簧早經追悼了的沙發，這上面落坐過至少一二百個當得起美字的女人！別提專門做模特兒的，巴黎哪一個不知道俺家黃臉什麼，那不算希奇，我自負的是我獨到的發現：一半因爲看多了緣故，女人肉的引誘在我差不多完全消滅在美的欣賞裡面，結果在我這雙「淫眼」看來，一絲不掛的女人就同紫霞宮裡翻出來的屍首穿得重重密密的搖不動我的性慾，反面說當眞穿著得極整齊的女人，不論她在人堆裡站著，在路上走著，只要我的眼到，她的衣服的障礙就無形的消滅，正如老練的礦師一瞥就認出礦苗，我這美術本能也是一瞥就認出「美苗」，一百次裡錯不了一次：每回發現了可能的時候，我就非想法找到她剝光了她叫我看個滿意不成，上帝保佑這文明的巴黎，我失望的時候眞難得有！我記得有一次在戲院子看著了一個貴婦人，實在沒法想（我當然試來）我那難受就不用提了，比發瘧疾還難受——她那特長分明是在小腹與……

夠了夠了！我倒叫你說得心癢癢的。人體美！這門學問，這門福氣，我們不幸生長在東方誰有機會研究享受過來？可是我既然到了巴黎，又幸氣碰著你，我倒眞想叨你的光開開我的眼，你得替我想法，要找在你這宏富的經驗中比較最貼近理想的一個看看……

你又錯了！什麼，你意思花就許巴黎的花香，人體就許巴黎的美嗎？太滅自己的威風了！別信那巴理士什麼沙揚娜拉的胡說；聽我說，正如東方的玫瑰不比西方的玫瑰差什麼香味，東方的人體在得到相當的栽培以後，也同樣不能比西方的人體差什麼美——除了天然的限度，比如骨格的大小，皮膚的色彩。同時頂要緊的當然要你自己性靈裡有審美的活動，你得有眼睛，要不然這宇宙不論它本身多美多神奇在你還是白來的。我在巴黎苦過這十年，就爲前途有一個宏願：我要張大了我這經過訓練的「淫眼」到東方去發現人體美——誰說我沒有大文章做出來？至於你要借我的光開開眼，那是最容易不過的事情，可是我想想——可惜了！有個馬達姆朗洒，原先在巴黎大學當物理講師的，你看了準忘不了，現在可不在了，到倫敦去了；還有一個馬達姆薛托漾，她是遠在南邊鄉下開麵包鋪子的，她就夠打倒你所有的丁稻來篤，所有的鐵青，所有的箕奧其安內——尤其是給你這未入流看，長得太美了，她通體就看不出一根骨頭的影子，全叫匀匀的肉給隱住的，圓的，潤的，有一致節奏的，那妙是一百個哥蒂藹也形容不全的，尤其是她那腰以下的結構，眞是奇蹟！你從義大利來該見過西龍尼維納絲的殘像，就那也只能彷彿，你不知道那活的氣息的神奇，什麼大藝術天才都沒法移植到畫布上或是石塑上去的（因此我常常自己心理辯論究竟是藝術高出自然還是自然高出藝術，我怕上帝僭先的機會畢竟比凡人多些）；不提別的單就她站在那裡你看，從小腹接樫上股那兩條交薈的弧線起直往下貫到腳著地處止，那肉的浪紋就比是——實在是無可比——你夢裡聽著的音樂：不可信的輕柔，不可信的匀淨，不可信的韻味——說粗一點，那兩股相並處的一條線直貫到底，不漏一屑的破綻，你想通過一根髮絲或是吹度一絲風息都是絕對不可能的——但同時又決不是肥肉的黏著，那就呆了。眞是夢！唉，就可惜多美一個天才偏叫一個身高六尺三寸長紅鬍子的麵包師給糟蹋了；眞的這世上的因緣說來眞怪，我很少看見美婦人不嫁給猴子類牛類水馬類的醜男人！但這是支話。眼前我招得到的，夠資格的也就不少——有了，方才你坐上這沙發的時候叫我想起了愛菱，也許你與她有緣分，我就爲你招她去吧，我想應該可以容易招到的。可是上哪兒呢？這屋子終究不是欣賞美婦人的理想背景，第一不夠開展，第二光線不夠——至少爲外行人像你一類著想……我有了一個頂好的主意，你遠來客，也該獨出心裁招待你一次，好在愛菱與我特別的熟，我要她怎麼她就怎麼；暫且約定後天吧，你上午十二點到我這裡來，我們一同到芳丹薄羅的大森林裡去，那是我常遊的地方，尤其是阿房奇石相近一帶，那邊有的是天然的地毯，這時是自然最妖豔的日子，草青得滴得出翠來，樹綠得漲得出油來，松鼠滿地滿樹都是，也不很怕人，頂好玩的，我們決計到那一帶去秘密野餐吧——至於「開眼」的話，我包你一個百二十分的滿足，將來一定是你從歐洲帶回家最不易磨滅的一個印象！一切有我布置去，你要是願意貢獻的話，也不用別的，就要你多買大楊梅，再帶一瓶橘子酒，一瓶綠酒，我們享半天閒福去。現在我講得也累了，我得躺一會兒，我拿我床底下那本秘本給你先揣摹揣摹……

隔一天我們從芳丹薄羅林子裡回巴黎的時候，我彷彿剛做了一個最荒唐，最豔麗，最秘密的夢。

十四年十二月二十一日

我所知道的康橋

我這一生的周折，大都尋得出感情的線索。不論別的，單說求學。我到英國是為要從羅素。羅素來中國時，我已經在美國。他那不確的死耗傳到的時候，我眞的出眼淚不夠，還做悼詩來了。他沒有死，我自然高興。我擺脫了哥倫比亞大博士銜的引誘，買船票過大西洋，想跟這位二十世紀的福祿泰爾認眞念一點書去。誰知一到英國才知道事情變樣了：一為他在戰時主張和平，二為他離婚，羅素叫康橋給除名了，他原來是Trinity College❶的fellow❷，這來他的fellowship❸也給取銷了。他回英國後就在倫敦住下，夫妻兩人賣文章過日子。因此我也不曾遂我從學的始願。我在倫敦政治經濟學院裡混了半年，正感著悶想換路走的時候，我認識了狄更生先生。狄更生——Galsworthy Lowes Dickinson❹——是一個有名的作者，他的《一個中國人通信》（Letters From John Chinaman）與《一個現代聚餐談話》（A Modern Symposium）兩本小冊子早得了我的景仰。我第一次會著他是在倫敦國際聯盟協會席上，那天林宗孟先生演說，他做主席；第二次是宗孟寓裡吃茶，有他。以後我常到他家裡去。他看出我的煩

❶ Trinity College：三一學院。
❷ fellow：研究員。
❸ fellowship：研究員資格。
❹ Galsworthy Lowes Dickinson：徐志摩在英國的朋友，劍橋大學教授，著有《一個中國人通信》、《一個現代聚餐談話》等。

悶，勸我到康橋去，他自己是王家學院（Kings College）的fellow。我就寫信去問兩個學院，回信都說學額早滿了，隨後還是狄更生先生替我去在他的學院裡說好了，給我一個特別生的資格，隨意選科聽講。從此黑方巾黑披袍的風光也被我占著了。初起我在離康橋六英里的鄉下叫沙士頓地方租了幾間小屋住下，同居的有我從前的夫人張幼儀女士與郭虞裳君。每天一早我坐街車（有時自行車）上學，到晚回家。這樣的生活過了一個春，但我在康橋還只是個陌生人，誰都不認識，康橋的生活，可以說完全不曾嘗著，我知道的只是一個圖書館，幾個課室，和三兩個吃便宜飯的茱食鋪子。狄更生常在倫敦或是大陸上，所以也不常見他。那年的秋季我一個人回到康橋，整整有一學年，那時我才有機會接近眞正的康橋生活，同時我也慢慢的「發現」了康橋。我不曾知道過更大的愉快。

「單獨」是一個耐尋味的現象。我有時想它是任何發現的第一個條件。你要發現你的朋友的「眞」，你得有與他單獨的機會。你要發現你自己的眞，你得給你自己一個單獨的機會。你要發現一個地方（地方一樣有靈性），你也得有單獨玩的機會。我們這一輩子，認眞說，能認識幾個人？能認識幾個地方？我們都是太匆忙，太沒有單獨的機會。說實話，我連我的本鄉都沒有什麼瞭解。康橋我要算是有相當交情的，再次許只有新認識的翡冷翠了。阿，那些清晨，那些黃昏，我一個人發癡似的在康橋！絕對的單獨。

但一個人要寫他最心愛的對象，不論是人是地，是多麼使他爲難的一個工作？你怕，你怕描壞了它，你怕說過分了惱了它，你怕說太謹愼了辜負了它。我現在想寫康橋，也正是這樣的心理，我不曾寫，我就知道這回是寫不好的——況且又是臨時逼出來的事情。但我卻不能不寫，上期預告已經出去了。我想勉強分兩節寫，一是我所知道的康橋的天然景色，一是我所知道的康橋的學生生活。我今晚只能極簡的寫些，等以後有興會時再補。

康橋的靈性全在一條河上；康河，我敢說，是全世界最秀麗的一條水。河的名字是葛蘭大（Granta），也有叫康河（River Caun）的，許有上下流的區別，我不甚清楚。河身多的是曲折，上游是有名的拜倫潭——“Byron's Pool”——當年拜倫常在那裡玩的；有一個老村子叫格蘭騫斯德，有一個果子園，你可以躺在纍纍的桃李樹蔭下吃茶，花果會掉入你的茶杯，小雀子會到你桌上來啄食，那真是別有一番天地。這是上游；下游是從騫斯德頓下去，河面展開，那是春夏間競舟的場所。上下河分界處有一個壩築，水流急得很，在星光下聽水聲，聽近村晚鐘聲，聽河畔倦牛芻草聲，是我康橋經驗中最神秘的一種：大自然的優美，寧靜，調諧在這星光與波光的默契中不期然的淹入了你的性靈。

但康河的精華是在它的中流，著名的“Backs”❺，這兩岸是幾個最蜚聲的學院的建築。從上面下來是Pembroke❻，St. Katharine's❼，King's❽，Clare❾，Trinty，St. John's❿。最令人留連的一節是克萊亞

❺ Backs：英國劍橋大學的後花園，以景色優美著稱。
❻ Pembroke：潘布魯克學院。
❼ St. Katharine's：聖凱瑟林學院。
❽ King's：國王學院。
❾ Clare：克雷爾（徐譯克萊亞），即聖克雷爾學院。
❿ St. John's：聖約翰學院。

與王家學院的毗連處，克萊亞的秀麗緊鄰著王家教堂（King's Chapel）的宏偉。別的地方盡有更美更莊嚴的建築，例如巴黎賽因河的羅浮宮一帶，威尼斯的利阿爾多大橋的兩岸，翡冷翠維琪烏大橋的周遭；但康橋的"Backs"自有它的特長，這不容易用一二個狀詞來概括，它那脫盡塵埃氣的一種清澈秀逸的意境可說是超出了畫圖而化生了音樂的神味。再沒有比這一群建築更調諧更勻稱的了！論畫，可比的許只有柯羅（Corot）的田野；論音樂，可比的許只有蕭班（Chopin）的夜曲。就這也不能給你依稀的印象，它給你的美感簡直是神靈性的一種。

假如你站在王家學院橋邊的那棵大樹蔭下眺望，右側面，隔著一大方淺草坪，是我們的校友居（Fellows Building），那年代並不早，但它的嫵媚也是不可掩的，它那蒼白的石壁上春夏間滿綴著豔色的薔薇在和風中搖顫，更移左是那教堂，森林似的尖閣不可浼的永遠直指著天空；更左是克萊亞，阿！那不可信的玲瓏的方庭，誰說這不是聖克萊亞（St. Clare）的化身，哪一塊石上不閃耀著她當年聖潔的精神？在克萊亞後背隱約可辨的是康橋最潢貴最驕縱的三清學院（Trinity），它那臨河的圖書樓上坐鎮著拜倫神采驚人的雕像。

但這時你的注意早已叫克萊亞的三環洞橋魔術似的攝住。你見過西湖白堤上的西泠斷橋不是（可憐它們早已叫代表近代醜惡精神的汽車公司給踩平了，現在它們跟著蒼涼的雷峰永遠辭別了人間）？你忘不了那橋上斑駁的蒼苔，木柵的古色，與那橋拱下洩露的湖光與山色不是？克萊亞並沒有那樣體面的襯托，它也不比廬山棲賢寺旁的觀音橋，上瞰五老的奇峰，下臨深潭與飛瀑；它只是怯憐憐的一座三環洞的小橋，它那橋洞間也只掩映著細紋的波鱗與婆娑的樹影，它那橋上櫛比的小穿闌與闌節頂上雙雙的白石球，也只是村姑子頭上不誇張的香草與野花一類的裝飾；但你凝神的看著，更凝神的看著，你再反省你的心境，看還有一絲屑的俗念沾滯不？只要你審美的本能不曾汩滅時，這是你的機會實現純粹美感的神奇！

但你還得選你賞鑒的時辰。英國的天時與氣候是走極端的。冬天是荒謬的壞，逢著連綿的霧盲天你一定不遲疑的甘願進地獄本身去試試；春天（英國是幾乎沒有夏天的）是更荒謬的可愛，尤其是它那四五月間最漸緩最豔麗的黃昏，那才眞是寸寸黃金。在康河邊上過一個黃昏是一服靈魂的補劑。阿！我那時蜜甜的單獨，那時蜜甜的閒暇。一晚又一晚的，只見我出神似的倚在橋闌上向西天凝望——

看一回凝靜的橋影，
數一數螺細的波紋：
我倚暖了石闌的青苔，
青苔涼透了我的心坎……

還有幾句更笨重的怎能彷彿那游絲似輕妙的情景：

難忘七月的黃昏，遠樹凝寂，
像墨潑的山形，襯出輕柔暝色，
密稠稠，七分鵝黃，三分橘綠，
那妙意只可去秋夢邊緣捕捉……

這河身的兩岸都是四季常青最蔥翠的草坪。從校友居的樓上望去，對岸草場上，不論早晚，永遠有十數匹黃牛與白馬，脛蹄沒在恣蔓的草叢中，縱容的在咬嚼，星星的黃花在風中動盪，應和著牠們尾鬃的掃拂。橋的兩端有斜倚的垂柳與蔭護住。水是澈底的清澄，深不足四尺，勻勻的長著長條的水草。這岸邊的草坪又是我的愛寵，在清朝，在傍晚，我常去這天然的織錦上坐地，有時讀書，有時看水，有時仰臥著看天空的行雲，有時反仆著摟抱大地的溫軟。

但河上的風流還不止兩岸的秀麗。你得買船去玩。船不止一種：有普通的雙槳划船，有輕快的薄皮舟（Canoe），有最別致的長形撐篙船（Punt）。最末的一種是別處不常有的：約莫有二丈長，三尺寬，你站直在船梢上用長竿撐著走的。這撐是一種技術。我手腳太蠢，始終不曾學會。你初起手嘗試時，容易把船身橫住在河中，東顛西撞的狼狽。英國人是不輕易開口笑人的，但是小心他們不出聲的皺眉！也不知有多少次河中本來優閒的秩序叫我這莽撞的外行給搗亂了。我真的始終不曾學會；每回我不服輸跑去租船再試的時候，有一個白鬍子的船家往往帶譏諷的對我說：「先生，這撐船費勁，天熱累人，還是拿個薄皮舟溜溜吧！」我哪裡肯聽話，長篙子一點就把船撐了開去，結果還是把河身一段段的腰斬了去！

你站在橋上去看人家撐，那多不費勁，多美，尤其在禮拜天有幾個專家的女郎，穿一身縞素衣服，裙裾在風前悠悠的飄著，戴一頂寬邊的薄紗帽，帽影在水草間顫動，你看她們出橋洞時的姿態，撚起一根竟像沒分量的長竿，只輕輕的，不經心的往波心裡一點，身子微微的一蹲，這船身便波的轉出了橋影，翠條魚似的向前滑了去。她們那敏捷，那閒暇，那輕盈，真是值得歌詠的。

在初夏陽光漸暖時你去買一支小船，划去橋邊蔭下躺著念你的書或是做你的夢，槐花香在水面上飄浮，魚群的唼喋聲在你的耳邊挑逗。或是在初秋的黃昏，近著新月的寒光，望上流僻靜處遠去。愛熱鬧的少年們攜著他們的女友，在船沿上支著雙雙的東洋彩紙燈帶著話匣子，船心裡用軟墊鋪著，也開向無人跡處去享他們的野福——誰不愛聽那水底翻的音樂在靜定的河上描寫夢意與春光！

住慣城市的人不易知道季候的變遷。看見葉子掉知道是秋，看見葉子綠知道是春；天冷了裝爐子，天熱了拆爐子；脫下棉袍，換上夾袍，脫下夾袍，穿上單袍；不過如此罷了。天上星斗的消息，地下泥土裡的消息，空中風吹的消息，都不關我們的事。忙著哪，這樣那樣事情多著，誰耐煩管星星的移轉，花草的消長，風雲的變幻？同時我們抱怨我們的生活，苦痛，煩悶，拘束，枯燥，誰肯承認做人是快樂？誰不多少間咒詛人生？

但不滿意的生活大都是由於自取的。我是一個生命的信仰者，我信生活決不是我們大多數人僅僅從自身經驗推得的那樣暗慘。我們的病根是在「忘本」。人是自然的產兒，就比枝頭的花與鳥是自然的產兒；但我們不幸是文明人，入世深似一天，離自然遠似一天。離開了泥土的花草，離開了水的魚，能快活嗎？能生存嗎？從大自然，我們取得我們的生命；從大自然，我們應分取得我們繼續的滋養。哪一株婆娑的大木沒有盤錯的根柢深入在無盡藏的地裡？我們是永遠不能獨立的。有幸福是永遠不離母親撫育的孩子，有健康是永遠接近自然的人們。不必一定與鹿豕遊，不必一定回「洞府」去；為醫治我們當前生活的枯窘，只要「不完全遺忘自然」一張輕淡的藥方我們的病象就有緩和的希望。在青草裡打幾個滾，到海水裡洗幾次浴，到高處去看幾次朝霞與晚照——你肩背上的負擔就會輕鬆了去的。

這是極膚淺的道理，當然。但我要沒有過過康橋的日子，我就不會有這樣的自信。我這一輩子就只那一春，說也可憐，算是不曾虛度。就只那一春，我的生活是自然的，是真愉快的！（雖則碰巧那也

是我最感受人生痛苦的時期。）我那時有的是閒暇，有的是自由，有的是絕對單獨的機會。說也奇怪，竟像是第一次，我辨認了星月的光明，草的青，花的香，流水的殷勤。我能忘記那初春的睥睨嗎？曾經有多少個清晨我獨自冒著冷去薄霜鋪地的林子裡閒步——為聽鳥語，為盼朝陽，為尋泥土裡漸次蘇醒的花草，為體會最微細最神妙的春信。阿，那是新來的畫眉在那邊凋不盡的青枝上試牠的新聲！阿，這是第一朵小雪球花掙出了半凍的地面！阿，這不是新來的潮潤沾上了寂寞的柳條？

靜極了，這朝來水溶溶的大道，只遠處牛奶車的鈴聲，點綴這周遭的沉默。順著這大道走去，走到盡頭，再轉入林子裡的小徑，往煙霧濃密處走去，頭頂著交枝的榆蔭，透露著漠楞楞的曙色；再往前走去，走盡這林子，當前是平坦的原野，望見了村舍，初青的麥田，更遠三兩個饅形的小山掩住了一條通道。天邊是霧茫茫的，尖尖的黑影是近村的教寺。聽，那曉鐘和緩的清音。這一帶是此邦中部的平原，地形像是海裡的輕波，默沉沉的起伏；山嶺是望不見的，有的是常青的草原與沃腴的田壤。登那土阜上望去，康橋只是一帶茂林，擁戴著幾處娉婷的尖閣。嫵媚的康河也望不見蹤跡，你只能循著那錦帶似的林木想像那一流清淺。村舍與樹林是這地盤上的棋子，有村舍處有佳蔭，有佳蔭處有村舍。這早起是看炊煙的時辰：朝霧漸漸的升起，揭開了這灰蒼蒼的天幕（最好是微霰後的光景），遠近的炊煙，成絲的，成縷的，成捲的，輕快的，遲重的，濃灰的，淡青的，慘白的，在靜定的朝氣裡漸漸的上騰，漸漸的不見，彷彿是朝來人們的祈禱，參差的翳入了天聽。朝陽是難得見的，這初春的天氣。但它來時是起早人莫大的愉快。頃刻間這田野添深了顏色，一層輕紗似的金粉糝上了這草，這樹，這通道，這莊舍。頃刻間這周遭彌漫了清晨富麗的溫柔。頃刻間你的心懷也分潤了白天誕生的光榮。「春」！這勝利的晴空彷彿在你的耳邊私語。「春」！你那快活的靈魂也彷彿在那裡迴響。

……

伺候著河上的風光，這春來一天有一天的消息。關心石上的苔痕，關心敗草裡的花鮮，關心這水流的緩急，關心水草的滋長，關心天上的雲霞，關心新來的鳥語。怯憐憐的小雪球是探春信的小使。鈴蘭與香草是歡喜的初聲。窈窕的蓮馨，玲瓏的石水仙，愛熱鬧的克羅克斯，耐辛苦的浦公英與雛菊——這時候春光已是縵爛在人間，更不須殷勤問訊。

瑰麗的春放。這是你野遊的時期。可愛的路政，這裡不比中國，哪一處不是坦蕩蕩的大道？徒步是一個愉快，但騎自轉車是一個更大的愉快。在康橋騎車是普遍的技術；婦人，稚子，老翁，一致享受這雙輪舞的快樂。（在康橋聽說自轉車是不怕人偷的，就為人人都自己有車，沒人要偷。）任你選一個方向，任你上一條通道，順著這帶草味的和風，放輪遠去，保管你這半天的逍遙是你性靈的補劑。這道上有的是清蔭與美草，隨地都可以供你休憩。你如愛花，這裡多的是錦繡似的草原。你如愛鳥，這裡多的是巧囀的鳴禽。你如愛兒童，這鄉間到處是可親的稚子。你如愛人情，這裡多的是不嫌遠客的鄉人，你到處可以「掛單」借宿，有酪漿與嫩薯供你飽餐，有奪目的果鮮恣你嘗新。你如愛酒，這鄉間每「望」都為你儲有上好的新釀，黑啤如太濃，蘋果酒薑酒都是供你解渴潤肺的。……帶一卷書，走十里路，選一塊清靜地，看天，聽鳥，讀書，倦了時，和身在草綿綿處尋夢去——你能想像更適情更適性的消遣嗎？

陸放翁有一聯詩句：「傳呼快馬迎新月，卻上輕輿趁晚涼」；這是做地方官的風流。我在康橋時雖沒馬騎，沒轎子坐，卻也有我的風流：我常常在夕陽西曬時騎了車迎著天邊扁大的日頭直追。日頭是追不到的，我沒有夸父的荒誕，但晚景的溫存卻被我這樣偷嘗了不少。有三兩幅畫畫似的經驗至今還是栩栩的留著。只說看夕陽，我們平常只知道登山或是臨海，但實際只須遼闊的天際，平地上的晚霞有時也是一樣的神奇。有一次我趕到一個地方，手把著一家村莊的籬笆，隔著一大田的麥浪，看西天的變幻。有一次是正衝著一條寬廣的大道，過來一大群羊，放草歸來的，偌大的太陽在牠們後背放射著萬縷的金輝，天上卻是烏青青的，只剩這不可逼視的威光中的一條大路，一群生物！我心頭頓時感著神異性的壓迫，我眞的跪下了，對著這冉冉漸翳的金光。再有一次是更不可忘的奇景，那是臨著一大片望不到頭的草原，滿開著豔紅的罌粟，在青草裡亭亭的像是萬盞的金燈，陽光從褐色雲裡斜著過來，幻成一種異樣的紫色，透明似的不可逼視，霎那間在我迷眩了的視覺中，這草田變成了……不說也罷，說來你們也是不信的！

一別二年多了，康橋，誰知我這思鄉的隱憂？也不想別的，我只要那晚鐘撼動的黃昏，沒遮攔的田野，獨自斜倚在軟草裡，看第一個大星在天邊出現！

十五年一月十五日

醜西湖

「欲把西湖比西子，濃妝淡抹總相宜」，我們太把西湖看理想化了。夏天要算是西湖濃妝的時候，堤上的楊柳綠成一片濃青。裡湖一帶的荷葉荷花也正當滿豔，朝上的煙霧，向晚的晴霞，哪樣不是現成的詩料，但這西姑娘你愛不愛？我是不成，這回一見面我回頭就逃！什麼西湖這簡直是一鍋腥臊的熱湯！西湖的水本來就淺，又不流通，近來滿湖又全養了大魚，有四五十斤的，把湖裡嬝婷婷的水草全給咬爛了。水混不用說，還有那魚腥味兒頂叫人難受。說起西湖養魚，我聽得有種種的說法，也不知哪樣是內情：有說養魚甘脆是官家貿利，放著偌大一個魚沼，養肥了魚打了去賣不是頂現成的；有說養魚是爲預防水草長得太放肆了怕塞滿了湖心；也有說這些大魚都是大慈善家們爲要延壽或是求子或是求財源茂盛特爲從別地方買了來放生在湖裡的，而且現在打魚當官是不准的。不論怎麼樣，西湖確是變了魚湖了。六月以來杭州據說一滴水都沒有過，西湖當然水淺得像是個乾血癆的美女，再加那腥味兒！今年南方的熱，說來我們住慣北方的也不易信，白天熱不說，通宵到天亮都不見放鬆，天天大太陽，夜夜滿天星，節節高的一天暖似一天。杭州更比上海不堪，西湖那一窪淺水用不到幾個鐘頭的曬就離滾沸不遠什麼，四面又是山，這熱是來得去不得，一天不發大風打陣，這鍋熱湯，就永遠不會涼。我那天到了晚上才雇了條船遊湖，心想比岸上總可以涼快些。好，風不來還熬得，風一來可眞難受極了，又熱又帶腥味兒，眞叫你發眩作嘔，我同船一個朋友當時就病了，我記得紅海裡兩邊的沙漠風都似乎較爲可耐些！

夜間十二點我們回家的時候都還是熱虎虎的。還有湖裡的蚊蟲！簡直是一群群的大水鴨子！你一坐定就活該。

這西湖是太難了，氣味先就不堪。再說沿湖的去處，本來頂清澹宜人的一個地方是平湖秋月，那一方平台，幾棵楊柳，幾折回廊，在秋月清澈的涼夜去坐著看湖確是別有風味，更好在去的人絕少，你夜間去總可以獨占，喚起看守的人來泡一碗清茶，沖一杯藕粉，和幾個朋友閒談著消磨他半夜，眞是清福。我三年前一次去有琴友有笛師，躺平在楊樹底下看揉碎的月光，聽水面上翻響的幽樂，那逸趣眞不易。西湖的俗化眞是一日千里，我每回去總添一度傷心：雷峰也羞跑了，斷橋拆成了汽車橋，哈得在湖心裡造房子，某家大少爺的汽油船在三尺的柔波裡興風作浪，工廠的煙替代了出岫的霞，大世界以及什麼舞台的鑼鼓充當了湖上的啼鶯，西湖，西湖，還有什麼可留戀的！這回連平湖秋月也給糟蹋了，你信不信？「船家，我們到平湖秋月去，那邊總還清靜。」「平湖秋月？先生，清靜是不清靜的，格歇開了酒館，酒館著實鬧忙哩，你看，望得見的，穿白衣服的人多煞勒瞎，扇子得活血血的，還有唱唱的，十七八歲的姑娘，聽聽看——是無錫山歌哩，胡琴都蠻清爽的……」

那我們到樓外樓去吧。誰知樓外樓又是一個傷心！原來樓外樓那一樓一底的舊房子斜斜的對著湖心亭，幾張揩抹得發白光的舊桌子，一兩個上年紀的老堂倌，活絡絡的魚蝦，滑齊齊的蓴菜，一壺遠年，一碟鹽水花生，我每回到西湖往往偷閒獨自跑去領略這點子古色古香，靠在欄杆上從堤邊楊柳蔭裡望灩灩的湖光，晴有晴色，雨雪有雨雪的景致，要不然月上柳梢時意味更長，好在是不鬧，晚上去也是獨占的時候多，一邊喝著熱酒，一邊與老堂倌隨便講講湖上風光，魚蝦行市，也自有一種說不出的愉快。但這回連樓外樓都變了面目！地址不曾移動，但翻造了三層樓帶屋頂的洋式門面，新漆亮光光的刺眼，在湖中就望見樓上電扇的疾轉，客人鬧盈盈的擠著，堂倌也換了，穿上西崽的長袍，原來那老朋友也看不見了，什麼閒情逸趣都沒了！我們沒辦法移一個桌子在樓下馬路邊吃了一點東西，果然連小菜都變了，眞是可傷。泰戈爾來看了中國，發了很大的感慨。他說，「世界上再沒有第二個民族像你們這樣蓄意的製造醜惡的精神」。怪不得老頭牢騷，他來時對中國是怎樣的期望（也許是詩人的期望），他看到的又是怎樣一個現實！狄更生先生有一篇絕妙的文章，是他游泰山以後的感想，他對照西方人的俗與我們的雅，他們的唯利主義與我們的閒暇精神。他說只有中國人才眞懂得愛護自然，他們在山水間的點綴是沒有一點辜負自然的；實際上他們處處想法子增添自然的美，他們不容許煞風景的事業。他們在山上造路是依著山勢回環曲折，鋪上本山的石子，就這山道就饒有趣味，他們寧可犧牲一點便利，不願斫喪自然的和諧。所以他們造的是嫵媚的石徑；歐美人來時不開馬路就來穿山的電梯。他們在原來的石塊上刻上美秀的詩文，漆成古色的青綠，在苔蘚間掩映生趣；反之在歐美的山石上只見雪茄煙與各種生意的廣告。他們在山林叢密處透出一角寺院的紅牆，西方人起的是幾層樓嘈雜的旅館。聽人說中國人處處得效法歐西，我不知道應得自覺虛心做學徒的究竟是誰！

這是十五年前狄更生先生來中國時感想的一節。我不知道他現在要是回來看看西湖的成績，他又有什麼妙文來頌揚我們的美德！

說來西湖眞是個愛倫內。論山水的秀麗，西湖在世界上眞有位置。那山光，那水色，別有一種醉人處，叫人不能不生愛。但不幸杭州的人種（我也算是杭州人），也不知怎的，特別的來得俗氣來得陋相。不讀書人無味，讀書人更可厭，單聽那一口杭白，甲隔甲隔的，

就夠人心煩！看來杭州人話會說（杭州人眞會說話！），事也會做，近年來就「事業」方面看，杭州的建設的確不少，例如西湖堤上的六條橋就全給拉平了替汽車公司幫忙；但不幸經營山水的風景是另一種事業，決不是開鋪子，做官一類的事業，平常布置一個小小的園林，我們尙且說總得主人胸中有些邱壑，如今整個的西湖放在一班大老的手裡，他們腦子裡平常想些什麼我不敢猜度，但就成績看，他們的確是只圖每年「我們杭州」商界收入的總數增加多少的一種頭腦！開鋪子的老板們也許沾了光，但是可憐的西湖呢？分明天生俊俏的一個少女，生生的叫一群蠢漢去替她塗脂抹粉，就說沒有別的難堪情形，也就夠煞風景又煞風景！天啊，這苦惱的西子！

但是回過來說，這年頭哪還顧得了美不美！江南總算是天堂，到今天爲止。別的地方人命只當得蟲子，有路不敢走，有話不敢說，還來搭什麼臭紳士的架子，挑什麼夠美不夠美的鳥眼？

八月七日

天目山中筆記

佛於大眾中　說我當作佛
聞如是法音　疑悔悉已除
初聞佛所說　心中大驚疑
將非魔作佛　惱亂我心耶

——蓮華經譬喻品

山中不定是清靜。廟宇在參天的大木中間藏著，早晚間有的是風，松有松聲，竹有竹韻，鳴的禽，叫的蟲子，閣上的大鐘，殿上的木魚，廟身的左邊右邊都安著接泉水的粗毛竹管，這就是天然的笙簫，時緩時急的參和著天空地上種種的鳴籟。靜是不靜的；但山中的聲響，不論是泥土裡的蚯蚓叫或是轎夫們深夜裡「唱寶」的異調，自有一種各別處：它來得純粹，來得清亮，來得透徹，冰水似的沁入你的脾肺；正如你在泉水裡洗濯過後覺得清白些，這些山籟，雖則一樣是音響，也分明有洗淨的功能。

夜間這些清籟搖著你入夢，清早上你也從這些清籟的懷抱中蘇醒。

山居是福，山上有樓住更是修得來的。我們的樓窗開處是一片蓊蔥的林海；林海外更有雲海！日的光，月的光，星的光：全是你的。從這三尺方的窗戶你接受自然的變幻；從這三尺方的窗戶你散放你情感的變幻。自在；滿足。

今早夢回時睜眼見滿帳的霞光。鳥雀們在讚美；我也加入一份。牠們的是清越的歌唱，我的是潛深一度的沉默。

鐘樓中飛下一聲宏鐘，空山在音波的磅礡中震盪。這一聲鐘激起了我的思潮。不，潮字太誇；說思流罷。耶教人說阿門，印度教人說「歐姆」（O-m），與這鐘聲的嗡嗡，同是從撮口外攝到闔口內包的一個無限的波動：分明是外擴，卻又是內潛；一切在它的周緣，卻又在它的中心：同時是皮又是核，是軸亦復是廓。這偉大奧妙的“Om”使人感到動，又感到靜；從靜中見動，又從動中見靜。從安住到飛翔，又從飛翔回復安住；從實在境界超入妙空，又從妙空化生實在：

「聞佛柔軟音，深遠甚微妙。」

多奇異的力量！多奧妙的啓示！包容一切衝突性的現象，擴大霎那間的視域，這單純的音響，於我是一種智靈的洗淨。花開，花落，天外的流星與田畦間的飛螢，上綰雲天的青松，下臨絕海的岩，男女的愛，珠寶的光，火山的溶液：一如嬰兒在他的搖籃中安眠。

這山上的鐘聲是晝夜不間歇的，平均五分鐘打一次。打鐘的和尙獨自在鐘樓上住著，據說他已經不間歇的打了十一年鐘，他的願心是打到他不能動彈的那天。鐘樓上供著菩薩，打鐘人在大鐘的一邊安著他的「座」，他每晚是坐著安神的，一隻手挽著鐘棰的一頭，從長期的習慣，不叫睡眠耽誤他的職司。「這和尙，」我自忖，「一定是有道理的！和尙是沒道理的多：方才那知客僧想把七竅蒙充六根，怎麼算總多了一個鼻孔或是耳孔；那方丈師的談吐裡不少某督軍與某省長的點綴；那管半山亭的和尙更是貪嗔的化身，無端摔破了兩個無辜的茶碗。但這打鐘和尙，他一定不是庸流不能不去看看！」他的年歲在五十開外，出家有二十幾年，這鐘樓，不錯，是他管的，這鐘是他打的（說著他就過去撞了一下），他每晚，也不錯，是坐著安神的，但此外，可憐，我的俗眼竟看不出什麼異樣。他拂拭著神龕，神座，拜墊，換上香燭，掇一盂水，洗一把青菜，撚一把米，擦乾了手接受香客的布施，又轉身去撞一聲鐘。他臉上看不出修行的清臞，卻沒有失眠的倦態，倒是滿滿的不時有笑容的展露；唸什麼經；不，就唸阿彌陀佛，他竟許是不認識字的。「那一帶是什麼山，叫什麼，和尚？」「這裡是天目山。」他說。「我知道，我說的是那一帶的。」我手點著問。「我不知道。」他回答。

山上另有一個和尚，他住在更上去昭明太子讀書台的舊址，蓋著幾間屋，供著佛像，也歸廟管的，叫作茅棚。但這不比得普渡山上的眞茅棚，那看了怕人的，坐著或是偎著修行的和尚沒一個不是鵠形鳩面，鬼似的東西。他們不開口的多，你愛布施什麼就放在他跟前的簍子或是盤子裡，他們怎麼也不睜眼，不出聲，隨你給的是金條或是鐵條。人說得更奇了。有的半年沒有吃過東西，不曾挪過窩，可還是沒有死，就這冥冥的坐著。他們大約離成佛不遠了，單看他們的臉色，就比石片泥土不差什麼，一樣這黑刺刺，死僵僵的。「內中有幾個，」香客們說，「已經成了活佛，我們的祖母早三十年來就看見他們這樣坐著的！」

但天目山的茅棚以及茅棚裡的和尚，卻沒有那樣的浪漫出奇。茅棚是盡夠蔽風雨的屋子，修道的也是活鮮鮮的人，雖則他並不因此減卻他給我們的趣味。他是一個高身材，黑面目，行動遲緩的中年人；他出家將近十年，三年前坐過禪關，現在這山上茅棚裡來修行；他在俗家時是個商人，家中有父母兄弟姊妹，也許還有自身的妻子；他不曾明說他中年出家的緣由，他只說「俗業太重了，還是出家從佛的好」，但從他沉著的語音與持重的神態中可以覺出他不僅是曾經在人事上受過磨折，並且是在思想上能分清黑白的人。他的口，他的眼，都洩漏著他內裡強自抑制，魔與佛交鬥的痕跡；說他是放過火殺過人的懺悔者，可信；說他是個回頭的浪子，也可信。他不比那鐘樓上人的不著顏色，不露曲折：他分明是色的世界裡逃來的一個囚犯。三年的禪關，三年的草棚，還不曾壓倒，不曾滅淨，他肉身的烈火。「俗業太重了，不如出家從佛的好」；這話裡豈不顫慄著一往懺悔的深心？我覺得好奇；我怎麼能得知他深夜趺坐時意念的究竟？

佛於大眾中　說我當作佛
聞如是法音　疑悔悉已除
初聞佛所說　心中大驚疑
將非魔所說　惱亂我心耶

但這也許看太奧了。我們承受西洋人生觀洗禮的，容易把做人看太積極，入世的要求太猛烈，太不肯退讓，把住這熱虎虎的一個身子一個心放進生活的軋床去，不叫他留存半點汁水回去；非到山窮水盡的時候，決不肯認輸，退後，收下旗幟；並且即使承認了絕望的表示，他往往直接向生存本體作取決，不來半不闌珊的收回了步子向後退：寧可自殺，甘脆的生命的斷絕，不來出家，那是生命的否認。不錯，西洋人也有出家做和尚做尼姑的，例如亞佩臘與愛洛綺絲，但在他們是情感方面的轉變，原來對人的愛移作對上帝的愛，這知感的自體與它的活動依舊不含糊的在著；在東方人，這出家是求情感的消滅，皈依佛法或道法，目的在自我一切痕跡的解脫。再說，這出家或出世的觀念的老家，是印度不是中國，是跟著佛教來的；印度何以曾發生這類思想，學者們自有種種哲理上乃至物理上的解釋，也盡有趣味的。中國何以能容留這類思想，並且在實際上出家做尼僧的今天不比以前少（我新近一個朋友差一點做了小和尚！）這問題正值得研究，因爲這分明不僅僅是個知識乃至意識的淺深問題，也許這情形盡有極有趣味的解釋的可能，我見聞淺，不知道我們的學者怎樣想法，我願意領教。

十五年九月

泰山日出

振鐸來信要我在《小說月報》的「泰戈爾號」上說幾句話。我也曾答應了，但這一時遊濟南遊泰山遊孔陵，太樂了，一時竟拉不攏心思來做整篇的文字，一直挨到現在期限快到，只得勉強坐下來，把我想得到的話不整齊的寫出。

我們在泰山頂上看出太陽。在航過海的人，看太陽從地平線下爬上來，本不是奇事；而且我個人是曾飽飫過江海與印度洋無比的日彩的。但在高山頂上看日出，尤其在泰山頂上，我們無饜的好奇心，當然盼望一種特異的境界，與平原或海上不同的。果然，我們初起時，天還暗沉沉的，西方是一片的鐵青，東方些微有些白意，宇宙只是——如用舊詞形容——一體莽莽蒼蒼的。但這是我一面感覺勁烈的曉寒，一面睡眼不曾十分醒豁時的約略的印象。等到留心回覽時，我不由得大聲的狂叫——因爲眼前只是一個見所未見的境界。原來昨夜整夜暴風的工程，卻砌成一座普遍的雲海。除了日觀峰與我們所在的玉皇頂以外，東西南北只是平鋪著瀰漫的雲氣，在朝旭未露前，宛似無量數厚毳長戎的綿羊，交頸接背的眠著，捲耳與彎角都依稀辨認得出。那時候在這茫茫的雲海中，我獨自站在霧靄溟的小島上，發生了奇異的幻想——

我軀體無限的長大，腳下的山巒比例我的身量，只是一塊拳石；這巨人披著散髮，長髮在風裡像一面墨色的大旗，颯颯的在飄蕩。這巨人豎立在大地的頂尖上，仰面向著東方，平拓著一雙長臂，在盼望，在迎接，在催促，在默默的叫喚；在崇拜，在祈禱，在流淚——在流久慕未見而將見悲喜交互的熱淚……

這淚不是空流的，這默禱不是不生顯應的。

巨人的手，指向著東方——

東方有的，在展露的，是什麼？

東方有的是瑰麗榮華的色彩，東方有的是偉大普照的光明——出現了，到了，在這裡了……

玫瑰汁，葡萄漿，紫荊液，瑪瑙精，霜楓葉——大量的染工，在層累的雲底工作；無數蜿蜒的魚龍，爬進了蒼白色的雲堆。

一方的異彩，揭去了滿天的睡意，喚醒了四隅的明霞——光明的神駒，在熱奮地馳騁……

雲海也活了；眠熟了獸形的濤瀾，又回復了偉大的呼嘯，昂頭搖尾的向著我們朝露染青饅形的小島沖洗，激起了四岸的水沫浪花，震盪著這生命的浮礁，似在報告光明與歡欣之臨在……

再看東方——海句力士已經掃蕩了他的阻礙，雀屏似的金霞，從無垠的肩上產生，展開在大地的邊沿。起……起……用力，用力，純焰的圓顱，一探再探的躍出了地平，翻登了雲背，臨照在天空……

歌唱呀，讚美呀，這是東方之復活，這是光明的勝利……

散髮禱祝的巨人，他的身彩橫亙在無邊的雲海上，已經漸漸的消翳在普遍的歡欣裡；現在他雄渾的頌美的歌聲，也已在霞彩變幻

中，普徹了四方八隅⋯⋯

聽呀，這普徹的歡聲；看呀，這普照的光明！

這是我此時回憶泰山日出時的幻想，亦是我想望泰戈爾來華的頌詞。

雨後虹

我記得兒時在家塾中讀書，最愛夏天的打陣。塾前是一個方形鋪石的「天井」，其中有石砌的金魚潭，周圍雜生花草，幾個積水的大缸，幾盆應時的鮮花，——這是我們的「大花園」。南邊的夏天下午，蒸熱得厲害，全靠傍晚一陣雷雨，來驅散暑氣。黃昏時滿天星出，涼風透院，我常常袒胸跣足和姊嫂兄弟婢僕雜坐在門口「風頭裡」，隨便談笑，隨便歌唱，算是絕大的快樂。但在白天不論天熱得連氣都轉不過來，可憐的「讀書官官」們，還是照常臨帖習字，高喊著「黃鳥黃鳥」，「不亦說乎」；雖則手裡一把大蒲扇，不住地扇動，滿鬢滿腋的汗，依舊蒸爐似透發，先生亦還是照常抽他的大煙，哼他的「清平樂府」。在這樣煩溽的時候，對面四丈高白牆上的日影忽然隱息，清朗的天上忽然滿布了烏雲，花園裡的水缸盆景，也沉靜暗澹，彷彿等候什麼重大的消息，書房裡的光線也漸漸減淡，直到先生榻上那只煙燈，原來，只像一磷鬼火，大放光明，滿屋子裡的書桌，牆上的字畫，天花板上掛的方玻璃燈都像變了形，怪可怕的。突然一股尖勁的涼風，穿透了重悶的空氣，從窗外吹進房來，吹得我們毛骨悚然，滿身膩煩的汗，幾乎結冰，這感覺又痛快又難過；但我們那時的注意，卻不在身體上，而在這凶兆所預告的大變，我們新學得的什麼：洪水氾濫、混沌、天翻地覆、皇天震怒；等等字句，立刻在我們小腦子的內庫裡跳了出來，益發引起孩子們：只望煙頭起的本性。我們在這陰迷的時刻，往往相顧悍然，熱性放開，大噪狂讀，身子也狂搖得連坐椅都磔格作響。同時沉悶的雷聲，已經在屋頂發作，再過幾分鐘，只聽得庭心裡石板上劈拍有聲，彷彿馬蹄在那裡踢踏；重複停了；又是一小陣瀝淅；如此作了幾次陣勢，臨了緊接著坍天破地的一個或是幾個霹靂——我們孩子早把耳朵堵住——扁豆大的雨塊，就狠命狂倒下來，屋溜屋簷，屋頂，牆角裡的碎碗破鐵罐，一齊同情地反響；樓上婢僕爭收曬件的慌張咒笑聲關窗聲；間壁小孩的歡叫；雷聲不住地震吼；天井裡的魚潭小缸，早已像煮沸的小壺，在那裡狂流溢——我們很替可憐的金魚們擔憂；那幾盆嫩好的鮮花，也不住地狂顫；陰溝也來不及收吸這湯湯的流水，石天井頃刻名副其實，水一直滿出尺半了的階沿，不好了！書房裡的地平磚上都是水了！閃電像蛇似鑽入室內，連先生骯髒的炕床都照得鑠亮；有時外面廳梁上住家的燕子，也進我們書房來避難，東撲西投，情形又可憐又可笑。

在這一團和糟之中，我們孩子反應的心理，卻並不簡單。第一我們當然覺得好玩，這裡品林嘭朗、那裡也品林嘭朗，原來又炎熱又乏味的下午忽然變得這樣異乎尋常地鬧熱，小孩哪一個不歡迎。第二，天空一打陣，大家起勁看，起勁關窗戶，起勁聽，當然寫字的擱筆，念書的閉口，連先生（我們想）有時也覺得好玩！然而我記得我個人從前親切的心理反應。彷彿豬八戒聽得師父被女兒國招了親，急著要散夥的心理。我希望那樣半混沌的情形繼續，電光永閃著，雨永倒著，水永沒上階沿，漏入室內，因此我們讀書寫字的責務也永遠止歇！孩子們照例怕拘束，最愛自由，愛整天玩，最恨坐定讀書，最厭這牢獄一般的書房——猶之豬八戒一腔野心，其實不願意跟著窮師父取窮經整天只吃些窮齋。所以關入書房的孩子，沒有一個心願的，底裡沒有一個不想造反；就是思想沒有連貫力，同時書房和牢房收斂野性的效力也逐漸進大，所以孩子們至多短期翹課，暗祝先生生瘟病，很少敢昌言從此不進書房的革命談。但暑天的打陣，卻符合了我們潛伏的希冀，俄頃之間，天地變色，書房變色，有時連先生亦變色，無怪這聚錮的叛兒，這勉強修行的豬八戒，感覺到十二分的暢快，甚至盼望天從此再不要清明，雷雨從此再不要休止！

我生平最純粹可貴的教育是得之於自然界，田野，森林，山谷，湖，草地，是我的課室；雲彩的變幻，晚霞的絢爛，星月的隱現，田裡的麥浪是我的功課；瀑吼，松濤，鳥語，雷聲是我的教師，我的官覺是他們忠謹的學生，愛教的弟子。

大部分生命的覺悟，只是耳目的覺悟；我整整過了二十多年含糊生活，疑視疑聽疑嗅疑覺的一個生物！我記得我十三歲那年初次發現我的眼是近視，第一副眼鏡配好的時候，天已昏黑，那時我在泥城橋附近和一個朋友走路，我把眼鏡試帶上去，仰頭一望，異哉！好一個偉大藍淨不相熟的天，張著幾千百隻指光閃爍的神眼，一直穿過我眼鏡眼睛直貫我靈府深處，我持永不得大聲叫道，好天，今天才規復我眼睛的權利！

但眼鏡雖好，只能助你看，而不能使你看；你若然不願意來看，來認識，來享樂你的自然界，你就帶十副二十副托立克、克立托也是無效！

我到今日才再能大聲叫道，「好天，今日才知道使用我生命的權利！」

我不抱歉「叫」得遲，我只怕配準了眼鏡不知道「看」。

我方才記起小時在私塾裡夏天打陣的往跡，我現在想記我二日前冒陣待虹的經驗。

貓最好看的情形，是在春天下午她從地氈上午寐醒來，回頭還想伸懶腰，出去遊玩，猛然看見五步之內，站著一隻傲梗不參的野狗，她不禁大怒，把她二十個利爪一起盡性放開，擂緊在地氈上，把她的背無限地高控，像一個橋洞，尾巴旗杆似筆直豎起，滿身的貓毛也滿溢著她的義憤，她圓睜了她的黃睛，對準她的仇敵，從口鼻間哈出一聲威嚇。這是貓的怒，在旁邊看她的人雖則很體諒她的發脾氣，總覺得有趣可笑。我想我們站得遠遠地看人類的悲劇，有時也只覺得有趣可笑。我們在穩固的山樓上，看疾風暴雨，看牛羊牧童在雷震電飆中飛奔躲避，也只覺得有趣可笑。

笑，柏格森說，純粹是智慧的，示深切的同情感興，不能同時並存。所以我們需要領會悲劇或深的情感——不論是事實或表現在文字裡的——的意義，最簡捷的方法是將我們自身和經驗的對象同化，開振我們的同情力來替他設身處地。你體會偉大情感的程度愈高，你瞭解人道的範圍亦愈廣。我們對待自然界我以為也是如此。我們愛尋常上原，不如我們愛高山大水，愛市河庸沼，不如流澗大瀑，愛白日廣天，不如朝彩晚霞，愛細雨微風，不如疾雷迅雨。

簡言之，我們也愛自然界情感奮切的際會，他所行動的情緒，當然也不是平常庸汽。

所以我十數年前私塾愛打陣，如今也還是愛打陣，不過這愛字意義不盡同就是。

有一天我正在房裡看書，列蘭（房東的小女孩，她每次見天象變遷總來報告我，我看見兩個最富貴的落日，都是她的功勞）跑來說天快打陣了。我一看窗外果然完全礦灰色，一陣陣的灰在街心裡捲起，路上的行人都急忙走著，天上已經疊好無數的雨餅，此等信號一動就下，我趕快穿了雨衣，外加我們的袍，戴上方帽，出門騎上自行車，飛快向我校背趕去。一路雨點已經雹塊似拋下。河邊滿樹開花的栗樹，曼陀羅，紫丁香，一齊俯首觳觫，專待恣暴，但他們芬芳的呼吸，卻徹浹重實的空氣，似乎向孟浪的狂且，乞情求免。

我到校門的時候，滿天幾乎漆黑，雷聲已動，門房迎著笑道：「呀，你到得眞巧，再過一分鐘，你準讓陣雨漫透！」我笑答道，「我正爲要漫透來的！」

我一口氣跑到河邊，四圍估量了一下，覺得還是橋上的地位最好，我就去靠在橋欄上老等，我頭頂正是那株靠河最大的橘樹，對面是棵柳樹，從柳絲裡望見先華亞學院的一角，和我們著名教堂的後背（King's Chapel）❶；兩樹的中間，正對校友居（Fellows' Building）的大部，中隔著百碼見方齊整勻淨蔥翠的草庭。這是在我的右邊。從柳樹的左手望見亭亭倩倩三環洞的先華亞橋，她的妙景，整整地印在平靜的康河裡，河左岸的牧場上，依舊有幾匹馬幾條黃白花牛在那裡吃草，齧齧有聲，完全不理會天時的變遷，只曉得勤拂著馬鬃牛尾，驅逐愈很的馬蠅牛蟲。此時天色雖則陰沉可怕，然我眼前絕美的一幅圖畫——絕色的建築，莊嚴的寺角，絕色的綠草，絕色的河與橋，絕色的垂柳高橘——只是一片異樣恬靜，絕不露倉皇形色。草地上有三兩隻小雀，時常地跳躍；平常高唱好畫者黑雀卻都住了口，大約伏在巢裡看光景，只遠處偶然的鴉啼，散沙似從半天裡撒下。

記得，橋上有我站著。

來了！雷雨都到了猖獗的程度，只聽見自然界一體的喧嘩；雷

---

❶ King's Chapel：國王小教堂。

是鼓，雨落草地是沉溜的弦聲，雨落水面是急珠走盤聲，雨落柳上是疏鬱的琴聲，雨落橋欄是擊草聲。

西南角——牧場那一邊我的左手，正對校友居——的雲堆裡，不時放射出電閃，穿過樹林，彷彿好幾條緊纏的金蛇掠過光景，一直打到教堂的顏色玻璃和校友居的青藤白石和凹屈別致的窗坡上，像幾條銅扁擔，同時打一塊磨石大的火石，金花四射，光驚駭目。

雨忽注不休。雲色雖稍開明，但四周都是雨激起的煙霧蒼茫，克萊亞的一面幾乎看不清楚。我仰庇橘老翁的高蔭，身上並不大濕，但橋上的水，卻分成幾道泥溝，急衝下來，我站在兩條泥溝的中間，所以鞋也沒有透水。同時我很高興發現離我十幾碼一棵大榆樹底下，也有兩個人站著，但他們分明是避雨，不是像我來看來經驗打陣。他們在那裡劃火抽煙，想等過這陣急寐。

那邊牧場方才不管天時變遷盡吃的朋友，此時也躲在場中間兩枝榆樹底下，馬低著頭，牛昂著頭，在那裡抱怨或是崇拜老天的變怒。

雨已經下了十幾分鐘，益發大了。雷電都已經休止，天色也更清明了。但我所仰庇的橘老翁，再也不能繼續蔭庇我，他老人家自己的鬍髭，也支不住淋漓起來，結果是我渾身增加好幾斤重量。有時作惡的水一直灌進我的領子，直溜到背上，寒透肌骨；橋欄也全沒了；我腳下的乾土，也已經漸次滅跡，幾條泥溝，已經迸成一大股渾流，踴躍進行，我下體也增加了重量，連脛骨都濕了。到這個時候，初陣的新奇已經過去，滿眼只是一體的雨色，滿耳只是一體的雨聲，滿身只是一體的雨感覺，我獨身——避雨那兩位已逃入鄰近的屋子裡——在大雨裡聽淹，頭上的方巾已成了濕巾，前後左右淋個不住，倒覺得無聊起來。

但我有希望，西天的雲已經開解不少，露出夕陽的預兆，我想這雨一停一定有奇景出現——我於是立定主意與雨賭耐心。我向地上看，看無數的榆錢在急渦裡亂轉，還有幾個不幸的蟲蟻也葬身在這橫流之中，我忽然想起道施滔奄夫斯基的一部小說裡的一個設想，他說你若然發現你自己在一滄海中一塊僅僅容足的拳石上，浪濤像獅虎似向你身上撲來，你在這完全絕望的境地，你還想不想活命？我又想起康賴特的《大風》，人和自然原質的決鬥。我又想像我在西伯利亞大雪地，穿著皮蓑，手拿牧杖，站在一大群綿羊中間。我想戰陣是冒險，戀愛是更大的冒險，死是最大的冒險。我想起耶穌，魔鬼，薇納司，福賀司德；我想飛出這雨圈，去踏在雨雲的背上，看他們工作。我想……半點鐘已過，我心海裡至少湧起了幾萬種幻想，但雨還是倒個不住。

又過了足足十分鐘，雨勢方才收斂。滿林的鳥雀都出了家門，使勁的歡呼高唱；此時雲彩很別致，東中北三路，還是滿布著厚雲，並且極低，似乎緊罩在教堂的H形尖閣上，但顏色已從烏黑轉入青灰，西南隅的雲已經開張了一隻大口，從月牙形的雲絮背後沖射出一海的明霞，彷彿菩薩背後的萬道佛光，這精悍的烈焰，和方才初雨時的電閃一樣，直照在教堂和校友居的上樓，將一帶白玻璃窗盡數打成純粹的黃金，教堂顏色玻璃窗上的反射更為強烈，那些畫中人物都像穿扮整齊，在金河裡游泳跳舞。妙處尤在這些高宇的後背及頂頭，只是一片深青，越顯得西天雲罅月漏的精神，彩焰奔騰的氣象。

未雨之先，萬象都只是靜，現在雨一過，風又斂跡，天上雖在那裡變化，地上還是一體的靜；就是陣前的靜，是空氣空實的現象，

是嚴肅的靜，這靜是大動大變的符號先聲，是火山將炸裂前的靜；陣雨後的靜不同，空氣裡的濁質，已經澈底洗淨，草青樹綠經過了恐怖，重復清新自喜，益發笑容可掬，四圍的水氣霧意也完全滅跡，這靜是清的靜，是平靜，和悅安舒的靜。在這靜裡，流利的鳥語，益發調新韻切，宛似金匙擊玉磬，清脆無比。我對此自然從大力裡產出的美，從劇變裡透出的和諧，從紛亂中轉出的恬靜，從暴怒中映出的微笑，從迅奮裡結成的安閒，只覺得胸頭塞滿——喜悅驚訝，愛好，崇拜，感奮的情緒，滿身神經都感受強烈痛快的震撼，兩眼火熱地蓄淚欲流，聲音肢體願隨身旁的飛禽歌舞；同時，我自頂至踵完全濕透浸透，方巾上還不住地滴水，假如有人見我，一定疑心我落了水，但我那時絕對不覺得體外的冷，只覺得體內高樂的熱。（我也沒有受寒。）

我正注目看西方漸次掃蕩滿天雲錮的太陽，偶然轉過身來，不禁失聲驚叫。原來從校友居的正中起直到河的左岸，已經築起一條鮮明五彩的虹橋！

八月六日

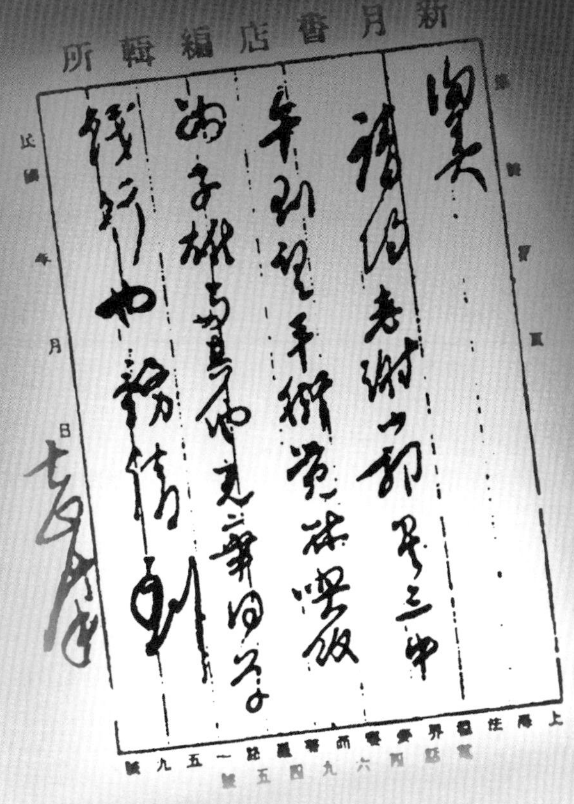
新月書店編輯所

英雄崇拜

曼殊斐爾[1]

這心靈深處的歡暢，
這情緒境界的壯曠：
任天堂沉淪，地獄開放，
毀不了我內府的寶藏！

——康河晚照即景

美感的記憶，是人生最可珍的產業。認識美的本能，是上帝給我們進天堂的一把秘鑰。

有人的性情，例如我自己的，如以氣候作喻，不但是陰晴相間，而且常有狂風暴雨，也有最豔麗蓬勃的春光。有時遭逢幻滅，引起厭世的悲觀，鉛般的重壓在心上，比如冬令陰霾，到處冰結，莫有些微生氣；那時便懷疑一切：宇宙，人生，自我，都只是幻的妄的；人情，希望，理想，也只是妄的幻的。

Ah, human nature, how,
If utterly frail thou art and vile,
If dust thou art and ashes, is thy heart so great？
If thou art noble in part,
How are thy loftiest and impulses and thoughts
By so ignoble causes kindled and put out？

---

❶曼殊斐爾：今譯曼斯菲爾德（Katharine Mansfield,1888～1923），英國女作家，短篇小說大師。

"Sopra un ritratto di una bella donna." ❷

這幾行是最深入的悲觀派詩人理巴第（Leopardi）❸的詩。一座荒墳的墓碑上，刻著塚中人生前美麗的肖像，激起了他這根本的疑問——若說人生是有理可尋的，何以到處只是矛盾的現象；若說美是幻的，何以引起的心靈反動能有如此之深刻，若說美是眞的，何以也與常物同歸腐朽？但理巴第探海燈似的智力雖則把人間種種事物虛幻的外象，一一給褫剝了，連宗教都剝成了個赤裸的夢，他卻沒有力量來否認美，美的創現他只能認爲神奇的；他也不能否認高潔的精神戀，雖則他不信女子也能有同樣的境界。在感美感戀最純粹的一霎那間，理巴第不能不承認是極樂天國的消息，不能不承認是生命中最寶貴的經驗。所以我每次無聊到極點的時候，在層冰般嚴封的心河底裡，突然湧起一股消融一切的熱流，頃刻間消融了厭世的凝晶，消融了煩惱的苦凍：那熱流便是感美感戀最純粹的一俄頃之回憶。

To see a world in a grain of sand,
And a Heaven in a wild flower,
Hold Infinity in the palm of your hand,
And eternity in an hour...
Auguries of Innocence: William Blake

---

❷ 啊，人性，如果／你是脆弱與卑下的話，／如果你是塵與灰的話，為何你的心卻如此偉大？／如果你部分是高尚的話，／為何你最崇高的衝動和思想／卻由如此卑賤的原因引起和撲滅？／"Sopra un ritratto di una bella donna."（最後一行似為拉丁文，無法翻譯。）

❸ Leopardi：萊奧帕爾迪（1798～1837），義大利詩人、哲學家，以抒情詩著稱，所寫名篇有政治抒情詩《致義大利》、《但丁紀念詩》等。

從一顆沙裡看出世界，
天堂的消息在一朵野花，
將無限存在你的掌上，
剎那間涵有無窮的邊涯……

這類神秘性的感覺，當然不是普遍的經驗，也不是常有的經驗。凡事只講實際的人，當然嘲諷神秘主義，當然不能相信科學可解釋的神經作用，會發生科學所不能解釋的神秘感覺。但世上「可爲知者道不可與不知者言」的事正多著哩！

從前在十六世紀，有一次有一個義大利的牧師學者到英國鄉下去，見了一大片盛開的苜蓿在陽光中竟同一湖歡舞的黃金，他只驚喜得手足無措，慌忙跪在地上，仰天禱告，感謝上帝的恩典，使他見得這樣的美，這樣的神景。他這樣發瘋似的舉動，當時一定招起在旁鄉下人的嘩笑。我這篇要講的經歷，恐怕也有些那牧師狂喜的瘋態，但我也深信讀者裡自有同情的人，所以我也不怕遭鄉下人的笑話！

去年七月中有一天晚上，天雨地濕，我獨自冒著雨在倫敦的海姆司堆特Hampstead問路警，問行人，在尋彭德街第十號的屋子。那就是我初次，不幸也是末次，會見曼殊斐爾——「那二十分不死的時間！」——的一晚。

我先認識麥雷君John Middleton murry，他是*Athenaeum*[4]的總主筆，詩人，著名評衡家，也是曼殊斐爾一生最後十餘年間最密切的伴侶。

他和她自一九一三年起，即夫婦相處，但曼殊斐爾卻始終用她

---

❹ *Athenaeum*：《雅典娜神殿》，雜誌名。

到英國以後的「筆名」Katharine Mansfield。她生長於紐新蘭New Zealand，原名是Kathleen Beanchamp，是紐新蘭銀行經理Sir Harold Beanchamp的女兒。她十五年前離開了本鄉，同著三個小妹子到英國，進倫敦大學皇后學院讀書。她從小就以美慧著名，但身體也從小即很怯弱。她曾在德國住過，那時她寫她的第一本小說“*In a German Pension*”❺。大戰期內她在法國的時候多。近幾年她也常在瑞士、義大利及法國南部。她常住外國，就爲她身體太弱，禁不得英倫霧迷雨苦的天時，麥雷爲了伴她，也只得把一部分的事業放棄，（“*Athenaeum*”之所以併入“*London Nation*”就爲此。）跟著他安琪兒似的愛妻，尋求健康。據說可憐的曼殊斐爾戰後得了肺病證明以後，醫生明說她不過兩三年的壽限，所以麥雷和她相處有限的光陰，眞是分秒可數。多見一次夕照，多經一次朝旭，她優曇似的餘榮，便也消減了如許的活力，這頗使人想起茶花女一面吐血一面縱酒恣歡時的名句：

“You know I have not long to live, therefore I will live fast!”——你知道我是活不久長的，所以我存心喝他一個痛快！

我正不知道多情的麥雷，眼看這豔麗無雙的夕陽，漸漸消翳，心裡「愛莫能助」的悲感，濃烈到何等田地！

但曼殊斐爾的「活他一個痛快」的方法，卻不是像茶花女的縱酒恣歡，而是在文藝中努力；她像夏夜榆林中的鵑鳥，嘔出縷縷的心血來製成無雙的情曲，便唱到血枯音嘶，也還不忘她的責任是犧牲自己有限的精力，替自然界多增幾分的美，給苦悶的人間幾分藝術化精神的安慰。

---

❺ *In a German Pension*：《在德國公寓裡》，曼斯菲爾德的短篇小說集。

她心血所凝成的便是兩本小說集，一本是“*Bliss*”[6]，一本是去年出版的“*Garden Party*”[7]。憑這兩部書裡的二三十篇小說，她已經在英國的文學界裡占了一個很穩固的位置。一般的小說只是小說，她的小說是純粹的文學，真的藝術；平常的作者只求暫時的流行，博群眾的歡迎，她卻只想留下幾小塊「時灰」掩不暗的真晶，只要得少數知音者的讚賞。

但唯其是純粹的文學，她的著作的光彩是深蘊於內而不是顯露於外的，其趣味也須讀者用心咀嚼，方能充分的理會。我承作者當面許可選擇她的精品，如今她去世，我更應當珍重實行我翻譯的特權，雖則我頗懷疑我自己的勝任。我的好友陳通伯他所知道的歐洲文學恐怕在北京比誰都更淵博些，他在北大教短篇小說，曾經講過曼殊斐爾的，這很使我歡喜。他現在也答應也來選譯幾篇，我更要感謝他了。關於她短篇藝術的長處，我也希望通伯能有機會說一點。

現在讓我講那晚怎樣的會晤曼殊斐爾。早幾天我和麥雷在Charing Cross[8]背後一家嘈雜的A. B. C. 茶店裡，討論英法文壇的狀況，我乘便說起近幾年中國文藝復興的趨向，在小說裡感受俄國作者的影響最深，他喜的幾於跳了起來，因為他們夫妻最崇拜俄國的幾位大家，他曾經特別研究過道施滔庖符斯基，著有一本“*Dostoievsky: A Critical Study*”[9]，曼殊斐爾又是私淑契訶甫（Tchekhov）的，他們常在抱憾俄國文學始終不曾受英國人相當的注意，因之小說的質與式，還脫不盡維多利亞時期的Philistinism[10]。我又乘便問起曼殊斐爾

[6] *Bliss*：《幸福》，曼斯菲爾德的短篇小說集。
[7] *Garden Party*：《園會》，曼斯菲爾德的短篇小說集。
[8] Charing Cross：倫敦一街名，為舊書店集中的所在。
[9] *Dostoievsky: A Critical Study*：《杜斯妥也夫斯基：批評的研究》。
[10] Philistinism：庸俗。

的近況，他說她一時身體頗過得去，所以此次敢伴著她回倫敦住兩星期，他就給了我他們的住址，請我星期四晚上去會她和他們的朋友。

所以我會見曼殊斐爾，眞算是湊巧的湊巧。星期三那天我到惠爾斯（H. G. Wells）鄉里的家去了（Easten Glebe），下一天和他的夫人一同回倫敦，那天雨下得很大，我記得回寓時渾身全淋濕了。

他們在彭德街的寓處，很不容易找（倫敦尋地方總是麻煩的，我恨極了那回街曲巷的倫敦），後來居然尋著了，一家小小一樓一底的屋子，麥雷出來替我開門，我頗狼狽的拿著雨傘，還拿著一個朋友還我的幾卷中國字畫。進了門，我脫了雨具，他讓我進右首一間屋子，我到那時爲止對於曼殊斐爾只是對於一個有名的年輕女子作者的景仰與期望；至於她的「仙姿靈態」我那時絕對沒有想到，我以爲她只是與Rose Macaulay[11]，Virginia Woolf[12]，Roma Wilon[13]，Venessa Bell[14]幾位女文學家的同流人物。平常男子文學家與美術家，已經盡夠怪僻，近代女子文學家更似乎故意養成怪僻的習慣，最顯著的一個通習是裝飾之務淡樸，務不入時，務「背女性」；頭髮是剪了的，又不好好的收拾，一團和糟的散在肩上；襪子永遠是粗紗的；鞋上不是沾有泥就是帶灰，並且大都是最難看的樣式；裙子不是異樣的短就是過分的長，眉目間也許有一兩圈「天才的黃暈」，或是帶著最可厭的美國式龜殼大眼鏡，但她們的臉上卻從不見脂粉的痕跡，手上裝飾亦是永遠沒有的，至多無非是多燒了香煙的焦痕；嘩笑的聲音，十次有

[11] Rose Macaulay：麥考利（1881～1958），著有小說《我的荒蕪世界》、遊記《他們去葡萄牙》及文學評論集、詩集等。

[12] Virginia Woolf：吳爾芙（1882～1941），英國女小說家、評論家，運用內心獨白和意識流手法寫作，著有長篇小說《戴洛維夫人》、《燈塔行》等。

[13] Roma Wilon：不詳。（疑有拼法錯誤。）

[14] Venessa Bell：貝爾（1879～1961），英國女畫家，小說家吳爾芙之姊。

九次半蓋過同座的男子；走起路來也是挺胸凸肚的，再也辨不出是夏娃的後身；開起口來大半是男子不敢出口的話：當然最喜歡討論是Freudian Complex[15]，Birth Control[16]，或是George Moore[17]與James Joyce[18]私人印行的新書，例如"*A Story-teller's Holiday*"[19]與"*Ulysses*"[20]。總之她們的全人格只是一幅婦女解放的諷刺畫。（Amy Lowell[21]聽說整天的抽大雪茄！）和這一班立意反對上帝造人的本意的「唯智的」女子在一起，當然也有許多有趣味的地方，但有時總不免感覺她們矯揉造作的痕跡過深，引起一種性的憎忌。

我當時未見曼殊斐爾以前，固然沒有想她是這樣一流的Futuristic[22]，但也絕對沒有夢想到她是女性的理想化。

所以我推進那門時我就盼望她——一個將近中年和藹的婦人——笑盈盈的從壁爐前沙發上站起來和我握手問安。

但房裡——一間狹長的壁爐對門的房——只見鵝黃色恬靜的燈光，壁上爐架上雜色的美術的陳設和畫件，幾張有彩色畫套的沙發圍列在爐前，卻沒有一半個人影。麥雷讓我一張椅上坐了，伴著我談

---

[15] Freudian Complex：佛洛伊德情結。

[16] Birth Control：節育。

[17] George Moore：摩爾（1852～1933），愛爾蘭小說家，將自然主義筆法引入英國小說，主要作品有小說《埃斯特．沃特斯》和自傳體小說《歡呼與告別》三部曲等。

[18] James Joyce：喬伊斯（1882～1941），愛爾蘭小說家，多用「意識流」，手法，後期著作語言晦澀。主要作品有《一位年輕藝術家的畫像》、《都柏林人》和《尤利西斯》等。

[19] *A Story-teller's Holiday*：《一個小說家的假日》。

[20] *Ulysses*：《尤利西斯》，喬伊斯的長篇小說。

[21] Amy Lowell：洛威爾（1874～1925），美國女作家，意象派詩歌的代表，著有詩集《彩色玻璃大廈》、《幾點鐘》等。

[22] Futuristic：未來主義的，未來派的。

天，談的是東方的觀音和耶教的聖母，希臘的Virgin Diana[23]，埃及的Isis[24]，波斯的Mithraism[25]裡的Virgin[26]等等之相彷彿，似乎處女的聖母是所有宗教裡一個不可少的象徵……我們正講著，只聽門上一聲剝啄，接著進來了一位年輕的女郎，含笑著站在門口。「難道她就是曼殊斐爾——這樣的年輕……」我心裡在疑惑，她一頭的褐色鬈髮，蓋著一張小圓臉，眼極活潑，口也很靈動，配著一身極鮮豔的衣裝——漆鞋，綠絲長襪，銀紅綢的上衣，醬紫的絲絨裙，——亭亭的立著，像一棵臨風的鬱金香。

麥雷起來替我介紹，我才知道她不是曼殊斐爾，而是屋主人，不知是密司B-什麼，我記不清了，麥雷是暫寓在她家的；她是個畫家，壁上掛的畫，大都是她自己的作品。她在我對面的椅子上坐了。她從爐架上取下一個小發電機似的東西拿在手裡，頭上又戴了一個接電話生戴的聽箍，向我湊得很近的說話，我先還當是無線電的玩具，隨後方知這位秀美的女郎的聽覺是有缺陷的！

她正坐定，外面的門鈴大響——我疑心她的門鈴是特別響些。來的是我在法蘭先生（Roger Fry）[27]家裡會過的Sydney Waterloo[28]，極詼諧的一位先生，有一次他從巨大的口袋裡一連掏出了七八枝的煙

[23] Virgin Diana：處女黛安娜。但黛安娜實為羅馬神話中對月亮和狩獵女神的稱呼，希臘神話中稱為阿爾特彌斯。

[24] Isis：艾西斯，古代埃及司生育和繁殖的女神，其形象是給一個聖嬰哺乳的聖母。

[25] Mithraism：密特拉教，流行於帝國時期的羅馬密傳宗教之一。密特拉（Mithra）原為上古印度－波斯神靈之一，傳入羅馬後被奉為主神而形成密特拉教。

[26] Virgin：處女。這裡可能指阿娜希塔（Abahita），古波斯女神，主管河川、豐產和生育。

[27] Roger Fry：今譯弗賴（1866～1934），英國畫家、美術評論家，推崇塞尚及後期印象派畫家，曾任劍橋大學美術教授。

[28] Sydney Waterloo：不詳。

斗，大的小的長的短的，各種顏色的，叫我們好笑。他進來就問麥雷，迦賽琳[29]今天怎樣，我豎了耳朵聽他的回答。麥雷說：「她今天不下樓了，天氣太壞，誰都不受用……」華德魯先生就問他可否上樓去看她，麥說可以的。華又問了密司B的允許站了起來，他正要走出門，麥雷又趕過去輕輕的說："Sydney, don't talk too much！"[30]

樓上微微聽得步響，W已在迦賽琳房中了。一面又來了一兩個客，一個短的M才從遊希臘回來，一個軒昂的美丈夫，就是*London Nation and Athenaeum*[31]裡每週做科學文章署名S的Sullivan。M就講他遊歷希臘的情形，盡背著古希臘的史跡名勝，Parnassus[32]長，Mycenae[33]短，講個不住。S也問麥雷迦賽琳如何，麥雷說今晚不下樓，W現在樓上。過了半點鐘模樣，W笨重的足音下來了，S問他迦賽琳倦了沒有，W說：「不，不像倦，可是我也說不上，我怕她累，所以我下來了。」再等一歇，S也問了麥雷的允許上樓去，麥也照樣叮嚀他不要讓她乏了。麥問我中國的書畫，我乘便就拿那晚帶去的一幅趙之謙的「草書法畫梅」，一幅王覺斯的草書，一幅梁山舟的行書，打開給他們看，講了些書法大意，密司B聽得高興，手捧著她的聽盤，挨近我身旁坐著。

但我那時心裡卻頗覺失望，因為冒著雨存心要來一會*Bliss*的作者，偏偏她不下樓，同時W，S，麥雷的烘雲托月，又增了我對她

---

[29] Katharine：曼斯菲爾德的名。

[30] Sydney, don't talk too much：錫德尼，不要談得太多！

[31] *London Nation and Athenaeum*：倫敦的《國家與雅典娜神殿》雜誌。

[32] Parnassus：帕爾納索斯山，位於希臘中部，古時被認作太陽神和文藝女神們的靈地。

[33] Mycenae：邁錫尼，希臘南部古城，是希臘大陸青銅晚期時代文化的主要遺址。

的好奇心。我想運氣不好，迦賽琳在樓上，老朋友還有進房去談的特權，我外國人的生客，一定是沒有分的了。時已十時過半了，我只得起身告別，走出房門，麥雷陪出來幫我穿雨衣。我一面穿衣，一面說我很抱歉，今晚密司曼殊斐爾不能下來，否則我是很想望會她一面的，不意麥雷竟很誠懇的說，「如其你不介意，不妨請上樓去一見。」我聽了這話喜出望外，立即將雨衣脫下，跟著麥雷一步一步地走上樓梯……

上了樓梯，扣門，進房，介紹，S 告辭，和 M 一同出房，關門，她請我坐下，我坐下，她也坐下……這麼一大串繁複的手續我只覺得是像電火似的一扯過，其實我只推想應有這麼些的經過，卻並不曾覺到：當時只覺得一陣模糊。事後每次回想也只覺得是一陣模糊，我們平常從黑暗的街上走進一間燈燭輝煌的屋子，或是從光薄的屋子裡出來驟然對著盛烈的陽光，往往覺得耀光太強，頭暈目眩的，得定一定神，方能辨認眼前的事物。用英文說就是 Senses overwhelmed by excessive light[34]；不僅是光，濃烈的顏色有時也有「潮沒」官覺的效能。我想我那時，雖不定是被曼殊斐爾人格的烈光所潮沒，她房裡的燈光陳設以及她自身衣飾種種各品濃豔燦爛的顏色，已夠使我不預防的神經，感覺剎那間的淆惑，那是很可理解的。

她的房給我的印象並不清切，因為她和我談話時，不容我去認記房中的布置，我只知道房是很小，一張大床差不多就占了全房大部分的地位，壁是用畫紙裱的，掛著好幾幅油畫大概也是主人畫的。她和我同坐在床左貼壁一張沙發榻上，因為我斜椅她正坐的緣故，她似乎比我高得多（在她面前哪一個不是低的，眞是！）。我疑心那兩盞

[34] Senses overwhelmed by excessive light：過強的光線使感官覺得暈眩。

電燈是用紅色罩的，否則何以我想起那房，便聯想起「紅燭高燒」的景象？但背景究屬不甚重要，重要的是給我最純粹的美感的── The purest aesthetic feeling[35]──她；是使我使用上帝給我那把進天國的秘鑰的──她；是使我靈魂的內府裡，又增加了一部寶藏的──她。但要用不馴服的文字來描寫那晚的她！不要說顯示她人格的精華，就是單只忠實地表現我當時的單純感象，恐怕就夠難的了。從前一個人有一次做夢，進天堂去玩了，他異樣的歡喜，明天一起身就到他朋友那裡去，想描寫他神妙不過的夢境。但是，他站在朋友面前，結住舌頭，一個字都說不出來，因為他要說的時候，才覺得他所學的在人間適用的字句，絕對不能表現他夢裡所見天堂的景色，他氣得從此不開口，後來抑鬱而死。我此時妄想用字來活現出一個曼殊斐爾，也差不多有同樣的感覺，但我卻寧可冒猥瀆神靈的罪，免得像那位誠實君子活活的悶死。她的打扮與她的朋友B女士相像：也是鑠亮的漆皮鞋，閃色的綠絲襪，棗紅絲絨的圍裙，嫩黃薄綢的上衣，領口是尖開的，胸前掛著一串細珍珠，袖口只齊及肘彎。她的髮是黑的，也同密司B一樣剪短的，但她櫛髮的樣式，卻是我在歐美從沒有見過的。我疑心她是有心仿效中國式，因為她的髮不但純黑，而且直而不捲，整整齊齊的一圈，前面像我們十餘年前的「劉海」，梳得光滑異常；我雖則說不出所以然，但覺得她髮之美也是生平所僅見。

至於她眉目口鼻之清之秀之明淨，我其實不能傳神於萬一；彷彿你對著自然界的傑作，不論是秋水洗淨的湖山，霞彩紛披的夕照，或是南洋瑩澈的星空，或是藝術界的傑作，培德花芬的沁芳，南懷格納的奧配拉，密克朗其羅的雕像，衛師德拉（Whistler）[36]或是柯羅

[35] The purest aesthetic feeling：最純粹的美感。

（Corot）[37]的畫；你只覺得他們整體的美，純粹的美，完全的美，不能分析的美，可感不可說的美；你彷彿直接無礙的領會了造化最高明的意志，你在最偉大深刻的戟刺中經驗了無限的歡喜，在更大的人格中解化了你的性靈。我看了曼殊斐爾像印度最純澈的碧玉似的容貌，受著她充滿了靈魂的電流的凝視，感著她最和軟的春風似的神態，所得的總量我只能稱之爲一整個的美感。她彷彿是個透明體，你只感訝她粹極的靈澈性，卻看不見一些雜質。就是她一身的豔服，如其別人穿著，也許會引起瑣碎的批評，但在她身上，你只是覺得妥貼，像牡丹的綠葉，只是不可少的襯托，湯林生（H. M. Tomlingson，她生前的一個好友），以阿爾帕斯山嶺萬古不融的雪，來比擬她清極超俗的美，我以爲很有意味的；他說：

> 曼殊斐爾以美稱，然美固未足以狀其真，世以可人為美，曼殊斐爾固可人矣，然何其脫盡塵寰氣，一若高山瓊雪，清澈重霄，其美可驚，而其涼亦可感。豔陽被雪，幻成異彩，亦明明可識，然亦似神境在遠，不隸人間。曼殊斐爾肌膚明皙如純牙，其官之秀，其目之黑，其頰之腴，其約髮環整如髹，其神態之閒靜，有華族粲者之明粹，而無西豔伉傑之容；其軀體尤苗約，綽如也，若明蠟之靜焰，若晨星之澹妙，就語者未嘗不自訝其吐息之重濁，而慮是靜且澹者之宜神化……

湯林生又說她銳敏的目光，似乎直接透入你的靈府深處，將你所蘊藏的秘密，一齊照澈，所以他說她有鬼氣，有仙氣；她對著你

---

[36] Whistler：惠斯特（1834～1903），徐譯「衛師德拉」，美國畫家，長期僑居英國，提出「為藝術而藝術」的主張，對歐美畫家有較大影響。

[37] Corot：柯洛（1796～1875），法國畫家，使法國風景畫從傳統的歷史風景畫過渡到現實主義風景畫的代表人物。

看，不是見你的面之表，而是見你心之底，但她卻不是偵刺你的內蘊，不是有目的的搜羅，而只是同情的體貼。你在她面前，自然會感覺對她無慎密的必要；你不說她也有數，你說了她不會驚訝。她不會責備，她不會慫恿，她不會獎贊，她不會代你出什麼物質利益的主意，她只是默默的聽，聽完了然後對你講她自己超於善惡的見解——眞理。

這一段從長期的交誼中出來深入的話，我與她僅僅一二十分鐘的接近當然不會體會到，但我敢說從她神靈的目光裡推測起來，這幾句話不但是可能，而且是極近情的。

所以我那晚和她同坐在藍絲絨的榻上，幽靜的燈光，輕籠住她美妙的全體，我像受了催眠似的，只是癡對她神靈的妙眼，一任她利劍似的光波，妙樂似的音浪，狂潮驟雨似的向我靈府潑淹。我那時即使有自覺的感覺，也只似開茨 Keats[38]聽鵑啼時的：

My heart aches, and a drowsy numbness pains
My sense, as though of homlock I had drunk...
Tis not through envy of thy happy lot.
But being too happy in thy happiness...[39]

曼殊斐爾的聲音之美，又是一個 Miracle[40]一個個音符從她脆弱的聲帶裡顫動出來，都在我習於塵俗的耳中，啓示著一種神奇的異

[38] Keats：濟慈（1795～1821），徐譯「開茨」，英國浪漫主義詩人，著名作品有《夜鶯頌》、《希臘甕頌》、《致秋天》等，年僅26歲時死於肺病。

[39] 「我的心在痛，困頓麻木折磨著／我的知覺，我彷彿飲了毒鴆／……／這並非我嫉妒你的好運，／而是你的快樂使我太歡欣。」引自濟慈詩《夜鶯頌》。

[40] Miracle：奇蹟。

境，彷彿蔚藍的天空中一顆一顆的明星先後湧現。像聽音樂似的，雖則明明你一生從不曾聽過，但你總覺得好像曾經聞到過的，也許在夢裡，也許在前生。她的，不僅引起你聽覺的美感，而竟似直達你的心靈底裡，撫摩你蘊而不宣的苦痛，溫和你半冷半僵的希望，洗滌你窒礙性靈的俗累，增加你精神快樂的情調，彷彿湊住你靈魂的耳畔私語你平日所冥想不到的仙界消息。我便此時回想，還不禁內動感激的悲慨，幾於零淚；她是去了，她的音聲笑貌也似蜃彩似的一翳不再，我只能學 Aft Vogler[41]之自慰，虔信：

Whose voice has gone forth, but each survives for the melodist when eternity affirms the conception of an hour.

......

Enough that he heard it once, we shall hear it by & by.[42]

曼殊斐爾，我前面說過，是病肺瘵的，我見她時正離她死不過半年，她那晚說話時，聲音稍高，肺管中便如荻管似的呼呼作響。她每句語尾收頓時，總有些氣促，顴頰間便也多添一層紅潤，我當時聽出了她肺弱的音息，便覺得切心的難過，而同時她天才的興奮，偏是逼迫她音度的提高，音愈高，肺嘶亦更嚦嚦，胸間的起伏，亦隱約可辨，可憐！我無奈何，只得將自己的聲音特別的放低，希冀她也跟著放低些。果然很應效，她也放低了不少，但不久她又似內感思想的戟刺，重複節節的高引。最後我再也不忍因我而多耗她珍貴的精力，並且也記得麥雷再三叮囑 W 與 S 的話，就辭了出來，總計我進房至出房——她站在房口送我——不過二十分的時間。

---

[41] Aft Vogler：不詳。

[42] 她的聲音已經飄逝，但每個音符對作曲家來說仍存在，他會讓一個小時變成永恆……只要讓他聽見過一次就夠了，我們就會再有機會聽見。

我與她所講的話也很有意味，但大部分是她對於英國當時最風行的幾個小說家的批評——例如Rebecca West[43]，Romer Wilson[44]，Hutchingson[45]，Swinnerton[46]，等——恐怕因為一般人不稔悉，那類簡約的評語不能引起相當的興味所以從略。麥雷自己是現在英國中年的評衡家最有學有識的一人——他去年在牛津大學講的“*The problem of style*”[47]有人譽為安諾（Mathew Arnold）[48]以後評衡界最重要的一部貢獻——而他總常常推尊曼殊斐爾，說她是評衡的天才，有言必中肯的本能，所以我此刻要把她那晚隨興月旦的珠沫，略過不講，很覺得有些可惜。她說她方才從瑞士回來，在那裡和羅素夫婦寓所相距頗近，常常說起東方的好處，所以她原來對中國景仰，更一進而為愛慕的熱忱。她說她最愛讀Arthur Waley[49]所翻的中國詩，她說那樣的藝術在西方真是一個Wonderful Revelation[50]，她說新近Amy Lowell譯的很使她失望，她這裡又用她愛用的短句That's not the thing！[51]她問我譯過沒有，她再三勸我應當試試，她以為中國詩只有

[43] Rebecca West：韋斯特（1892～1983），英國小說家、評論家，原名Cecily Isabel Fairfield Andrews，作品有長篇小說《士兵歸來》、《法官》等。

[44] Romer Wilson：不詳。

[45] Hutchingson：赫金森（1907～1975），英國小說家，作品有《未被遺忘的囚徒》和《繼母》等。

[46] Swinnerton：斯溫納頓（1884～1982），英國小說家和評論家，作品有小說《夜曲》、《戈登廣場的一月》等。

[47] *The problem of style*：風格的問題。

[48] Mathew Arnold：阿諾德（1822～1888），英國維多利亞時代的詩人和評論家，主要著作有抒情詩集《多佛海灘》、敘事詩《邵萊布和羅斯托》及論著《文化與無政府狀態》等。

[49] Arthur Waley：威利（1889～1966），英國漢學家、漢語和日語翻譯家，譯作有《漢詩170首》等。

[50] Wonderful Revelation：奇妙的啓示。

[51] That's not the thing：不是那麼回事。

中國人能譯得好的。

她又問我是否也是寫小說的，她又問中國頂喜歡契訶甫的那幾篇，譯得怎麼樣，此外誰最有影響。

她問我最喜歡讀那幾家小說，我說哈代，康得拉，她的眉稍聳了一聳笑道！

“Isn’t it！ We have to go back to the old masters for good literature —— the real thing！” [52]

她問我回中國去打算怎麼樣，她希望我不進政治，她憤憤地說現代政治的世界，不論哪一國，只是一亂堆的殘暴和罪惡。

後來說起她自己的著作。我說她的太是純粹的藝術，恐怕一般人反而不認識，她說：

“That’s just it, then of course, popularity is never the thing for us.” [53]

我說我以後也許有機會試翻她的小說，願意先得作者本人的許可。她很高興地說她當然願意，就怕她的著作不值得翻譯的勞力。

她盼望我早日回歐洲，將來如到瑞士再去找她，她說怎樣的愛瑞士風景，琴妮湖怎樣的嫵媚，我那時就彷彿在湖心柔波間與她蕩舟玩景：

“Clear, placid Leman！...

Thy soft murmuring sounds sweet as if a sister’s voice reproved.

---

[52] 是啊！我們必須回到過去的大師們那裡，才能讀到真正的好文學！

[53] 確實如此。但流行從來不是我們追求的東西。

That I with stern delights should ever have been so moved..." [54]

我當時就滿口的答應，說將來回歐一定到瑞士去訪她。

末了我恐怕她已經倦了，深恨與她相見之晚，但盼望將來還有再見的機會。她送我到房門口，與我很誠摯地握別。

將近一月前我得到曼殊斐爾已經在法國的芳丹卜羅去世。這一篇文字，我早已想寫出來，但始終爲筆懶，延到如今，豈知如今卻變了她的祭文了！

---

[54] 「清澈、平靜的萊蒙湖啊！／……你那溫柔的波濤聲／就像姐妹的責備聲那樣動聽，／對這種嚴厲我從未這樣快樂與感動過。」引自拜倫詩《恰爾德．哈樂德遊記》第三詩章第85節。拜倫（1788～1824），英國浪漫主義詩人，代表作有《恰爾德．哈樂德遊記》、《唐璜》等。

泰戈爾來華

泰戈爾在中國，不僅已得普遍的知名，竟是受普遍的景仰。問他愛念誰的英文詩，十餘歲的小學生，就自信不疑的答說泰戈爾。在新詩界中，除了幾位最有名神形畢肖的泰戈爾的私淑弟子以外，十首作品裡至少有八九首是受他直接或間接的影響的。這是很可驚的狀況，一個外國的詩人，能有這樣普及的引力。

現在他快到中國來了，在他青年的崇拜者聽了，不消說當然是最可喜的消息，他們不僅天天豎耳企踵的在盼望，就是他們夢裡的顏色，我猜想，也一定多增了幾分嫵媚。現世界是個墮落沉寂的世界；我們往常要求一二偉大聖潔的人格，給我們精神的慰安時，每每不得已上溯已往的歷史，與神化的學士藝才，結想像的因緣。哲士，詩人，與藝術家，代表一民族一時代特具的天才；可憐華族，千年來只在精神窮窶中度活，眞生命只是個追憶不全的夢境，眞人格亦只似昏夜池水裡的花草映影，在有無虛實之間。誰不想念春秋戰國才智之盛，誰不永慕屈子之悲歌，司馬之大聲，李白之仙音；誰不長念莊生之逍遙，東坡之風流，淵明之沖淡？我每想及過去的光榮，不禁疑問現時人荒心死的現象，莫非是噩夢的虛景，否則何以我們民族的靈海中，曾經有過偌大的潮跡，如今何至於沉寂如此？孔陵前子貢手植的楷樹，聖廟中孔子手植的檜樹，如其傳說是可信的，過了二千幾百年，經了幾度的災劫，到現在還不時有新枝從舊根上生發；我們華族天才的活力，難道還不如此檜此楷？

什麼是自由？自由是不絕的心靈活動之表現。斯拉夫民族自開國起直至十九世紀中期，只是個龐大喑啞在無光的空氣中苟活的怪物，但近六七十年來天才累出，突發大聲，不但驚醒了自身，並且驚醒了所有迷夢的鄰居。斯拉夫偉奧可怖的靈魂之發現，是百年來人類史上最偉大的一件事蹟。華族往往以睡獅自比，這又洩漏我們想像力之墮落；期望一民族回復或取得吃人噬獸的暴力者，只是最下流「富國強兵教」的信徒，我們希望以後文化的意義與人類的目的明定以後，這類的謬見可以漸漸的銷匿。

精神的自由，決不有待於政治或經濟或社會制度之妥協。我們且看印度。印度不是我們所謂已亡之國嗎？我們常以印度朝鮮波蘭並稱，以為亡國的前例。我敢說我們見了印度人，不是發心憐憫，是意存鄙蔑。（我想印度是最受一班人誤解的民族，雖則同在亞洲：大部分人以為印度人與馬路上的紅頭阿三是一樣同樣的東西！）就政治看來，說我們比他們比較的有自由，這話勉強還可以說。但要論精神的自由，我們只似從前的俄國，是個龐大喑啞在無光的氣圈中苟活的怪物，他們（印度）卻有心靈活動的成績，證明他們表面政治的奴僕非但不曾壓倒，而且激動了他們潛伏的天才。在這時期他們連出了一個宗教性質的政治領袖——甘地——一個實行的托爾斯泰；兩個大詩人，加立大塞Kalidasa[1]與泰戈爾。單是甘地與泰戈爾的名字，就是印度民族不死的鐵證。

東方人能以人格與作為，取得普通的崇拜與榮名者，不出在「國富兵強」的日本，不出在政權獨立的中國，而出於亡國民族之印度——這不是應發人猛省的事實嗎？

泰戈爾在世界文學中，究占如何位置，我們此時還不能定，他

[1] Kalidasa：今譯迦梨陀娑（西元4～5世紀），印度笈多王朝詩人、劇作家，梵文古典文學代表作家之一，傳世作品有劇作《沙恭達羅》等。

的詩是否可算獨立的貢獻，他的思想是否可以代表印族復興之潛流，他的哲學（如其他有哲學）是否有獨到的境界——這些問題，我們沒有回答的能力。但有一事我們敢斷言肯定的，就是他不朽的人格。他的詩歌，他的思想，他的一切，都有遭遺忘與失時之可能，但他一生熱奮的生涯所養成的人格，卻是我們不易磨翳的紀念。〔泰戈爾生平的經過，我總覺得非是東方的，也許印度原不能算東方（陳寅恪君在海外常常大放厥詞，辯印度之爲非東方的。）〕所以他這回來華，我個人最大的盼望，不在他更推廣他詩藝的影響，不在傳說他宗教的哲學的乃至於玄學的思想，而在他可愛的人格，給我們見得到他的青年，一個偉大深入的神感。他一生所走的路，正是我們現代努力於文藝的青年不可免的方向。他一生只是個不斷的熱烈的努力，向內開豁他天賦的才智，自然吸收應有的營養。他境遇雖則一流順利，但物質生活的平易，並不反射他精神生活之不艱險。我們知道詩人藝術家的生活，集中在外人捉摸不到的內心境界。歷史上也許有大名人一生不受物質的苦難，但決沒有不經心靈界的狂風暴雨與沉鬱黑暗時期者。葛德是一生不愁衣食的顯例，但他在七十六歲那年對他的友人說他一生不曾有過四星期的幸福，一生只是在煩惱痛苦勞力中。泰戈爾是東方的一個顯例，他的傷痕也都在奧密的靈府中的。

我們所以加倍的歡迎泰戈爾來華，因爲他那高超和諧的人格，可以給我們不可計量的慰安，可以開發我們原來瘀塞的心靈泉源，可以指示我們努力的方向與標準，可以糾正現代狂放恣縱的反常行爲，可以摩挲我們想見古人的憂心，可以消平我們過渡時期張惶的意氣，可以使我們擴大同情與愛心，可以引導我們入完全的夢境。

如其一時期的問題，可以綜合成一個，現代的問題，就只是「怎樣做一個人？」泰戈爾在與我們所處相仿的境地中，已經很高尚的解決了他個人的問題，所以他是我們的導師，榜樣。

他是個詩人，尤其是一個男子，一個純粹的人；他最偉大的作品就是他的人格。這話是極普通的話，我所以要在此重複的說，爲的是怕誤解。人不怕受人崇拜，但最怕受誤解的崇拜。葛德說，最使人難受的是無意識的崇拜。泰戈爾自己也常說及。他最初最後只是個詩人——藝術家如其你願意——他即使有宗教的或哲理的思想，也只是他詩心偶然的流露，決不爲哲學家談哲學，或爲宗教而訓宗教的。有人喜歡拿他的思想比這個那個西洋的哲學，以爲他是表現東方一部的時代精神與西方合流的；或是研究他究竟有幾分的耶穌教，幾分是印教，——這類的比較學也許在性質偏愛的人覺得有意思，但於泰戈爾之爲泰戈爾，是絕對無所發明的。譬如有人見了他在山氐尼開頓 Santiniketan 學校裡所用的晨禱——

"Thou are our Father. Do you help us to know thee as Father. We bow down to Thee. Do thou never afflict us, O Father, by causing a separation between Thee and us. O thou self-revealing One, O Thou Parent of the universe, purge away the multitude of our sins, and send unto us whatever is good and noble. To Thee, from whom spring joy and goodness, nay who art all goodness thyself, to Thee we bow down now and for ever." ❷耶教人見了這段禱告一定拉本家，說泰戈爾準是皈依基督的，但回頭又聽見他們的晚禱——

"The Deity who is in fire and water, nay, who pervades the Universe

❷「您是我們的天父。請您幫助我們瞭解您。我們向您致敬。哦天父，請您不要把我們和您分開，讓我們遭受痛苦。哦自我揭示者，哦宇宙之父，請蕩滌我們的罪，賜予我們善良與高尚。幸福與善來源於您，不，您就是至善，我們向您永遠致敬。」

through and through, and makes His abode in tiny plants and towering forests —— to such a Deity we bow down for ever & ever" [3]

這不是最明顯的泛神論嗎？這裡也許有 Lucretius[4]，也許有 Spinoza[5]，也許有 *Upanishads*[6]，但決不是天父云云的一神教，誰都看得出來。回頭在揭檀迦利的詩裡，又發現什麼Lia既不是耶教的，又不是泛神論。結果把一般專好拿封條拿題簽來支配一切的，絕對的糊塗住了，他們一看這事不易辨，就說泰戈爾的宗教思想不徹底，等等。實際上惟一的解釋是泰戈爾是詩人，不是宗教家。也不是專門的哲學家。管他神是一個或是兩個或是無數或是沒有，詩人的標準，只是詩的境界之眞；在一般人看來是不相容納的衝突（因爲他們只見字面），他看來只是一體的諧合（因爲他能超文字而悟實在）。

同樣的在哲理方面，也就有人分別研究，說他的人格論是近於訛的，說他的藝術論是受訛影響的……這也是勞而無功的。自從有了大學教授以來，尤其是美國的教授，學生忙的是：比較學，比較憲法學，比較人種學，比較宗教學，比較教育學，比較這樣，比較那樣，結果他們竟想把最高粹的思想藝術，也用比較的方法來研究——我看倒不如來一門比較大學教授學還有趣些！

思想之不是糟粕，藝術之不是凡品，就在他們本身有完全，獨立，純粹不可分析的性質。類不同便沒有可比較性，拿西洋現成的宗

---

[3] 「火中與水中的神，不，充斥了全宇宙，並居住在細小的植物和高大的森林中的神——我們向這樣的一個神永遠致敬。」

[4] Lucretius：盧克萊修（約西元前93～約前50），拉丁詩人和伊比鳩魯學派哲學家，傳世之作有長詩《物性論》。

[5] Spinoza：斯賓諾莎（1632～1677），荷蘭哲學家，唯理論的代表之一，著有《神學政治論》和《倫理學》等。

[6] *Upanishads*：《奧義書》，闡述印度教古代吠陀教義的思辨作品。

教哲學的派別去比湊一個創造的藝術家，猶之拿唐采芝或王玉峰去比附眞純創造的音樂家，一樣的可笑，一樣的隔著靴子搔癢。

我們只要能夠體會泰戈爾詩化中的人格，與領略他滿充人格的詩文，已經盡夠的了，此外的事自有專門的書呆子去顧管，不勞我們費心。

我乘便又想起一件事。一九一三年泰戈爾被選得諾貝爾獎金的電報到印度時，印度人聽了立即發瘋一般的狂喜，滿街上小孩大人一齊歡呼慶祝，但詩人在家裡，非但不樂，而且歎道：「我從此沒有安閒日子過了！」接著下年英政府又封他爲爵士，從此，眞的，他不曾有過安閒時日。他的山尼開頓竟變了朝拜的中心，他出遊歐美時，到處受無上的歡迎，瑞典丹麥幾處學生，好像都爲他舉行火把會與提燈會，在德國聽他講演的往往累萬，美國招待他的盛況，恐怕不在英國皇太子之下。但這是詩人所心願的幸福嗎，固然我不敢說詩人便能完全免除虛榮心，但這類群眾的哄動，大部分只是葛德所謂無意識的崇拜，眞詩人決不會豔羨的。最可厭是西洋一般社交太太們，她們的宗教照例是英雄崇拜；英雄愈新奇，她們愈樂意，泰戈爾那樣的道貌岸然，寬袍布帽，當然加倍的搔癢了她們的好奇心，大家要來和這遠東的詩聖，握握手，親熱親熱，說幾句照例的肉麻話……這是近代享盛名的一點小報應，我想性愛恬淡的泰戈爾先生，臨到這種情形，眞也是說不出的苦。據他的英友恩厚之告訴我們說他近來愈發厭煩嘈雜了，又且他身體也不十分能耐勞，但他就使不願意卻也很少顯示於外，所以他這次來華，雖則不至受社交太太們之窘，但我們有機會瞻仰他言論丰采的人，應該格外的體諒他，談論時不過分去勞乏他，演講能節省處節省，使他和我們能如家人一般的相與，能如在家鄉一般的舒服，那才對得他高年跋涉的一番至意。

七月六日

拜倫

蕩蕩萬斛船，影若揚白虹；
自非風動天，莫置大水中。

——杜甫

今天早上，我的書桌上散放著一疊書，我伸手提起一枝毛筆蘸飽了墨水正想下筆寫的時候，一個朋友走進屋子來，打斷了我的思路。「你想做什麼？」他說。「還債，」我說，「一輩子只是還不清的債，開銷了這一個，那一個又來，像長安街上要飯的一樣，你一開頭就糟。這一次是爲他，」我手點著一本書裡Westall畫的拜倫像(原本現在倫敦肖像畫院)。「爲誰，拜倫！」那位朋友的口音裡夾雜了一些鄙夷的鼻音。「不僅做文章，還想替他開會哪，」我跟著說。「哼，眞有工夫，又是戴東原那一套！」——那位先生發議論了——「忙著替死鬼開會演說追悼，哼！我們自己的祖祖宗宗的生忌死忌，春祭秋祭，先就忙不開，還來管姓呆姓擺的出世去世；中國鬼也就夠受，還來張羅洋鬼！那國什麼黨的爸爸死了，北京也聽見悲聲，上海廣東也聽見哀聲；書呆子的退伍總統死了，又來一個同聲一哭。二百年前的戴東原還不是一個一頭黃毛一身奶臭一把鼻涕一把尿的娃娃，與我們什麼相干，又用得著我們的正顏厲色開大會做論文！現在眞是愈出愈奇了，什麼，連拜倫也得利益均沾，又不是瘋了，你們無事忙的文學先生們！誰是拜倫？一個濫筆頭的詩人，一個宗教家說的罪人，一個花花公子，一個貴族。就使追悼會紀念會是現代的時髦，你也得想想受追悼的配不配，也得想想跟你們所謂時代精神合式不合式，拜倫是貴族，你們貴國是一等的民主共和國，哪裡有貴族的位置？拜倫又沒有發明什麼蘇維埃，又沒有做過世界和平的大夢，更沒有用科學方法整理過國故，他只是一個拐腿的紈袴詩人，一百年前也許出過他的風頭，現在埋在英國紐斯推德（Newstead）的貴首頭都早爛透了，爲他也來開紀念會，哼，他配！講到拜倫的詩你們也許與蘇和尚的脾味合得上，看得出好處，這是你們的福氣——要我看他的詩也不見得比他的骨頭活得了多少。並且小心，拜倫倒是條好漢，他就恨盲目的崇拜，回頭你們東抄西剿的忙著做文章想是討好他，小心他的鬼魂到你夢裡來大聲的罵你一頓！」

那位先生大發牢騷的時候，我已經抽了半枝的煙，眼看著繚繞的氤氳，耐心的挨他的罵，方才想好讚美拜倫的文章也早已變成了煙絲飛散：我呆呆的靠在椅背上出神了——

拜倫是眞死了不是？全朽了不是？眞沒有價值，眞不該替他揄揚傳布不是？

眼前扯起了一重重的霧幔，灰色的，紫色的，最後呈現了一個驚人的造像，最純粹，光淨的白石雕成的一個人頭，供在一架五尺高的檀木几上，放射出異樣的光輝，像是阿博洛，給人類光明的大神，凡人從沒有這樣莊嚴的「天庭」，這樣不可侵犯的眉宇，這樣的頭顱，但是不，不是阿博洛，他沒有那樣驕傲的鋒芒的大眼，像是阿爾帕斯山南的藍天，像是威尼市的落日，無限的高遠，無比的壯麗，人間的萬花鏡的展覽反映在他的圓睛中，只是一層鄙夷的薄翳；阿博洛也沒有那樣美麗的髮鬈，像紫葡萄似的一穗穗貼在花崗石的牆邊；他也沒有那樣不可信的口唇，小愛神背上的小弓也比不上他的精緻，口角邊微露著厭世的表情，像是蛇身上的文彩，你明知是惡毒的，但你不能否認他的豔麗；給我們弦琴與長笛的大神也沒有那樣圓整的鼻孔，使我們想像他的生命的劇烈與偉大，像是大火山的決口……

不，他不是神，他是凡人，比神更可怕更可愛的凡人；他生前在紅塵的狂濤中沐浴，洗滌他的遍體的斑點，最後他踏腳在浪花的頂尖，在陽光中呈露他的無瑕的肌膚，他的驕傲，他的力量，他的壯麗，是天上奕司與玖必德的憂愁。

他是一個美麗的惡魔，一個光榮的叛兒。

一片水晶似的柔波，像一面晶瑩的明鏡，照出白頭的「少女」，閃亮的「黃金篦」，「快樂的阿翁」。此地更沒有海潮的嘯響，只有草蟲的謳歌，醉人的樹色與花香，與溫柔的水聲，小妹子的私語似的，在湖邊吞咽。山上有急湍，有冰河，有幔天的松林，有奇偉的石景。瀑布像是瘋癲的戀人，在荊棘叢中跳躍，從岩上滾墜，在磊石間震碎，激起無量數的珠子，圓的，長的，乳白的，透明的，陽光斜落在急流的中腰，幻成五彩的虹紋。這急湍的頂上是一座突出的危崖，像一個猛獸的頭顱，兩旁幽邃的松林，像是一頸的長鬣，一陣陣的瀑雷，像是他的吼聲。在這絕壁的邊沿站著一個丈夫，一個不凡的男子，怪石一般的崢嶸，朝旭一般的美麗，勁瀑似的桀傲，松林似的憂鬱。他站著，交抱著手臂，翻起一雙大眼，凝視著無極的青天，三個阿爾帕斯的鷙鷹在他的頭頂不息的盤旋；水聲，松濤的嗚咽，牧羊人的笛聲，前峰的崩雪聲——他凝神的聽著。

只要一滑足，只要一縱身，他想，這軀殼便崩雪似的墜入深潭，粉碎在美麗的水花中，這些大自然的諧音便是讚美他寂滅的喪鐘。他是一個驕子：人間踏爛的蹊徑不是爲他準備的，也不是人間的鐐鏈可以鎖住他的鷙鳥的翅羽。他曾經丈量過巴南蘇斯的群峰，曾經搏鬥過海理士彭德海峽的凶濤，曾經在馬拉松放歌，曾經在愛琴海邊狂嘯，曾經踐踏過滑鐵盧的泥土，這裡面埋著一個敗滅的帝國。他曾經實現過西撒凱旋時的光榮，丹桂籠住他的髮鬈，玫瑰承住他的腳蹤；但他也免不了他的滑鐵盧；運命是不可測的恐怖，征服的背後隱著侮辱的獰笑，御座的周遭顯現了狴犴的幻景；現在他的遍體的斑痕，都是誹毀的箭鏃，不更是繁花的裝綴，雖則在他的無瑕的體膚上一樣的不曾停留些微汙損。……太陽也有他的淹沒的時候，但是誰能忘記他臨照時的光焰？

"What is life, what is death, and what are we.
That when the shop sinks, we no longer may be." ❶

虯哪Juno❷發怒了。天變了顏色，湖面也變了顏色。四圍的山峰都披上了黑霧的袍服，吐出迅捷的火舌，搖動著，彷彿是相互的示威， 雷聲像猛獸似的在山坳裡咆哮，跳蕩，石卵似的雨塊，隨著風勢打擊著一湖的磷光，這時候（一八一六年，六月，十五日）彷彿是愛儷兒（Ariel）的精靈聳身在絞繞的雲中，默唪著咒語，眼看著——

Jove's lightnings, the precursors
O'the dreadful thunder-claps...
The fire, and cracks
Of sulphurous roaring, the most mighty Neptune
Seem'd to besiege, and make his bold waves tremble,
Yea his dread tridents shake.❸

（Tempest）

❶ 生是何物，死是何物，我們又是何物。／當船沉沒的時候，我們就不再存在。

❷ Juno：朱諾，羅馬神話中的主神朱庇特之妻。

❸ 「朱庇特的閃電，那／可怕的炸雷的先驅……／散發著硫磺味的火光與霹靂聲／似乎在圍攻那威風凜凜的海神，使他的怒濤顫抖／使他的三叉戟不禁搖晃。」引自莎士比亞《暴風雨》。

在這大風濤中，在湖的東岸，龍河（Rhone）合流的附近，在小嶼與白沫間，飄浮著一隻疲乏的小舟，扯爛的布帆，破碎的尾舵，衝當著巨浪的打擊，舟子只是著忙的禱告，乘客也失去了鎮定，都已脫卸了外衣，準備與濤瀾搏鬥。這正是盧騷的故鄉，這小舟的歷險處又恰巧是玖荔亞與聖潘羅（Julia and St. Preux）[4]遇難的名蹟。舟中人有一個美貌的少年是不會泅水的，但他卻從不介意他自己的骸骨的安全，他那時滿心的憂慮，只怕是船翻時連累他的友人為他冒險，因為他的友人是最不怕險惡的。厄難只是他的雄心的激刺，他曾經狎侮愛琴海與地中海的怒濤，何況這有限的梨夢湖中的掀動，他交叉著手，靜看著薩福埃（Savoy）的雪峰，在雲罅裡隱現。這是歷史上一個稀有的奇逢，在近代革命精神的始祖神感的勝處，在天地震怒的俄頃，載在同一的舟中，一對共患難的，偉大的詩魂，一對美麗的惡魔，一對光榮的叛兒！

他站在梅鎖朗奇（Mesolonghi）的灘邊（一八二四年，一月，四至二十二日）。海水在夕陽光裡起伏，周遭靜瑟瑟的莫有人跡，只有連綿的砂磧，幾處卑陋的草屋，古廟宇殘圮的遺跡，三兩株灰蒼色的柱廊，天空飛舞著幾隻闊翅的海鷗，一片荒涼的暮景。他站在灘邊，默想古希臘的榮華，雅典的文章，斯巴達的雄武，晚霞的顏色二千年來不曾消滅，但自由的鬼魂究不曾在海砂上留存些微痕跡……他獨自的站著，默想他自己的身世，三十六年的光陰已在時間的灰燼中埋著，愛與憎，得志與屈辱，盛名與怨詛，志願與罪惡，故鄉與知友，威尼市的流水，羅馬古劇場的夜色，阿爾帕斯的白雪，大自然的美景與恚怒，反叛的磨折與尊榮，自由的實現與夢境的消殘……他看著海砂上映著的曼長的身形，涼風拂動著他的衣裾——寂寞的天地間

[4] Julia and St. Preux：不詳。

的一個寂寞的伴侶——他的靈魂中不由的激起了一陣感慨的狂潮，他把手掌埋沒了頭面。此時日輪已經翳隱，天上星先後的顯現，在這美麗的暝色中，流動著詩人的吟聲，像是松風，像是海濤，像是藍奧孔苦痛的呼聲，像是海倫娜島上絕望的吁歎——

This time this heart should be unmoved,
　　Since others it hath ceased to move;
Yet, though I cannot be beloved,
　　Still let me love !
My days are in the yellow leaf;
　　The flowers and fruits of love are gone;
The worm, the canker, and the grief;
　　Are mine alone !

The fire that on my bosom preys
　　As lone as some volcanic isle
No torch is kindled at its blaze —
　　A funeral pile !

The hope, the fear, the jealous care,
　　The exalted portion of the pain
And power of love, I cannot share,
　　But wear the chain.

But ‘tis not thus — and’ tis not here —
　　Such thoughts should shake my soul,
nor now.
Where glory aecks the hero’s bier

Or binds his brow.

The sword, the banner, and the field,

Glory and Grace, around me see !

The Spartan, born upon his shield,

Was not more free.

Awake !（not Greece — she is awake !）

Awake, my spirit ! Think through whom

The life-blood tracks its parent lake,

And then strike home !

Tread those reviving passions down;

Unworthy manhood ! — unto thee

Indifferent should the smile or frown

Of beauty be.

If thou regret'st thy youth, why live;

The land of honorable death

Is here: — up to the field, and give

Away thy breath !

Seek out — less sought than found —

A dier's grave for thee the best;

Then look around, and choose thy ground,

And take thy rest.

年歲已經僵化我的柔心，

我再不能感召他人的同情；

但我雖則不敢想望戀與憫，
　　我不願無情！

往日已隨黃葉枯萎，飄零；
　　戀情的花與果更不留蹤影，
只剩有腐土與蟲與愴心，
　　長伴前途的光陰！

燒不盡的烈焰在我的胸前，
　　孤獨的，像一個噴火的荒島；
更有誰憑弔，更有誰憐——
　　一堆殘骸的焚燒！

希冀，恐懼，靈魂的憂焦，
　　戀愛的靈感與苦痛與蜜甜，
我再不能嘗味，再不能自傲——
　　我投入了監牢！

但此地是古英雄的鄉國，
　　白雲中有不朽的靈光，
我不當怨艾，惆悵，為什麼
　　這無端的悽惶？

希臘與榮光，軍旗與劍器，
　　古戰場的塵埃，在我的周遭，
古勇士也應慕羨我的際遇，
　　此地，今朝！

蘇醒！不是希臘——她早已驚起！

蘇醒，我的靈魂！問誰是你的
血液的泉源，體辜負這時機，
鼓舞你的勇氣！

丈夫！休教已往的沾戀
夢魘似的壓迫你的心胸，
美婦人的笑與顰的婉戀，
更不當容寵！

再休眷念你的消失的青年，
此地是健兒殉身的鄉土，
聽否戰場的軍鼓，向前，
毀滅你的體膚！

只求一個戰士的墓窟，
收束你的生命，你的光陰；
去選擇你的歸宿的地域，
自此安寧。

他念完了詩句，只覺得遍體的狂熱，壅住了呼吸，他就把外衣脫下，走入水中，向著浪頭的白沫裡縱身一竄，像一隻海豹似的，鼓動著鰭腳，在鐵青色的水波裡泳了出去……

「衝鋒，衝鋒，跟我來！」

衝鋒，衝鋒，跟我來！這不是早一百年拜倫在希臘梅鎖龍奇臨死前昏迷時說的話？那時他的熱血已經讓冷血的醫生給放完了，但是他的爭自由的旗幟卻還是緊緊的擎在他的手裡……

再遲八年，一位八十二歲的老翁也在他的解脫前，喊一聲，"Mere licht！"❺

「不夠光亮！」「衝鋒，衝鋒，跟我來！」

火熱的煙灰掉在我的手背上，驚醒了我的出神，我正想開口答覆那位朋友的譏諷，誰知道睜眼看時，他早溜了！

十四年四月二日

❺ Mere licht：德文，「微弱的光芒」。徐譯「不夠光亮」。

羅曼·羅蘭

羅曼·羅蘭（Romain Rolland），這個美麗的音樂的名字，究竟代表些什麼？他爲什麼值得國際的敬仰，他的生日爲什麼值得國際的慶祝？他的名字，在我們多少知道他的幾個人的心裡，喚起些個什麼？他是否值得我們已經認識他思想與景仰他人格的更親切的認識他，更親切的景仰他；從不曾接近他的趕快從他的作品裡去接近他？

一個偉大的作者如羅曼·羅蘭或托爾斯泰，正像是一條大河，它那波瀾，它那曲折，它那氣象，隨處不同，我們不能畫出它的一灣一角來代表它那全流。我們有幸在書本上結識他們的正比是尼羅河或揚子江沿岸的泥，各按我們的受量分沾他們的潤澤的恩惠罷了。說起這兩位作者——托爾斯泰與羅曼·羅蘭，他們靈感的泉源是同一的，他們的使命是同一的，他們在精神上有相互的默契（詳後），彷彿上天從不教他的靈光在世上完全滅跡，所以在這普遍的混沌與黑暗的世界內，往往有這類稟承靈智的大天才在我們中間指點迷途，啓示光明。但他們也自有他們不同的地方；如其我們還是引申上面這個比喻，托爾斯泰，羅曼·羅蘭的前人，就更像是尼羅河的流域，它那兩岸是浩瀚的沙磧，古埃及的墓宮，三角金字塔的映影，高矗的棕櫚類的林木，間或有帳幕的遊行隊，天頂永遠有異樣的明星；羅曼·羅蘭，托爾斯泰的後人，像是揚子江的流域，更近人間，更近人情的大河，它那兩岸是青綠的桑麻，是連櫛的房屋，在波鱗裡泅著的是魚是蝦，不是長牙齒的鱷魚，岸邊聽得見的也不是神秘的駝鈴，是隨熟的雞犬聲。這也許是斯拉夫與拉丁民族各有的異稟，在這兩位大師的身

上得到更集中的表現，但他們潤澤這苦旱的人間的使命是一致的。

十五年前一個下午，在巴黎的大街上，有一個穿馬路的叫汽車給碰了，差一點沒有死。他就是羅曼·羅蘭。那天他要是死了，巴黎也不會怎樣的注意，至多報紙上本地新聞欄裡登一條小字：「汽車肇禍，撞死了一個走路的，叫羅曼·羅蘭，年四十五歲，在大學裡當過音樂史教授，曾經辦過一種不出名的雜誌叫*Cahiers de la Quinzaine*❶的。」

但羅蘭不死，他不能死；他還得完成他分定的使命。在歐戰爆裂的那一年，羅蘭的天才，五十年來在無名的黑暗裡埋著的，忽然取得了普遍的認識。從此他不僅是全歐心智與精神的領袖，他也是全世界一個靈感的泉源。他的聲音彷彿是最高峰上的崩雪，迴響在遠近的萬壑間。五年的大戰毀了無數的生命與文化的成績，但毀不了的是人類幾個基本的信念與理想，在這無形的精神價值的戰場上羅蘭永遠是一個不仆的英雄。對著在惡鬥的漩渦裡掙扎著的全歐，羅蘭喊一聲彼此是弟兄放手！對著蜘網似密布，疫癘似蔓延的怨恨，仇毒，虛妄、瘋癲，羅蘭集中他孤獨的理智與情感的力量作戰。對著普遍破壞的現象，羅蘭伸出他單獨的臂膀開始組織人道的勢力。對著叫褊淺的國家主義與惡毒的報復本能迷惑住的智識階級，他大聲的喚醒他們應負的責任，要他們恢復思想的獨立，救濟盲目的群眾。「在戰場的空中」——"Above the Battle Field"——不是在戰場上，在各民族共同的天空，不是在一國的領土內，我們聽得羅蘭的大聲，也就是人道的呼聲，像一陣光明的驟雨，激鬥著地面上互殺的烈焰。羅蘭的作戰是有結果的，他聯合了國際間自由的心靈，替未來的和平築一層有力的基

❶ *Cahiers de la Quinzaine*：《半月叢刊》，法文雜誌名。

礎。這是他自己的話——

「我們從戰爭得到一個付重價的利益，它替我們聯合了各民族中不甘受流行的種族怨毒支配的心靈。這次的教訓益發激勵他們的精力，強固他們的意志。誰說人類友愛是一個絕望的理想？我再不懷疑未來的全歐一致的結合。我們不久可以實現那精神的統一。這戰爭只是它的熱血的洗禮。」

這是羅蘭，勇敢的人道的戰士！當他全國的刀鋒一致向著德人的時候，他敢說不，真正的敵人是你們自己心懷裡的仇毒。當全歐破碎成不可收拾的斷片時，他想像到人類更完美的精神的統一。友愛與同情，他相信，永遠是打倒仇恨與怨毒的利器；他永遠不懷疑他的理想是最後的勝利者。在他的前面有托爾斯泰與道施滔奄夫斯基（雖則思想的形式不同），他的同時有泰戈爾與甘地（他們的思想的形式也不同），他們的立場是在高山的頂上，他們的視域在時間上是歷史的全部，在空間裡是人類的全體，他們的聲音是天空裡的雷震，他們的贈與是精神的慰安。我們都是牢獄裡的囚犯，鐐銬壓住的，鐵欄錮住的，難得有一絲雪亮暖和的陽光照上我們黝黑的臉面，難得有喜雀過路的歡聲清醒我們昏沉的頭腦。「重濁，」羅蘭開始他的《貝德花芬傳》：

「重濁是我們周圍的空氣。這世界是叫一種凝厚的污濁的穢息給悶住了——一種卑瑣的物質壓在我們的心裡，壓在我們的頭上，叫所有民族與個人失卻了自由工作的機會。我們全讓掐住了轉不過氣來。來，讓我們打開窗子好叫天空自由的空氣進來，好叫我們呼吸古英雄們的呼吸。」

打破我執的偏見來認識精神的統一；打破國界的偏見來認識人

道的統一。這是羅蘭與他同理想者的教訓。解脫怨毒的束縛來實現思想的自由；反抗時代的壓迫來恢復性靈的尊嚴。這是羅蘭與他同理想者的教訓。人生原是與苦俱來的；我們來做人的名分不是咒詛人生因爲它給我們苦痛，我們正應在苦痛中學習，修養，覺悟，在苦痛中發現我們內蘊的寶藏，在苦痛中領會人生的眞際。英雄，羅蘭最崇拜如密仡朗其羅與貝德花芬一類人道的英雄，不是別的，只是偉大的耐苦者。那些不朽的藝術家，誰不曾在苦痛中實現生命，實現藝術，實現宗教，實現一切的奧義？自己是個深感苦痛者，他推致他的同情給世上所有的受苦者；在他這受苦，這耐苦，是一種偉大，比事業的偉大更深沉的偉大。他要尋求的是地面上感悲哀感孤獨的靈魂。「人生是艱難的。誰不甘願承受庸俗，他這輩子就是不斷的奮鬥。並且這往往是苦痛的奮鬥，沒有光彩，沒有幸福，獨自在孤單與沉默中掙扎。窮困壓著你，家累累著你，無意味的沉悶的工作消耗你的精力，沒有歡欣，沒有希冀，沒有同伴，你在這黑暗的道上甚至連一個在不幸中伸手給你的骨肉的機會都沒有。」這受苦的概念便是羅蘭人生哲學的起點，在這上面他求築起一座強固的人道的寓所。因此在他有名的傳記裡他用力傳述先賢的苦難生涯，使我們憬悟至少在我們的苦痛裡，我們不是孤獨的，在我們切己的苦痛裡隱藏著人道的消息與線索。「不快活的朋友們，不要過分的自傷，因爲最偉大的人們也曾分嘗你們的苦味。我們正應得跟著他們的努奮自勉。假如我們覺得軟弱，讓我們靠著他們喘息。他們有安慰給我們。從他們的精神裡放射著精力與仁慈。即使我們不研究他們的作品，即使我們聽不到他們的聲音，單從他們面上的光彩，單從他們曾經生活過的事實裡，我們應得感悟到生命最偉大，最生產——甚至最快樂——的時候是在受苦痛的時候。」

我們不知道羅曼．羅蘭先生想像中的新中國是怎樣的；我們不知道爲什麼他特別示意要聽他的思想在新中國的迴響。但如其他能知道新中國像我們自己知道它一樣，他一定感覺與我們更密切的同情，更貼近的關係，也一定更急急的伸手給我們握著——因爲你們知道，我也知道，什麼是新中國，只是新發現的深沉的悲哀與苦痛深深的盤伏在人生的底裡！這也許是我個人新中國的解釋；但如其有人拿一些時行的口號，什麼打倒帝國主義等等，或是分裂與猜忌的現象，去報告羅蘭先生說這是新中國，我再也不能預料他的感想了。

我已經沒有時候與地位敘述羅蘭的生平與著述；我只能匆匆的略說梗概。他是一個音樂的天才，在幼年音樂便是他的生命。他媽教他琴，在諧音的波動中他的童心便發現了不可言喻的快樂。莫察德與貝德花芬是他最早發現的英雄。所以在法國經受普魯士戰爭愛國主義最高激的時候，這位年輕的聖人正在「敵人」的作品中嘗味最高的藝術。他的自傳裡寫著：「我們家裡有好多舊的德國音樂書。德國？我懂得那個字的意義？在我們這一帶我相信德國人從沒有人見過的。我翻著那一堆舊書，爬在琴上拼出一個個的音符。這些流動的樂音，諧調的細流，灌溉著我的童心，像雨水漫入泥土似的淹了進去。莫察德與貝德花芬的快樂與苦痛，想望的幻夢，漸漸的變成了我的肉的肉，我的骨的骨。我是它們，它們是我。要沒有它們我怎過得了我的日子？我小時生病危殆的時候，莫察德的一個調子就像愛人似的貼近我的枕衾看著我。長大的時候，每回逢著懷疑與懊喪，貝德花芬的音樂又在我的心裡撥旺了永久生命的火星。每回我精神疲倦了，或是心上有不如意事，我就找我的琴去，在音樂中洗淨我的煩愁。」

要認識羅蘭的不僅應得讀他神光煥發的傳記，還得讀他十卷的 *Jean Christophe* ❷，在這書裡他描寫他的音樂的經驗。

---

❷ *Jean Christophe*：《約翰・克里斯朵夫》。

他在學堂裡結識了莎士比亞，發現了詩與戲劇的神奇。他的哲學的靈感，與葛德一樣，是泛神主義的斯賓諾塞。他早年的朋友是近代法國三大詩人：克洛岱爾（Paul Claudel[3]法國駐日大使），Ande Suares[4]，與 Charles Peguy[5]（後來與他同辦 *Cahiers de Ja Quinzaine*）。那時槐格納是壓倒一時的天才，也是羅蘭與他少年朋友們的英雄。但在他個人更重要的一個影響是托爾斯泰。他早就讀他的著作，十分的愛慕他，後來他念了他的藝術論，那隻俄國的老象——用一個偷來的比喻——走進了藝術的花園裡去，左一腳踩倒了一盆花，那是莎士比亞，右一腳又踩倒了一盆花，那是貝德花芬，這時候少年的羅曼．羅蘭走到了他的思想的歧路了。莎氏，貝氏，托氏，同是他的英雄，但托氏憤憤的申斥莎、貝一流的作者，說他們的藝術都是要不得，不相干的，不是眞的人道的藝術——他早年的自己也是要不得不相干的。在羅蘭一個熱烈的尋求眞理者，這來就好似青天裡一個霹靂；他再也忍不住他的疑慮。他寫了一封信給托爾斯泰，陳述他的衝突的心理。他那年二十二歲。過了幾個星期羅蘭差不多把那信忘都忘了，一天忽然接到一封郵件：三十八滿頁寫的一封長信，偉大的托爾斯泰的親筆給這不知名的法國少年的！「親愛的兄弟」，那六十老人稱呼他，「我接到你的第一封信，我深深的受感在心。念你的信，淚水在我的眼裡。」下面說他藝術的見解：我們投入人生的動機不應是爲藝術的愛，而應是爲人類的愛。只有經受這樣靈感的人才可以希望在他的一生實現一些値得一做的事業。這還是他的老話，

[3] Paul Claudel：克洛岱爾（1868～1955），法國外交官、詩人、劇作家，有劇作《給瑪麗報信》、《緞子鞋》和詩作《五大頌歌》等。

[4] Ande Suares：不詳。疑拼法有誤。

[5] Charles Peguy：貝璣（1873～1914），法國詩人、哲學家，《半月叢刊》的撰稿人，有作品《聖女貞德》、《貞德仁慈之謎》和《夏娃》。

但少年的羅蘭受深徹感動的地方是在這一時代的聖人竟然這樣懇切的同情他，安慰他，指示他，一個無名的異邦人。他那時的感奮我們可以約略想像。因此羅蘭這幾十年來每逢少年人有信給他，他沒有不親筆作覆，用一樣慈愛誠摯的心對待他的後輩。這來受他的靈感的少年人更不知多少了。這是一件含獎勵性的事實。我們從此可以知道，凡是一件不勉強的善事就比如春天的薰風，它一路來散布著生命的種子，喚醒活潑的世界。

但羅蘭那時離著成名的日子還遠，雖則他從幼年起只是不懈的努力。他還得經嘗身世的失望（他的結婚是不幸的，近三十年來他幾於是完全隱士的生涯，他現在瑞士的魯山，聽說與他妹子同居），種種精神的苦痛，才能實受他的勞力的報酬——他的天才的認識與接受。他寫了十二部長篇劇本，三部最著名的傳記（密仡朗其羅，貝德花芬，托爾斯泰），十大篇*Jean Christophe*，算是這時代裡最重要的作品的一部，還有他與他的朋友辦了十五年灰色的雜誌，但他的名字還是在晦塞的灰堆裡掩著——直到他將近五十歲那年，這世界方才開始驚訝他的異彩。貝德花芬有幾句話，我想可以一樣適用到一生勞悴不怠的羅蘭身上：

我沒有朋友，我必得單獨過活；但是我知道在我心靈的底裡上帝是近著我，比別人更近。我走近他我心裡不害怕，我一向認識他的。我從不著急我自己的音樂，那不是壞運所能顛仆的，誰要能懂得它，它就有力量使他解除磨折旁人的苦惱。

十四年十月

法郎士先生的牙慧

不，至少今晚我不能講法郎士。我的脾氣太壞，一動筆就有跑野馬的傾向，何況是法郎士，這老頭太逗人。今晚一來沒有時候，二來沒有勁，要不爲做編輯沒辦法，這大冷的風夜，誰願意拿筆寫？躺平在床上抽著煙做「白日夢」不好嗎？這一時竟沒有好的來稿。許是天下不太平的緣故。前幾天我急了，只好撈出一些巴黎的糟糟來湊和湊和。結果倒像居然有人看的樣子。不但有人看，還有人要我再往下寫。難怪，這年頭就是巴黎合脾胃。可是要寫也得腦子裡有東西；我再有本事也不能完全憑空造不是？並且我怕——我怕我寫巴黎容易偏著一面——你們明白是哪一面——結果給你們一個太近興奮一類的印象。巴黎的生活決不是偏重那一面的，它的好處就在不偏：如其你看來巴黎性欲的色彩太濃，那只是你從來的地方太淡的緣故。如其你看來巴黎人太會作樂，那只是你一向太不懂得作樂的緣故。如其你以爲巴黎太自由，那只是你自己身上綁著的繩子太多的緣故。巴黎人的生活自有他的和諧，他的一致；他才淘著了酒杯底裡的櫻桃！

巴黎眞是値得知道的。憑你在生活的頭上加什麼形容詞——精神的，享樂的，美術的，肉欲的，書蟲的——巴黎都有可以當場出彩或是現成做得的最完美的活標本給你看。巴黎：本能不是羞恥，人性不露醜惡，可是夠了，我得帶住，趁早撿一點法郎士的牙慧敷衍了今晚的稿子再說，巴黎留著還怕沒有時候講？因爲法郎士就是巴黎文化的結晶，透明的，閃光的，多姿態的。

著作家不定是會說話的。實際上好多大作者就像是貓，除了戀愛與發怒的時候輕易不開口的。法郎士是一隻老麻雀。他一天嘰嘰喳喳停嘴的空兒很少；每天去看他的人幾乎是不斷的，他照例心裡愈煩嘴裡講得愈起勁換衣服也不停嘴，除了刷著牙眞沒法想。我現在旁邊的一本書就是他的秘書記下的他每天不經意的談話——“*Anatole France Himself: A Boswellian Record, by his Secretary Jean Jacques Brousson: English translation by John Pollock*”。❶

從前聽說皇帝的左手有一個秘書，他是專記皇上說的話的；但我們在帝王的本紀裡卻不易尋出一句有活人氣息的話來。戴平天冠坐龍床的姑且不說，就是我們的大文學家也極少給我們一個日常談笑的人格的記認。我們接近他們的方法，除了他們的詩文，就只他們的信箚與日記，但有幾個作者不在他們的信箚裡不撐出他的「臭紳士的架子」來；有幾個寫日記的不打算將來公開的？這是一件大大的憾事。假如我們也曾經鮑士惠爾這樣一個人，有他那樣一個發明文學上的全身攝影術的天才——我們的文學史就不會這樣的枯燥，寂寞，沒有活人氣息。成文章的文章我們固然不能少，但有趣味人不經意的談吐我們也得想法留下影子；紳士的臭架子或是臭紳士的架子許也有我們應得容忍他們存在的理由，但我們當然有權利盼望更親切的更直接的認識一時代少數的天才——一個法子是保存他們日常談話的姿態與內容。

現在阿那托爾．法郎士先生出場了。

❶《阿那托爾．法郎士：他的秘書讓．雅克．布魯松所作的鮑斯威爾式的記錄》，由約翰．波洛克英譯。法郎士（1844～1924），法國小說家、文藝評論家，諾貝爾文學獎獲得者，主要作品有《希爾維特．波納爾的罪行》、《現代史話》等。

壹、暖帽

玖塞芬（法郎士的女傭人）拿出一簍子奇形怪狀的軟帽來。這位大人物接了過來，拿起一頂頂帽子來放在拳頭上撐綻了，安在頭去，對著一架威尼市式的衣鏡照一照，都像是不大合式，躊躇了。有他躊躇的道理：那一簍子的花樣實在不少。有綢子做的，有絲絨做的，有浴安布做的。有大的，戴在腦殼上直下來遮住耳朵，像羅馬教皇戴的。有糖寶塔形的許多，像是土耳其人的毡帽。小精緻的也不少，像是羅馬教堂裡唱詩小孩子頭上頂著的那種大紅餅形的禮帽。末了他選定了一頂紅葡萄色浴安布做的。簍子裡還有不少中國帽，有纓鬚的，像寶塔似的。

「成了，」他說，「現在我們做事情了。誰來我都不在家。」

話還沒說完，一大串的客人就跟著進來了。

貳、創作的接吻

在（賽因）河邊一個舊書鋪子裡他淘著了一本塞公德著的《接吻》。這是鐵掃脫的本子，書面上一行小注打開了他的話匣子，那一行是「並附鐵掃脫的幾個創作的接吻」。

「吹什麼牛！世界上哪有這樣一個傻子會得相信在那個跳冬冬的圈子裡還有什麼創作不創作！在創世的第一天，在伊藤園裡塞公德與鐵掃脫自以爲懂得的，要不了三兩個鐘頭亞當和夏娃早就全會了。再說呢，我反正不相信這班專利接吻的賣主。他們那嘴裡滿是臘丁什麼，希臘什麼，真要是他們從說理轉到實習的時候，他們那美人兒的臉上少不了叫他們留上幾個墨水的小圓圓。可是他們轉不轉？那是問題。寫戀術的作者們在實際生活裡往往是腳跟涼冷冷的。他們的媚術無非是墨水瓶子的變化。」

……

他又說：

「你愛不愛親近女人？我就要那個。此外我什麼都可以讓給你：年紀，美，名譽。爵夫人行，鄉下姑娘也成——那都只是名稱上的區別！我就佩服我們最偉大的色鬼國王的主張：『管她是誰！』路易十五對他的跟班叫來陪爾的說，『可是你得先送她到澡盆裡去，再送她到牙醫生那裡去了再帶來。』

「那位國王是一個大人物。隨你怎麼批評他，我們該得叫他一聲『乖乖』。澡盆子和牙醫！那就夠合式了。澡盆就是衛生，那是戀愛惟一的道德律。這身體你要抱的話總得有相當準備，我相信你不是吃長素修行一類的人，見了女性頂多就到臉上去一啄，倒像是欣賞什麼古董或是聖器似的。至於我呀，我要的是維納絲整個的美。臉子！臉子是為親戚朋友們丈夫兒女們預備的。為了家常應用的結果它變成了發硬性的。那軟勁兒會變沒，皮面會變木的。情人們有的是更創作性的權利；他們有，比方說，到手初版書的權利。現在我才明白什麼學問都是空的。念書有什麼用，一輩子多短還得在傻瓜堆裡混著，求什麼知識，多壓得死人的事情！短短的路程帶這麼多的行李幹什麼了？人家誇獎我的學問，我再也不要別的什麼學問，除了在愛的範圍裡。愛是我現在惟一的特定的研究。剩下有限幾點熱情的火星，我就全花在那一件事情上。要是我能把那小愛神靈感我的整個的寫了出來！陰沉沉的假撇清（假貞節）蓋住我們的文學，這假撇清要比中古世紀宗教審判更來得笨，更殘，更犯罪。就我現在說，一個女人是一本書。記

住，我對你說過世界上沒有壞的書。只要你有耐心翻著書篇找去，你不愁不找到一段文章足值得你麻煩的。我還是找，朋友，我頂用心的找。」

說著話他黏濕了他的指頭，懸空熱呼呼的情豔豔的翻動著一本想像中的書本的葉子。他又接著說，眼睛裡亮著少年人的光：

「每回遇有福氣抱住一個上帝的生靈，我就用心研究這本傑作，一行一行的念。一句一讀我都不讓漏。有時候我連眼鏡子都掉在書本子上的！」

參、「寫別字」

在所有人身的缺陷中，在他眼裡最不可饒恕的是人事的無能。對於變態的性欲他倒是夠寬容的，他把它們好玩的叫作「寫別字」。

「有許多男人逢著該用陰性的地方錯寫成陽性。也有許多女人在該寫陽性的地方誤用陰性。在這多愁的地面上各個人各按各的本領尋自己的生路！至於我呢，我就跟著阿戴理說她對那不識趣的岳喜說的話：『我有我的上帝，他是我侍奉的；你去伺候你的。他們倆一樣是強有力的神道。』」

……什麼異端的主張法郎士都可以容許，他頂厭惡的是「貞節」。

「就沒有貞節的人。就有假人。有病人。有怪人。有瘋人。這年頭你要是說一個女人是貞節的，大家就笑你！你拿她說成了一個笑話是眞的。阿，貞節的露克來西亞！阿，貞節的蘇三！阿，達阿娜貞女！有一個神父在某處說起寡婦們『苦難』的貞節。這就是說，你看，她們一定得對著她們曾經嘗味過的樂趣的記憶搏鬥。但是有誰攔著她們不再回復她們先前的樂趣？就爲是一個女人的丈夫死了，她的心也死了不成？他不再吃飯了，所以她也得挨餓難道說！這倒彷彿是馬拉排的寡婦。實情是沒有性欲就沒有性靈：沒有靈魂。我們愈是情熱，我們愈是能幹。一個人一生最快活的日子是欲望與快樂的時期，聰明人就想方法來延長它。一個老頭發生了戀愛，人家就笑！再有沒有更慘更蠢的事情？至於我呢，我仿效笛卡兒的方式，我說：『我愛，所以我在著。我再不愛了，所以我沒有命了。』」

手指凍得直僵的一個半夜

謁見哈代的一個下午

「如其你早幾年，也許就是現在，到道騫司德的鄉下，你或許碰得到《裘德》的作者，一個和善可親的老者，穿著短褲便服，精神颯爽的，短短的臉面，短短的下頦，在街道上閒暇的走著，照呼著，答話著，你如其過去問他衛撒克士小說裡的名勝，他就欣欣的從詳指點講解；回頭他一揚手，已經跳上了他的自行車，按著車鈴，向人叢裡去了。我們讀過他著作的，更可以想像這位貌不驚人的聖人，在衛撒克士廣大的，起伏的草原上，在月光下，或在晨曦裡，深思地徘徊著。天上的雲點，草裡的蟲吟，遠處隱約的人聲都在他靈敏的神經裡印下不磨的痕跡；或在殘敗的古堡裡拂拭亂石上的苔青與網結；或在古羅馬的舊道上，冥想數千年前銅盔鐵甲的騎兵曾經在這日光下駐蹤；或在黃昏的蒼茫裡，獨倚在枯老的大樹下，聽前面鄉村裡的青年男女，在笛聲琴韻裡，歌舞他們節會的歡欣；或在濟茨或雪萊或史文龐的遺跡，悄悄的追懷他們藝術的神奇……在他的眼裡，像在高蒂閑（Theophile Gautier）的眼裡，這看得見的世界是活著的；在他的『心眼』（The Inward Eye）裡，像在他最服膺的華茨華士的心眼裡，人類的情感與自然的景象是相聯合的；在他的想像裡，像在所有大藝術家的想像裡，不僅偉大的史蹟，就是眼前最瑣小最暫忽的事實與印象，都有深奧的意義，平常人所忽略或竟不能窺測的。從他那六十年不斷的心靈生活——觀察，考量，揣度，印證——從他那六十年不斷懈不弛的真純經驗裡，哈代，像春蠶吐絲製繭似的，抽繹他最微妙最桀傲的音調，紡織他最縝密最經久的詩歌——這是他獻給我們可珍的禮物。」

上文是我三年前慕而未見時半自想像半自他人傳述寫來的哈代。去年七月在英國時，承狄更生先生的介紹，我居然見到了這位老英雄，雖則會面不及一小時，在余小子已算是莫大的榮幸，不能不記下一些蹤跡。我不諱我的「英雄崇拜」。山，我們愛踹高的；人，我們爲什麼不願意接近大的？但接近大人物正如爬高山，往往是一件費勁的事；你不僅得有熱心，你還得有耐心。半道上力乏是意中事，草間的刺也許拉破你的皮膚，但是你想一想登臨頂峰時的愉快！眞怪，山是有高的，人是有不凡的！我見曼殊斐爾，比方說，只不過二十分鐘模樣的談話，但我怎麼能形容我那時在美的神奇的啓示中的全生的震盪？——

我與你雖僅一度相見——

但那二十分不死的時間！

果然，要不是那一次巧合的相見，我這一輩子就永遠見不著她——會面後不到六個月她就死了。自此我益發堅持我英雄崇拜的勢利，在我有力量能爬的時候，總不教放過一個「登高」的機會。我去年到歐洲完全是一次「感情作用的旅行」；我去是爲泰戈爾，順便我想去多瞻仰幾個英雄。我想見法國的羅曼．羅蘭，義大利的丹農雪烏，英國的哈代。但我只見著了哈代。

在倫敦時對狄更生先生說起我的願望，他說那容易，我給你寫信介紹，老頭精神眞好，你小心他帶了你到道騫斯德林子裡去走路，他彷彿是沒有力乏的時候似的！那天我從倫敦下去到道騫斯德，天氣好極了，下午三點過到的。下了站我不坐車，問了Max Gate❶的方向，我就欣欣的走去。他家的外國門正對一片青碧的平壤，綠到天邊，綠到門前；左側遠處有一帶綿邈的平林。進園徑轉過去就是哈代自建的住宅，小方方的壁上滿爬著藤蘿。有一個工人在園的一邊剪草，我問他哈代先生在家不，他點一點頭，用手指門。我拉了門鈴，屋子裡突然發一陣狗叫聲，在這寧靜中聽得怪尖銳的，接著一個白紗抹頭的年輕下女開門出來。

「哈代先生在家，」她答我的問，「但是你知道哈代先生是『永遠』不見客的。」

我想糟了。「慢著，」我說，「這裡有一封信，請你給遞了進去。」「那麼請候一候。」她拿了信進去，又關上了門。

她再出來的時候臉上堆著最俊俏的笑容。「哈代先生願意見你，先生，請進來。」多俊俏的口音！「你不怕狗嗎，先生？」她又笑了。「我怕。」我說。「不要緊，我們的梅雪就叫，牠可不咬，這兒生客來得少。」

我就怕狗的襲來！戰兢兢的進了門，進了客廳，下女關門出去，狗還不曾出現，我才放心。壁上掛著沙琴德（John Sargent）❷的哈代畫像，一邊是一張雪萊的像，書架上記得有雪萊的大本集子，此外陳設是樸素的，屋子也低，暗沉沉的。

❶ Max Gate：麥克斯門，地名。

❷ John Sargent：薩金特（1856～1925），美國畫家，長期旅居英國，以肖像畫著稱。

我正想著老頭怎麼會這樣喜歡雪萊，兩人的脾胃相差夠多遠，外面樓梯上一陣急促的腳步聲和狗鈴聲下來，哈代推門進來了。我不知他身材實際多高，但我那時站著平望過去，最初幾乎沒有見他，我的印象是他是一個矮極了的小老頭兒。我正要表示我一腔崇拜的熱心，他一把拉了我坐下，口裡連著說「坐坐」，也不容我說話，彷彿我的「開篇」辭他早就有數，連著問我，他那急促的一頓頓的語調與乾澀的蒼老的口音，「你是倫敦來的？」「狄更生是你的朋友？」「他好？」「你譯我的詩？」「你怎麼翻的？」「你們中國詩用韻不用？」前面那幾句問話是用不著答的（狄更生信上說起我翻他的詩），所以他也不等我答話，直到末一句他才住了。他坐著也是奇矮，也不知怎的，我自己只顯得高，私下不由的，似乎在這天神面前我們凡人就在身材上也不應分占先似的！（阿，你沒見過蕭伯訥——這比下來你是個螞蟻！）這時候他斜著坐，一隻手擱在台上頭微微低著，眼往下看，頭頂全禿了，兩邊腦角上還各有一鬃也不全花的頭髮；他的臉盤粗看像是一個尖角往下的等邊形三角，兩顴像是特別寬，從寬濃的眉尖直掃下來束住在一個短促的下巴尖；他的眼不大，但是深窈的，往下看的時候多，只易看出顏色與表情。最特別的，最「哈代的」，是他那口連著兩旁鬆鬆往下墮的夾腮皮。如其他的眉眼只是憂鬱的深沉，他的口腦的表情分明是厭倦與消極。不，他的臉是怪，我從不曾見過這樣耐人尋味的臉。他那上半部，禿的寬廣的前額，著髮的頭角，你看了覺著好玩，正如一個孩子的頭，使你感覺一種天真的趣味，但愈往下愈不好看，愈使你覺著難受，他那皺紋龜駁的臉皮正使你想起一塊蒼老的岩石，雷電的猛烈，風霜的侵陵，雨的剝蝕，苔蘚的沾染，蟲鳥的斑爛，什麼時間與空間的變幻都在這上面遺留著痕跡！你知道他是不抵抗的，忍受的，但看他那下頰，誰說這不洩露他的怨毒，他的厭倦，他的報復性的沉默！他不露一點笑容，你不易相信他與我們一樣也有喜笑的本能。正如他的脊背是傾向傴僂，他面上的表情也只是一種不勝厭迫的傴僂。喔哈代！

回講我們的談話。他問我們中國詩用韻不。我說我們從前只有韻的散文，沒有無韻的詩，但最近……但他不要聽最近，他贊成用韻，這道理是不錯的。你投塊石子到湖心裡去，一圈圈的水紋漾了開去。韻是波紋。不少得。抒情詩Lyric是文學的精華的精華。顚不破的鑽石，不論多小。磨不滅的光彩。我不重視我的小說。什麼都沒有做好的小詩難。（他背了莎氏“Tell me where is Fancy bred”❸朋瓊生（Ben Jonson）❹的“Drink to me only with thine eyes”❺）我說我愛他的詩因爲它們不僅結構嚴密像建築，同時有思想的血脈在流走，像有機的整體。我說了Organic❻這個字；他重複說了兩遍：“Yes, organic, yes, organic ： A poem ought to be a living thing.”❼練習文字頂好學寫詩；很多人從學詩寫好散文，詩是文字的秘密。

他沉思了一晌。「三十年前有朋友約我到中國去。他是一個教士，我的朋友，叫莫爾德，他在中國住了五十年，他回英國來時每回說話先想起中文再翻英文的！他中國什麼都知道，他請我去，太不便了，我沒有去。但是你們的文字是怎麼一回事？難極了不是？爲什麼你們不丟了它，改用英文或法文，不方便嗎？」哈代這話駭住了我。一個最認識各種語言的天才的詩人要我們丟掉幾千年的文字！我與他辯難了一晌，幸虧他也沒有堅持。

---

❸ 告訴我愛戀從何處產生。

❹ Ben Jonson ：今譯強生（1572～1637），英國劇作家、詩人、學者，劇作有《煉金術士》、《巴托羅繆市集》等。

❺ 只用你的眼睛向我祝酒。高興的樣子。

❻ Organic ：有機的。

❼ 說得對，有機的，說得對，一首詩應當是活的。

說起我們共同的朋友。他又問起狄更生的近況，說他眞是中國的朋友。我說我明天到康華爾去看羅素。誰？羅素？他沒有加案語。我問起勃倫騰（Edmund Blunden[8]），他說他從日本有信來，他是一個詩人。講起麥雷（John M. Murry）他起勁了。「你認識麥雷？」他問。「他就住在這兒道騫斯德海邊，他買了一所古怪的小屋子，正靠著海，怪極了的小屋子，什麼時候那可以叫海給吞了去似的。他自己每天坐一部破車到鎮上來買菜。他是很能幹的。他會寫。你也見過他從前的太太曼殊斐爾？他又娶了，你知道不？我說給你聽麥雷的故事。曼殊斐爾死了，他悲傷得很，無聊極了，他辦了他的報（我怕他的報維持不了），還是悲傷。好了，有一天有一個女的投稿幾首詩，麥雷覺得有意思，寫信叫她去看他，她去看他，一個年輕的女子，兩人說投機了，就結了婚，現在大概他不悲傷了。」

他問我那晚到哪裡去。我說到Exeter[9]看教堂去，他說好的，他就講建築，他的本行。我問你小說裡常有建築師，有沒有你自己的影子？他說沒有。這時候梅雪出去了又回來，咻咻的爬在我的身上亂抓。哈代見我有些窘，就站起來呼開梅雪，同時說我們到園裡去走走吧，我知道這是送客的意思。我們一起走出門繞到屋子的左側去看花，梅雪搖著尾巴咻咻的跟著。我說哈代先生，我遠道來你可否給我一點小紀念品。他回頭見我手裡有照相機，他趕緊他的步子急急的說，我不愛照相，有一次美國人來給了我很多的麻煩，我從此不叫來客照相——我也不給我的筆跡（Autograph），你知道？他腳步更快

[8] Edmund Blunden：勃倫騰（1896～1974），英國詩人、傳記作家、學者，參加過第一次世界大戰，許多作品描寫他在戰爭中的經驗。作品有詩集《戰爭的低音》等。

[9] Exeter：今譯艾希特，位於英格蘭西南部，為德文郡首府，是英國的歷史名城之一。現存的諾羅大教堂，為十三世紀之物。

了，微傻著背，腿微向外彎一擺一擺的走著，彷彿怕來客要強搶他什麼東西似的！「到這兒來，這兒有花，我來採兩朵花給你做紀念，好不好？」他俯身下去到花壇裡去採了一朵紅的一朵白的遞給我：「你暫時插在衣襟上吧，你現在趕六點鐘車剛好，恕我不陪你了，再會，再會——來，來，梅雪，梅雪……」老頭揚了揚手，逕自進門去了。

嗇刻的老頭，茶也不請客人喝一杯！但誰還不滿足，得著了這樣難得的機會？往古的達文謇，莎士比亞，葛德，拜倫，是不回來了的；——哈代！多遠多高的一個名字！方才那頭禿禿的背彎彎的腿屈屈的，是哈代嗎？太奇怪了！那晚有月亮，離開哈代家五個鐘頭以後，我站在哀克刹脫教堂的門前玩弄自身的影子，心裡充滿著神奇。

社會批評

羅素與中國
——讀羅素著《中國問題》

羅素去年回到倫敦以後，他的口液幾乎爲頌美中國消盡，他的門限也幾乎爲中國學生踏穿。他對我們眞摯的情感，深刻的瞭解，徹底的同情，都可以很容易從他一提到中國奮烈的目睛和欣快的表情中看出。他有一次在鄉下幾於和衛伯（Sidney Webb）[1]夫婦吵起嘴來，因爲他們一對十餘年來只是盲目地崇拜日本，蔑視中國。他對人說他很願意捨棄歐洲物質上舒服的高等生活，到中國來做一個穿青布衫種田的農人。他說中國雖遭天災人患，其實人民生活之快樂直非歐洲人所能想像。他說中國的青年是全世界意志最勇猛，解放最徹底，前途最無限的青年；他確信中國文藝復興不久就有大成功。然而他也知道我們的危險。他在英國每次發言，總告誡人說最美最高尚最優閑的中國文化，現在正在危險中，有於不知不覺中，變化爲最俗最陋最匆促的青年會文化之傾向：他說現在耶穌教在中國的魔力，就蘊在青年會的冷水浴和啞鈴操裡面。太平洋那邊吹過來的風，雖則似乎溫和，卻是充滿了硝酸的化力。我離倫敦前接到他從瑞士來的電報，要我到巴黎去會他，後來彼此還是莫有會成，但他寄來送我一本他的新書《中國問題》，叫我到國內來傳布他的意見，我答應回來溫習過自己的

[1] Sidney Webb：今譯錫德尼．韋伯（1859～1947），英國經濟學家、社會史學家，費邊社會主義的宣導者之一。妻比阿特麗絲．韋伯（Beatrice Webb, 1858～1943），英國費邊社會主義者、社會活動家。倆人合著多本著作，有《工聯主義史》、《工業民主主義》和《英國地方政府》等。

社會人民以後，替他做一篇書評。如今我回國已有一月，文章還不曾做出，現在我姑且先用中文來傳達他書裡的一番厚意，好讓愛敬羅素的諸君，知道我們得了一個眞正知心多情的朋友在海外哩。

羅素這本書，在中西文化交融的經程中，確實地新立了一塊界石。他是眞瞭解眞愛惜中國文化的一個人，說的話都是同情化的正確見解，不比得傳教士的隔著靴子搔癢，或是巡捕房頭目的蹲在木堆裡釣魚。他唯其瞭解，所以明白我國過去文化的價值，和將來發展的方向；唯其愛惜，所以不厭回復地警告歐人不要橫加干涉，責備日本不應故意蹂躪，隱諷美國不要用喜笑的臉溫存的手，來醜變低化我們的遺產。他開頭就說在中國的三大問題——政治，經濟，文化——中關於全人類和中國自身最重要的是文化問題；只要這個問題解決的滿意，不論政治經濟化成如何樣式，他都不在乎了。他說中國好比一個美術家的國，有美術家的好處也有他的壞處，但這好處是有益於人的，壞處只報應在他自身。他就問一個重要的問題，他問如此說來，全世界是否應得設法保全他的好處呢，還是逼迫他去學歐洲的壞樣子，專做損人不利己的事業呢？他再問果然有一日中國有力量，即以其人之道還諸其人之身，來對付東西洋人，那時全世界又成何面目呢？

羅素知道老大帝國黃臉病夫的實力和潛伏的能力，所以他最怕他被逼迫而走最沒出息的武力主義那條路。此點他書裡屢屢提及，他最近在米郎的一個平和會裡又說同樣的話。我們固然很感覺東西兩面急急鋒的壓迫，固然有鋌而走險的傾向，但我們可以告慰知愛我們的羅先生，中國國民不到走投無路的時刻，決不會去效法野蠻人的行爲，同類自殘的下策。

所以羅素注意的，是文化，是民族創造精神的表現，不是物質的組織，盲目的發展。他說我不管旁的，我只管知識，美術，本能的快樂，友誼和感情。他接著解釋知識也不是呆板的事實，堆積的工夫，藝術也不僅是美術家手裡做出來的物件。他所謂美術直包及俄國的村農，中國的苦力，他們似乎有一種不自覺的努力去尋賞眞美。那種產生民歌的衝動，曾在清教徒時期前盛行，如今只可向村舍前農園後訪去了。本能的快樂，就是單純生活的幸福，歐美人原來乾淨的人道全教工業的煙煤熏黑，原來活的泉源全教笨重的鈔票塞住。他告我說他見湖南的種田人，杭州的車轎夫，他們那樣歡歡喜喜做工過日，張開口就笑，一笑就滿頭滿面滿心的笑，他幾乎滴下淚來，因爲那樣輕爽自然的生活，輕爽自然的笑容，在歐美差不多已經滅跡了，歐美人所最崇拜的，只是進步與速率，中國人根本就莫有知道這回事。他們靠了進步與速率，得到了力與錢，也造成了現在惴惴不可終日的西方文明；中國人終是慢呑呑地不進不退，卻反享受了幾千年平安有趣的生活。

他說讓中國人管他們自己的事，不要干涉，他們自會得在百十年間吸收外來他們所需要的原素，或成一個兼具東西文明美質的一個好東西。他只怕兩個方向：他怕中國變成個物質文明的私生子，喪盡原有的體面；他又怕中國變成守舊的武力國。

他說歐戰使歐洲覺悟自己文明的漏洞，遊俄遊中的經驗使得他相信這兩個國家可以指示歐洲人哪裡是漏洞，怎樣的補法。他說中國人的生活習慣若然大家都採用，全世界就會快活享福。歐美人的生活剛正是反面，他們只要奮鬥，變動，不足，破壞。物質文明的尾巴已經大得掉不過來，除了到安定的東方來請教，恐竟沒有法子防止滅亡。下面容我節譯一段他在一九二〇年的夏天，跟著英國工黨的代表團，到俄國去觀察，正當鮑爾雪微克想用全力來根本改造俄民的習慣，想把原來有亞洲氣息的俄民，改趕入純粹機械性質的生活。他那時正在鄂爾迦（Volga）❷河中：

吾舟駛於鄂河，日復一日，經一荒涼詭異之鄉。舟中人皆囂雜，欣忭，好爭持，善為捷易之說理，喜以巧言釋百業，咸謂天下宜無事不可解，誠能如其言為政，則人事之利害可銖銖而算，人類之進向可節節而定也。有一人病且死，鬥弱鬥恐、鬥健康者之漠視甚力，而同舟人之辯之爭，之瑣笑，之揚聲求愛，喧逐，幾如雷動，夜以繼日，曾不念病苦者之難堪。舟以外，鄂河之波，鄂河之岸，皆靜如死，詭如天。顧此靜秘，舟中人莫或有暇以聽察焉；余獨內感不寧，斷不能寄心耳於詭辯者之辯，與通事實者無盡藏之事實。一日，既遲暮，吾舟泊於一荒落之所，杳不見房屋，但有沙堤長亙，其背則白楊成列，明月升焉。余默然登岸，行沙中不遠，而見一人類之奇集，似古遊民，蓋來自災荒之極域，家族麇聚，繞以家用雜具，有立者，有臥者，有悄然積小枝作火者。火成焰發，照人面歷歷，皆鬚節蓬生，男子野魯北耐，婦人粗陋，童子亦嚴肅遲重，如其親。其為人也無疑，顧求習於貓於犬於馬，宜若易於是族之男婦童子。我知彼等必且竣息於此荒涼之域，日焉月焉，以冀船來載去傳聞天人不盡吝酷之鄉；然其聞之確否，又誰得而知之。將有死於途運者，若饑與渴，日中之炎熱，則殆莫或能免，然即其茹苦，猶噤不呻。余觀覽之餘，不禁興感，念是殆龐俄魂靈之征識，默不能自吐，力挫於失望，彷徨轉側，西歐猶且翹然自分黨別，或進而爭，或退而處，熟視此無告者若無睹焉。俄之體大，間有能者，亦如蚪磧之於廣漠，不可得而識。彼

❷ Volga：今譯伏爾加河，俄羅斯西部的一條大河。

於主義者，方且強柳杞以為杯，將屈人類原始之本能，為學理之試驗；然余竊不敢信幸福之可以工業主義與強迫勞役鉗刺而致也。

然及晨曦之復轉，而舟中之嘵嘵於唯物史觀及共和政體之得失者猶然如故，余亦口耳其間，不復自省。與余辯者未嘗見岸上遊弋之災民，即見之亦且類之於砂石草木，以其窮野不可訓，非社會主義福音之所宜及也。然彼民寧忍之靜默，既深入於余心，辨雖亟，論雖便習，而寂寞難言之思，猶耿耿於中焉久之。卒之余奮然自謂政治者魔實趣使之，強者黠者承其意以刑楚羸弱之民族，為利，為權力，為主義，其害則均。吾舟猶前進不息，日侵饑民之餘糧，仰庇於軍士，則饑者之子也；受之惠如此，我不知且何以報之。

鄂水風來，鄂水波動而居民愁慘之歌，白拉拉加之音，蕭然繚繞吾舟，此景不可忘已。聲之來，與俄土荒偉之靜默俱，止於余心而為不可解之問，不可蘇之隱痛，東人樂生之色，於焉黯矣。

此方余來向中國以求新望，心境蓋如此。

上面這一段話，文情兼至，實在太好了，令我不忍不翻，而翻之結果，竟成了幾於古文調子。羅素是現代最瑩澈的一塊理智結晶，而離了他的名學數理，又是一團火熱的情感，再加之抗世無畏道德的勇敢，實在是一個可作榜樣的偉大人格，古今所罕有的。你看那段文中——其實是首好詩——他從鄂爾迦河荒野的靜穆裡從月夜難民宿處的沉默裡感覺到西方物質生活之淺狹，感覺到科學知識所窺測之淺狹，他原來靈敏的感覺，更從這偉大消息的分光鏡裡，翻成無數的彩色；連風裡傳來俄民的樂音，也在他心裡產生了一種可怖責問的隱痛——這是何等境界喲！他見了中國不失天眞的生活，彷彿在海洋裡遭風的船，盼到了個停泊的所在，他那時滴下來的淚，迸出來的熱淚，才是替歐洲文明清還宿欠呢！

在這裡就有人說：他原來是對歐洲文明的反動，他的崇拜中國，多半是感情作用，處處言過其實，並且他在中國日子很少，如何會得瞭解。不錯，是反動；但他所厭惡的，卻並非歐化的全體——那便成了意氣作用——而是工業文明資本制度所產生的惡現象；他的崇拜中國，也並非因為中國剛巧是歐化的反面，而的確是由貫刺的理智和眞摯的情感，交互而產生的一種眞純信仰，對於種種文明文化背後的生命自身更眞確的覺悟與認識。我現在敢說這話，因為我自己也是過來人；我當初何嘗不疑心他是感情的反動，借東方來發洩他自己的牢騷，但我此次回來看了印度人和中國人的生活，從對照裡看出歐美生活之偽之浮之險，不由得我不信羅素感情之眞切。我們千萬不要單憑著生長在中國的事實，就自以為對於中國當然有正確的見解。大多數人連他自己都不認識，何況生活本體呢！至於那班青年會腦筋的論調，尤其在門外的門外了。

但羅素雖則從遊俄國遊中國感覺到人類的運命，生活的消息，人道的範圍，他卻並莫有十分明瞭中國文化及生活何以會形成現在這個樣子。他第一就不瞭解孔子的影響，他書裡老實說他對於繁文縟節的孔子莫有多大感情；第二他以為中國的好處，老莊很負責任，他就很想利用老莊來補添他原有無治主義傾向的思想（他書開篇就引莊子渾沌鑿七竅而死的話）。雖他不知道中國人生活之所以能樂天自然，氣概之所以宏大，不趨極端好平和的精神，完全還是孔子一家的思想，而老莊之影響於思想慣習，其實是不可為訓。

在「中國人的品格」那一章裡，他又說起中國人的三大毛病，一貪，二忍，三懦。這三點剛巧是智仁勇的反面，卻是孔家理想生活不實現的一個證據。現在我國正當文藝復興，我們要知道羅素先生正在伸長了頭頸，盼望我們新青年的潮流中，湧出無量數理想的人格，來創造新中華的文明的哩！他說我們只要有眞領袖，看清楚新文化方向，想像到所要的新文化的模樣，一致向創造方面努力，種種芝麻零碎什麼政治經濟的困難就都絕對不成問題。我們要知道盲目的改良政治危險；盲目的發展工商危險；盲目的發展教育也是危險：我們千萬不要拿造成文化的大事業，託付在有善意而無理想力的先生們手裡！

十一月十七日南京成賢學舍

青年運動

我這幾天是一個活現的Don Quixote[1]，雖則前胸不曾裝起護心鏡，頭頂不曾插上雉雞毛，我的一頂闊邊的「面盆帽」，與一根漆黑鑠亮的手棍，鄉下人看了已經覺得新奇可笑；我也有我的Sancho Panza[2]，他是一個角色，會憨笑，會說瘋話，會賭咒，會爬樹，會爬絕壁，會背《大學》，會騎牛，每回一到了鄉下或山上，他就賣弄他的可驚的學問，他什麼樹都認識，什麼草都有名兒，種稻種豆，養蠶栽桑，更不用說，他全知道，一講著就樂，一樂就開講，一開講就像他們田裡的瓜蔓，又細又長又曲折又綿延（他姓陸名字叫炳生或是丙申，但是人家都叫他魯濱孫）；這幾天我到四鄉去冒險，前面是我，後面就是他，我折了花枝，採了紅葉，或是撿了石塊（我們山上有浮石，擲在水裡會浮的石塊，你說奇不奇！）就讓他抗著，問路是他的份兒，他叫一聲大叔，鄉下人誰都願意與他答話；轟狗也是他的份兒，到鄉下去最怕是狗，他們全是不躲懶的保衛團，一見穿大褂子的他們就起疑心，迎著你嗥還算是文明的盤問，頂英雄的滿不開口望著你的身上直攻，那才麻煩，但是他有辦法，他會念降狗咒，據他說一念狗子就喪膽，事實上並不見得靈驗，或許狗子有秘密的破法也說不定，所以每回見了勁敵，他也免不了慌忙。他的長處就在與狗子對嗥，或是對罵，居然有的是王郎種，有時他罵上了勁，狗子倒軟化

[1] Don Quixote：堂．吉訶德，西班牙小說家賽凡提斯的同名小說中的主人公，後成為不切實際的理想主義者的代名詞。

[2] Sancho Panza：堂．吉訶德的僕從，後指堂．吉訶德式人物的伴侶。

了，但是我總不成，望見了狗影子就心虛，我是淝水戰後的苻堅，稻草牓兒，竹籬笆，就夠我的恐慌。有時我也學Don Quixote那勁兒，舞起我手裡的梨花棒，喝一聲孽畜好大膽，看棒！果然有幾處大難讓我頂瀟灑的蒙過了。

我相信我們平常的臉子都是太像騾子——拉得太長；憂愁，想望，計算，猜忌，怨恨，懊悵，怕懼，都像魘魔似的壓在我們原來活潑自然的心靈上，我們在人叢中的笑臉大半是裝的，笑響大半是空的，這眞是何苦來。所以每回我們脫離了煩惱打底的生活，接近了自然，對著那寬闊的天空，活動的流水，我們就覺得輕鬆得多，舒服得多。每回我見路旁的息涼亭中，挑重擔的鄉下人，放下他的擔子，坐在石凳上，從腰包裡掏出火刀火石來，打出幾簇火星，點旺一桿老煙，綠田裡豆苗香的風一陣陣的吹過來，吹散他的煙氛，也吹燥了他眉額間的汗漬；我就感想到大自然調劑人生的影響：我自己就不知道曾經有多少自殺類的思想，消滅在青天裡，白雲間，或是像挑擔人的熱汗，都讓涼風吹散了。這是大家都承認的，但實際沒有這樣容易。即使你有機會在息涼亭子裡抽一桿潮煙，你抽完了煙，重擔子還是要挑的，前面誰也不知道還有多少路，誰也不知道還有沒有現成的息涼亭子，也許走不到第二個涼亭，你的精力已經到了止境，同時擔子的重量是刻刻加增的，你那時再懊悔你當初不應該嘗試這樣壓得死人的一個負擔，也就太遲了！

我這一時在鄉下，時常揣摩農民的生活，他們表面看來雖則是繼續的勞瘁，但內裡卻有一種涵蓄的樂趣，生活是原始的，樸素的，但這原始性就是他們的健康，樸素是他們幸福的保障，現代所謂文明人的文明與他們隔著一個不相傳達的氣圈，我們的爭競，煩惱，問題，消耗，等等，他們夢裡也不曾做著過；我們的墜落，隱疾，罪惡，危險，等等，他們聽了也是不瞭解的，像是聽一個外國人的談話。上帝保佑世上再沒有懵懂的呆子想去改良、救渡、教育他們，那是間接的摧殘他們的平安，擾亂他們的平衡，抑塞他們的生機！

需要改良與教育與救渡的是我們過分文明的文明人，不是他們。需要急救，也需要根本調理的是我們的文明，二十世紀的文明，不是洪荒太古的風俗，人生從沒有受過現代這樣普遍的咒詛，從不曾經歷過現代這樣荒涼的恐怖，從不曾嘗味過現代這樣惡毒的痛苦，從不曾發現過現代這樣的厭世與懷疑。這是一個重候，醫生說的。

人生眞是變了一個壓得死人的負擔，習慣與良心衝突，責任與個性衝突，教育與本能衝突，肉體與靈魂衝突，現實與理想衝突，此外社會政治宗教道德買賣外交，都只是混沌，更不必說。這分明不是一塊青天，一陣涼風，一流清水，或是幾片白雲的影響所能治療與調劑的；更不是宗教式的訓道、教育式的講演、政治式的宣傳所能補救與濟渡的。我們在這促狹的蕪穢的狴犴中，也許有時望得見一兩絲的陽光，或是像拜倫在*Chillon*[3]那首詩裡描寫的，聽著清新的鳥歌；但這是嘲諷，不是慰安，是丹得拉士（Tantalus[4]）的苦痛，不是上帝的恩寵；人生不一定是苦惱的地獄。我們的是例外的例外。在葡萄叢中高歌歡舞的一種提昂尼辛的顛狂（Dionysian madness[5]），已經在時

❸ *Chillon*：指拜倫的長詩《錫雍的囚徒》。這首詩描寫十六世紀時瑞士的愛國志士博尼瓦爾（Fran, Cois de Bonnivard, 1496 ?～1570），被囚禁在日內瓦湖邊的錫雍古堡中達六年之久。在他瀕臨瘋狂邊緣的時候，一隻鳥的歌聲挽救了他。

❹ Tantalus：今譯坦塔羅斯，希臘神話中的宙斯之子，因觸怒諸神在冥界受到懲罰，站在齊頸的水裡，他口渴低頭想喝水時，水就退去；他頭上有果樹，他腹饑想吃果子時，風就把果子吹開。

❺ Dionysian madness：今譯狄俄尼索斯，希臘神話中的酒神。

間的灰燼裡埋著，眞生命活潑的血液的循環，已經被文明的毒質瘀住，我們彷彿是孤兒在黑夜的森林裡呼號生身的爹娘，光明與安慰都沒有絲毫的蹤跡。所以我們要求的——如其我們還有膽氣來要求——決不是部分的，片面的補苴，決不是消極的慰藉，決不是怔夫的改革，決不是傀儡的把戲……我們要求的是，「澈底的來過」；我們要爲我們新的潔淨的靈魂造一個新的潔淨的軀體，要爲我們新的潔淨的軀體造一個新的潔淨的靈魂；我們也要爲這新的潔淨的靈魂與肉體造一個新的潔淨的生活——我們要求一個「完全的再生」。

我們不承認已成的一切，不承認一切的現實；不承認現有的社會，政治，法律，家庭，宗教，娛樂，教育；不承認一切的主權與勢力。我們要一切都重新來過：不是在書桌上整理國故，或是在空枵的理論上重估價值，我們是要在生活上實行重新來過，我們是要回到自然的胎宮裡去重新吸收一番資養。但我們說不承認已成的一切是不受一切的束縛的意思，並不是與現實宣戰，那是最不經濟也太瑣碎的辦法；我們相信無限的青天與廣大的山林盡有我們青年男女翺翔自在的地域；我們不是要求篡取已成的世界，那是我們認爲不可醫治的。我們也不是想來試驗新村或新社會，預備感化或是替舊社會做改良標本，那是十九世紀的迂儒的夢鄉，我們也不打算進去空費時間的；並且那是訓練童子軍的性質，犧牲了多數人供一個人的幻想的試驗的。我們的如其是一個運動，這決不是爲青年的運動，而是青年自動的運動，青年自己的運動，只是一個自尋救渡的運動。

你說什麼，朋友，這就是怪誕的幻想，荒謬的夢不是？不錯，這也許是現代青年反抗物質文明的理想，而且我敢說多數的青年在理論上多表同情的；但是不忙，朋友，現有一個實例，我要乘便說給你聽聽，——如其你有耐心。

十一年前一個冬天在德國漢奴佛（Hanover）[6]相近一個地方，叫做Cassel[7]，有二千多人開了一個大會，討論他們運動的宗旨與對社會、政治、宗教問題的態度，自從那次大會以後這運動的勢力逐漸張大，現在已經有一百多萬的青年男女加入——這就叫做Jugendbewegung「青年運動」，雖則德國以外很少人明白他們的性質。我想這不僅是德國人，也許是全歐洲的一個新生機，我們應得特別的注意。「西方文明的墜落只有一法可以挽救，就在繼起的時代產生新的精神的與生命的勢力」。這是福士德博士說的話，他是這青年運動裡的一個領袖，他著一本書叫做*Jugendseele*[8]，專論這運動的。

現在德國鄉間常有一大群的少年男子與女子，排著隊伍，彈著六弦琵琶唱歌，他們從這一鎮遊行到那一鎮，晚上就唱歌跳舞來交換他們的住宿，他們就是青年運動的遊行隊，外國人見了只當是童子軍性質的組織，或是一種新式的吉婆西（Gipsy）[9]，但這是僅見外表的話。

德國的青年運動是健康的年輕男女反抗現代的墜落與物質主義的革命運動，初起只是反抗家庭與學校的專權，但以後取得更哲理的涵義，更擴大反叛的範圍，簡直決破了一切人為的制限，要赤裸裸的造成一種新生活。最初發起的是加爾菲暄（Karl Fischer of Steglitz）[10]，但不久便野火似的燒了開去，現在單是雜誌已有十多種，最初出的叫作*Wandervogel*[11]。

---

[6] Hanover：今譯漢諾威，德國下薩克森州首府。
[7] Cassel：卡塞爾，德國城市。
[8] *Jugendseele*：《青年的精神》。
[9] Gipsy：今譯吉普賽。
[10] Karl Fischer of Steglitz：不詳。
[11] *Wandervogel*：《候鳥》。

這運動最主要的意義，是要青年人在生命裡尋得一個精神的中心（the spiritual center of life），一九一三年大會的銘語是「救渡在於自己教育」（Salvation Lies in Self-Education），「讓我們重新做人。讓我們脫離狹窄的腐敗的政治組織，讓我們拋棄近代科學家們的物質主義的小徑，讓我們拋棄無靈魂的知識鑽研。讓我們重新做活著的男子與女子。」他們並沒有改良什麼的方案，他們禁止一切有具體目的的運動；他們代表一種新發現的思路，他們旨意在於規復人生原有的精神的價值。「我們的大旨是在離卻墮落的文明，回向自然的單純；離卻一切的外騖，回向內心的自由；離卻空虛的娛樂，回向眞純的歡欣；離卻自私主義，回向友愛的精神；離卻一切懈弛的行爲，回向鄭重的自我的實現。我們尋求我們靈魂的安頓，要不愧於上帝，不愧於己，不愧於人，不愧於自然。」「我們即使存心救世，我們也得自己重新做人。」

這運動最顯著亦最可驚的結果是確實的產生了眞的新青年，在人群中很容易指出，他們顯示一種生存的歡欣，自然的熱心，愛自然與樸素，愛田野生活。他們不飲酒（德國人原來差不多沒有不飲酒的），不吸煙，不沾城市的惡習。他們的娛樂是彈著琵琶或是拉著梵和玲唱歌，踏步遊行跳舞或集會討論宗教與哲理問題。跳舞最是他們的特色。往往有大群的遊行隊，徒步遊歷全省，到處歌舞，有時也邀本地人參加同樂——他們復活了可讚美的提昂尼辛的精神！

這樣偉大的運動不能不說是這黑的世界裡的一瀉清輝，不能不說是現代苟且的厭世的生活（你們不曾到過柏林與維也納的不易想像）一個莊嚴的警告，不能不說是舊式社會已經蛀爛的根上重新爆出來的新生機，新萌芽；不能不說是全人類理想的青年的一個安慰，一個興奮，爲他們開闢了一條新鮮的愉快的路徑；不能不說是一個新的潔淨的人生觀的產生。我們要知道在德國有幾十萬的青年男女，原來似乎命定做機械性的社會的終身奴隸，現在卻做了大自然的寵兒，在寬廣的天地間感覺新鮮的生命的跳動，原來只是屈伏在蠢拙的家庭與教育的桎梏下，現在卻從自然與生活本體接受直接的靈感，像小鹿似的活潑，野鳥似的歡欣，自然的教訓是潔淨與樸素與率眞，這正是近代文明最缺乏的原素。他們不僅開發了各個人的個性，他們也規復了德意志民族的古風，在他們的歌曲、舞蹈、遊戲、故事與禮貌中，在青年們的性靈中，古德意志的優美，自然的精神又取得了眞純的解釋與標準。所以城市生活的墮落，淫縱，耗費，奢侈，飾僞，以及危險與恐怖，不論他們傳染性怎樣的劇烈，再也沾不著潔淨的青年，道德家與宗教家的教訓只是消極的強勉的，他們的覺悟是自動的，自然的，根本的，這運動也產生了一種眞純的友愛的情誼在年輕的男子與女子間；一種新來的大同的情感，不是原因於主義的激刺或黨規的強迫；而是健康的生活裡自然流露的乳酪，潔淨是他們的生活的纖維，愉快是營養。

我這一點感想寫完了，從我自己的野遊蔓延到德國的青年運動，我想我再沒有加案語的必要，我只要重複一句濫語——民族的希望就在自覺的青年。

正月二十四日

吸煙與文化

牛津是世界上名聲壓得倒人的一個學府。牛津的秘密是它的導師制。導師的秘密，按利卡克教授說，是「對準了他的徒弟們抽煙」。眞的在牛津或康橋地方要找一個不吸煙的學生是很費事的——先生更不用提。學會抽煙，學會沙發上古怪的坐法，學會半吞半吐的談話——大學教育就夠格兒了。「牛津人」，「康橋人」：還不彀斗[1]嗎？我如其有錢辦學堂的話，利卡克說，第一件事情我要做的是造一間吸煙室，其次造宿舍，再次造圖書室；眞要到了有錢沒地方花的時候再來造課堂。

怪不得有人就會說，原來英國學生就會吃煙，就會懶惰。臭紳士的架子！臭架子的紳士！難怪我們這年頭背心上刺刺的老不舒服，原來我們中間也來了幾個叫土巴菰[2]煙臭薰出來的破紳士！

這年頭說話得謹愼些。提起英國就犯嫌疑。貴族主義！帝國主義！走狗！挖個坑埋了他！

實際上事情可不這麼簡單。侵略，壓迫，該咒是一件事，別的

---

❶ 彀斗：夠大。

❷ 土巴菰：tobacco的音譯，煙草製品。

事情可不跟著走。至少我們得承認英國，就它本身說，是一個站得住的國家，英國人是有出息的民族。它的是有組織的生活，它的是有活氣的文化。我們也得承認牛津或是康橋至少是一個十分可羨慕的學府，它們是英國文化生活的娘胎。多少偉大的政治家，學者，詩人，藝術家，科學家，是這兩個學府的產兒——煙味兒給薰出來的。

利卡克的話不完全是俏皮話。「抽煙主義」是值得研究的。但吸煙室究竟是怎麼一回事？煙斗裡如何抽得出文化眞髓來？對準了學生抽煙怎樣是英國教育的秘密？利卡克先生沒有描寫牛津康橋生活的眞相；他只這麼說，他不曾說出一個所以然來。許有人願意聽聽的，我想。我也叫名在英國念過兩年書，大部分的時間在康橋。但嚴格的說，我還是不夠資格的。我當初並不是像我的朋友溫源寧先生似的出了大金鎊正式去請教薰煙的：我只是個，比方說，烤小半熟的白薯，離著焦味兒透香還正遠哪。但我在康橋的日子可眞是享福，深怕這輩子再也得不到那樣蜜甜的機會了。我不敢說康橋給了我多少學問或是教會了我什麼。我不敢說受了康橋的洗禮，一個人就會變氣息，脫凡胎。我敢說的只是——就我個人說，我的眼是康橋教我睜的，我的求知欲是康橋給我撥動的，我的自我的意識是康橋給我胚胎的。我在美國有整兩年，在英國也算是整兩年。在美國我忙的是上課，聽講，寫考卷，齦橡皮糖，看電影，賭咒。在康橋我忙的是散步，划船，騎自轉車，抽煙，閒談，吃五點鐘茶牛油烤餅，看閒書。如其我到美國的時候是一個不含糊的草包，我離開自由神的時候也還是那原封沒有動；但如其我在美國時候不曾通竅，我在康橋的日子至少自己明白了原先只是一肚子顢頇。這分別不能算小。

我早想談談康橋，對它我有的是無限的柔情。但我又怕褻瀆了它似的始終不曾出口。這年頭！只要貴族教育一個無意識的口號就可以把牛頓，達爾文，密爾頓，拜倫，華茨華斯，阿諾爾德，紐門，羅剎蒂，格蘭士頓等等所從來的母校一下抹煞。再說年來交通便利了，各式各種日新月異的教育原理教育新制翩翩的從各方向的外洋飛到中華，哪還容得廚房老過四百年牆壁上爬滿騷蝨鬍髭一類藤蘿的老書院的一起來上講壇？

但另換一個方向看去，我們也見到少數有見地的人，再也看不過國內高等教育的混沌現象，想跳開了蹂爛的道兒，回頭另尋新路走去。向外望去，現成有牛津康橋青藤繚繞的學院招著你微笑；回頭望去，五老峰下飛泉聲中白鹿洞一類的書院瞅著你惆悵。這浪漫的思鄉病跟著現代教育醜化的程度在少數人的心中一天深似一天。這機械性買賣性的教育夠膩煩了，我們說。我們也要幾間滿沿著爬山虎的高雪克屋子❸來安息我們的靈性，我們說。我們也要一個絕對閒暇的環境好容我們的心智自由的發展去，我們說。

林語堂先生在《現代評論》登過一篇文章談他的教育的理想。新近任叔永先生與他的夫人陳衡哲女士也發表了他們的教育的理想。林先生的意思約莫記得是想仿效牛津一類學府，陳、任兩位是要恢復書院制的精神。這兩篇文章我認爲是很重要的，尤其是陳、任兩位的具體提議，但因爲開倒車走回頭路分明是不合時宜，他們幾位的意思並不曾得到期望的迴響。想來現在的學者們太忙了，尋飯吃的，做官

❸ 今譯歌德式建築。

的，當革命領袖的，誰都不得閒，誰都不願閑，結果當然沒有人來關心什麼純粹教育（不含任何動機的學問）或是人格教育。這是個可憾的現象。

我自己也是深感這浪漫的思鄉病的一個；我只要——

「草青人遠，
一流冷澗……」

但我們這想望的境界有容我們達到的一天嗎？

民十五年一月十四日

南國的精神

南國是國內當代唯一有生命的一種運動，我們要祝頌它。它的產生，它的活動，它的光影，都是不期然的，正如天外的群星，春野的花，是不期然的。生命，無窮盡的生命，在時代的黑暗中迸裂，迸裂成火，迸裂成花，但大都只見霎那的閃耀，依然隕滅於無際的時空。

南國至少是一個有力的彗星，初起時它也只是有無間的一點星芒，但它的光是繼續生長繼續明亮繼續盛開，在短時期內它的掃蕩的威棱已然是天空的一個異象。

南國的浪漫精神的表現——人的創造衝動為本體爭自由的奮發，青年的精靈在時代的衰朽中求解放的徵象。

從苦悶中見歡暢，從瑣碎見一致，從窮困見精神——南國是健全的；一群面目黧黑衣著不整的朋友，一小方僅容轉側的舞台，三五人叱嗟立辦的獨幕劇——南國的獨一性是不可錯誤的；天邊的雁陣，海波平處的晚霞，幽谷裡一泓清淺靈泉，一個流浪人思慕的歌吟，他手指下震顫著的弦索，仙人掌上俄然擎出的奇葩——南國的情調是詩的情調，南國的音容是詩的音容。

Jugendbewegen —— Jugendbewegen ——[1]

---

[1] Jugendbewegen：德文，青年運動。

附注：我要替南國同志向《上海畫報》主撰錢芥塵先生道謝，承他的好意南國得能發刊這期的特刊，我們尤其要多謝楊吉孚先生，他最早發起這個意思並且冒著大暑天從楊樹浦往回至再，都為接洽特刊的事情。

七月二十七日

我過的端陽節

我方才從南口回來。天是真熱，朝南的屋子裡都到了九十度以上，兩小時的火車竟如在火窖中受刑，坐起一樣的難受。我們今天一早在野鳥開唱以前就起身，不到六時就騎騾出發，除了在永陵休息半小時以外，一直到下午一時餘，只是在高度的日光下趕路。我一到家，只覺得四肢的筋肉裡像用細麻繩紮緊似的難受，頭裡的血，像沸水似的急流，神經受了烈性的壓迫，彷彿無數燒紅的鐵條蛇盤似的絞緊在一起……

一進陰涼的屋子，只覺得一陣眩暈從頭頂直至踵底，不僅眼前望不清楚，連身子也有些支持不住。我就向著最近的籐椅上攤了下去，兩手按住急顫的前胸，緊閉著眼，縱容內心的渾沌，一片黯黃，一片茶青，一片墨綠，影片似的在倦絕的眼膜上扯過……

直到洗過了澡，神志方才回復清醒，身子也覺得異常的爽快，我就想了……

人啊，你不自己慚愧嗎？

野獸，自然的，強悍的，活潑的，美麗的；我只是羨慕你，

什麼是文明人：只是腐敗了的野獸！你若然拿住一個文明慣了的人類，剝了他的衣服裝飾，奪了他作偽的工具——語言文字，把他赤裸裸的放在荒野裡看看——多麼「寒村」的一個畜生呀！恐怕連長耳朵的小騾兒，都瞧他不起哪！

白天，狼虎放平在叢林裡睡覺，他躲在樹蔭底下發痧；

晚上清風在樹林中演奏輕微的妙樂，鳥雀兒在巢裡做好夢，他倒在一塊石上發燒咳嗽——著了涼了！

也不等狼虎去商量他有限的皮肉，也不必小雀兒去嘲笑他的懦弱；單是他平常歌頌的豔陽與涼風，甘霖與朝露，已夠他的受用：在幾小時之內可使他腦子裡消滅了金錢名譽經濟主義等等的虛景，在一半天之內，可使他心窩裡消滅了人生的情感悲樂種種的幻象，在三兩天之內——如其那時還不曾受淘汰——可使他整個的超出了文明人的醜態，那時就叫他放下兩支手來替腳平分走路的負擔，他也不以爲離奇，抵拼撕破皮肉爬上樹去採果子吃，也不會感覺到體面的觀念……

平常見了活潑可愛的野獸，就想起紅燒野味之美，現在你失去了文明的保障，但求彼此平等待遇兩不相犯，已是萬分的僥倖……

文明只是個荒謬的狀況：文明人只是個淒慘的現象，——

我騎在騾上嚷累叫熱，跟著啞巴的騾夫，比手勢告訴我他整天的跑路，天還不算頂熱，他一路很快活的不時採一朵野花，折一莖麥穗，笑他古怪的笑，唱他啞巴的歌；我們到了客寓喝冰汽水喘息，他路過一條小澗時，撲下去喝一個貼面飽，同行的有一位說：「眞的，他們這樣的胡喝，就不會害病，眞賤！」

回頭上了頭等車，坐在皮椅上嚷累叫熱，又是一瓶兩瓶的冰水，還怪嫌車裡不安電扇；同時前面火車頭裡司機的加煤的，在一百四五十度的高溫裡笑他們的笑，談他們的談……

田裡刈麥的農夫拱著棕黑色的裸背在作工，從清早起已經做了八九時的工，熱烈的陽光在他們的皮上像在打出火星來似的，但他們卻不曾嚷腰酸叫頭痛……

我們不敢否認人是萬物之靈，我們卻能斷定人是萬物之淫；

什麼是現代的文明，只是一個淫的現象；

淫的代價是活力之腐敗與人道之醜化；

前面是什麼，沒有別的，只是一張黑沉沉的大口，在我們運定的道上張開等著，時候到了把我們整個的吞了下去完事！

六月二十日

再談管孩子

你做小孩時候快活不？我，不快活。至少我在回憶中想不起來。你滿意你現在的情況不？你覺不覺得有地方習慣成了自然，明知是做自己習慣的奴隸卻又沒法擺脫這束縛，沒法回復原來的自由？不但是實際生活上，思想、意志、性情也一樣有受習慣拘攣的可能。習慣都是養成的；我們很少想到我們這時候覺著的渾身的鐐銬，大半是小時候就套上的——記著一歲到六歲是品格與習慣的養成的最重要時期。我小時候的受業師袁花查桐蓀先生，因爲他出世時父母怕孩子遭涼沒有給洗澡，他就帶了這不洗澡習慣到棺材裡去——從生到死五十幾年一次都沒有洗過身體！他也不刷牙，不洗頭，很少擦臉。髒得叫人聽了都膩心不是？我們卻很少想到我們品格上，性情上，乃至思想上的不潔，多半是原因於小時候做父母的姑息與顢頇。中國人口頭上常講率眞，實際上我們是假到自己都不覺得。講信義，你一天在社會上不說一兩句謊話能過日子嗎？講廉講潔，有比我們更貪更齷齪的民族沒有？講氣節——這更不容說了！

這是實際情形，不容掩諱的。我們用不著歸咎這樣，歸咎那樣，說來很簡單，只是一個教育問題：可不是上學以後，而是上學以前的教育問題。品格教育，不是知識教育。我們不敢說合理的養育就可以消滅所有的敗類；但我們確信（借近代科學研究的光）環境與有意識的訓練在十次裡至少有八九次可以變化氣質，養成品格。什麼事只要基礎打好就有辦法；屋漏了容易修，牆壞了可以補，基礎不堅實時可麻煩。管好你的孩子，幫他開好方向，以後他就會自己尋路

走。

但是你說誰家父母不想管好他們的孩子？原是的。但我們要問問仔細，一般父母心目中的「好孩子」究竟是不是好孩子。究竟他們的管法是不是，我在上篇裡說過，（一）替孩子本身的利益，（二）替全社會著想。我的觀察是老派父母養育的觀念整個兒是不對的。他們的意思是愛，他們的實效是害。我敢斷定現代大多數的父母是對他們的子女負罪的。養花是多單簡的一件事，但有的花不能多曬，有的不能多澆水，還有土性的關係，一不小心，花就種死，或是開得寒傖，辜負了它的種性。管孩子至少比養花更難些。很多的孩子是曬太多澆太勤給鬧壞的。這幾乎完全是一個科學問題，感情的地位，如其有，很是有限，單靠愛是不夠的。單憑成法也是不夠的。養花得識花性，什麼花怎麼養法；管孩子得明白孩子性質，什麼孩子怎麼管法——每朝每晚都得用心看著，差不得一點。打起了底子，以後就好辦。

這話聽得太平常了，誰不知道不是？讓我們來看看實際情形。我們不講無知識階級的父母，實際鄉下人的管孩子倒是合理得多，他們比較的「接近自然」。最可痛的是所謂有知識階級乃至於「知識階級」的育兒情形。別笑話做母親的在人前拖出奶來餵孩子，這是應得獎勵的。有錢人家有了孩子就交給奶媽，誰耐煩抱孩子，高興的時候要過來逗逗親親叫幾聲乖，惱了就喊奶媽抱了去，多心煩！結果我們中上等人家的孩子運定是老媽乃至丫頭們的玩物！有好多孩子身上聞著老媽的臭味，臉上看出老媽的傻相！

單看我們孩子的衣著先就可笑。渾身全給裹得緊緊，胳膊，腿，也不叫露在外面，怕著涼。怕著涼，不錯；可是，褲子是開襠的，孩子一往下蹲，屁股就往外露，肚子也就連帶通風——這倒不怕著涼了！孩子是不能常洗澡的，洗澡又容易著涼，我們家鄉地方終年不洗澡的孩子並不出奇，我不知道我自己小時候平均每年洗幾回澡，冬天不用說，因為屋子不生火，當然不洗，夏天有時不得不洗，但只淺淺的一隻小腳桶，水又是滾湯（不滾容易著涼！），結果孩子們也就不愛洗。我記得孩子時候頂怕兩件事，一件是剃頭，一件是洗澡。「今天我總得『捉牢』他來剃頭」，「今天我總得『捉牢』他來洗澡」，我媽總是這麼說；他們可不對我講一個人一定得洗澡的理由，他們也不想法把洗的方法給弄適意些。這影響深極了，我到這老大年紀每回洗澡雖不至厭惡，總不見得熱心；看作一種必要的麻煩，不是愉快的練習。泅水也沒有學會，猜想也是從小對洗身沒有感情的緣故。我的孩子更可笑了。跟我一樣，他也不熱心洗澡。有一次我在家裡（他是祖母管大的），好容易拉了他一起洗，他倒也沒有什麼，明天再洗，成績很好，再來幾次就可以有引起他興趣的希望。可是他第二天碰巧有了發熱，家裡人對他說你看，都是你爸爸不好，硬拖你洗，又著涼了，下回再不要聽他的！他們說這話也許一半是好玩，但孩子可是認了真，下回他再也不跟爸爸洗澡了！

像這類的情形真是舉不勝舉；但單純關於身體的習慣比較還容易改。最壞是一般父母心目中的「好孩子」觀念。再沒有比父母更專制的：他們命令，他們強制，他們罵，他們打；他們卻從不對孩子講理——好像孩子比他們自己欠聰明，懂不得理似的！他們用種種的方法教孩子學大人樣——簡單說，愈不像孩子的孩子在他們看是愈好的孩子。孩子得聽話，不許鬧——中國父母頂得意的是他們的孩子聽大人吩咐規規矩矩的叫人，絕對機械性的叫人——「伯伯」，「媽媽」。我有時看孩子們哭喪著臉聽話叫人的時候，真覺得難受！所以叫人是孩子聰明乖的唯一標準。因爲要強制孩子聽大人話（孩子最不願意聽大人話！）。大人們有時就得用種種謊騙恫嚇的方法。多少在成人後作僞與懦怯的品性是「別哭，老虎來了」，「別嚷，老太太來了」，「不許吃，吃了要長瘡的」一類話給養成的。孩子一定得膽小怕事，這又是中國父母的得意文章。「我們的阿大眞不好，膽子大極了」，或是「你們的寶寶多好，他一個人走路都不敢的」。我記得我小的時候，家裡人常拿鬼來嚇我，結果我膽小極了，從來不敢一個人進屋子或是單身睡一個床——說來太可笑，你們不信，我到結親以前還是常常同媽媽睡一床的！這怕黑暗怕鬼的影響到如今還有痕跡。我那時候實在膽子並不小，什麼事有機會都想試試，後來他們發明了一個特別的恐嚇，騙我不是我媽生的，是「網船」（即魚船）上抱來的，每天頭上包著藍布走進天井來問要蝦不要的那個漁婆就是我的親娘，每回我鬧凶了，膽子「太大了」，他們就說「再鬧叫你網船上的娘來抱回去」，那靈極了，一說我就癟，再也不敢強了。這也有極壞的影響。我的孩子因爲在老家裡生長，他們還是如法炮製，每回我一回家，就獎勵他走路上山，甚至爬石頭，他也是頂喜歡的。有一次我帶他在山上住，天天爬山樂得很，隔一天他回家了，碰巧有點發熱，家裡人又有了機會來破壞爸爸的威信了：「你看都是你爸，領你到山上去亂跑，著了涼發熱，下回再不要聽他了！」當然他再也不聽信爸爸了！

但是孩子們的習慣，趕早想法轉移，也是很容易的事。就我的孩子說，因爲生長在老式家庭裡的緣故，所有已經將次養成的習慣多半是我們認爲不對的，我們認爲應分訓練的習慣卻一點不顧著，這由於（一）「好孩子」觀念的錯誤，（二）拘執成法。再沒有比我的父母再愛孫兒的，他病了我母親整天整晚的抱著，有幾次在夏天發熱簡直是一個火爐；晚上我母親同他睡，在冬天常常通宵握住他的冷腳給窩暖；但愛是一件事，得法不得法又是一件事。這回好了，他自己的媽（張幼儀女士，不久來京，想專辦蒙養教育）從德國研究蒙養教育畢業回來了。孩子一歸她管不到兩個月工夫，整個兒變化了，至少在看得見的習慣上。他本來晚上上床早上起身沒有定時的，現在十點鐘一定睡，早上也一定時候起，聽說每晚到了十點鐘他自己覺得大人不理他了，他就看一看鐘站起來說明天會，自己去睡了。本來他晚上睡不但不換睡衣，有時天涼連棉襖都穿了睡的，現在自己每晚穿衣換衣，早上穿衣起身再也不叫旁人幫忙。本來最不願意念書寫字。現在到了一定時候，就會自動寫字念書，本來走一點路就叫肚疼或腿酸的，現在長路散步成了習慣。洗澡什麼當然也看作當然了。最好是他現在學會了認眞刷牙（他在德國死的弟弟兩歲起就自己刷牙了），舀水滿臉洗，洗過用乾布擦，一點也不含糊了！在知識上也一樣的有進步，原先在他念書寫字因爲上面含有強迫性質看作一種苦惱，現在得了相當的引誘與指導，自動的興趣也慢慢的來了。這種地方雖則小，卻未始不是想認眞做父母的一個啓示。不要怪你們孩子性子強不好，或是愁他們身子不好，實際只要你們肯費一點心思，花一點工夫，認清了孩子本能的傾向，治水似的耐心的去疏導它，原來不好的地方很容易變好，性情，身體，都可以立刻見效的。「性相近，習相遠」，這話是眞理；我們或許有一天可以進一步相信「人之初，性本善」哪！沒有工作比創造的工作更愉快更偉大的：做父母的都有一個創作的機會，把你們的孩子養成一個健康，活潑，靈敏，慈愛的成人，替社會造一個有用的人材，替自然完成一個有意識的工作，同時也增你們自己的光，添你們的歡喜——這機會還不夠大嗎？看看現代的成人，爲什麼都是這懶，這髒（尤其在品格上與思想上），這蠢，這醜，這破爛；看看現代的青年，爲什麼這弱，這忌心重，這多愁多悲哀，這種種的不健康——多半是做爹娘的當初不曾盡他們應盡的責任，一半是愚暗，一半是懶怠，結果對不起社會，對不起孩子們自身，自己也沒有好處，這真是何苦來！

現在羅素先生給了我們一部關於養成品格問題極光亮的書，綜合近代理論與實施所得的有價值的研究與結論，明白的父母們看了可以更增育兒的興味，在尋求知識中的父母們看了更有莫大的利益：相信我，這部書是一個不滅的燈亮，誰家能利用的就不愁再遭黑暗的悲慘了！但我說了這半天本題還是沒有講到，時候已經不早，只好再等下回了。

五月十三日

海灘上種花

朋友是一種奢華；且不說酒肉勢利，那是說不上朋友，眞朋友是相知，但相知談何容易，你要打開人家的心，你先得打開你自己的，你要在你的心裡容納人家的心，你先得把你的心推放到人家的心裡去：這眞心或眞性情的相互的流轉，是朋友的秘密，是朋友的快樂。但這是說你內心的力量夠得到，性靈的活動有富餘，可以隨時開放，隨時往外流，像山裡的泉水，流向容得住你的同情的溝槽；有時你得冒險，你得花本錢，你得抵拼在巉岈的亂石間，觸刺的草縫裡耐心的尋路，那時候艱難，苦痛，消耗，在在是可能的，在你這水一般靈動，水一般柔順的尋求同情的心能找到平安欣快以前。

我所以說朋友是奢華，「相知」是寶貝，但得拿眞性情的血本去換，去拼。因此我不敢輕易說話，因爲我自己知道我的來源有限，十分的謹愼尙且不時有破產的恐懼；我不能隨便「花」。前天有幾位小朋友來邀我跟你們講話，他們的懇切折服了我，使我不得不從命，但是小朋友們，說也慚愧，我拿什麼來給你們呢？

我最先想來對你們說些孩子話，因爲你們都還是孩子。但是那孩子的我到哪裡去了？彷彿昨天我還是個孩子，今天不知怎的就變了樣。什麼是孩子要不爲一點活潑的天眞？但天眞就比是泥土裡的嫩芽，天冷泥土硬就壓住了它的生機——這年頭問誰去要和暖的春風？

孩子是沒了。你記得的只是一個不清切的影子，模糊得緊，我這時候想起就像是一個瞎子追念他自己的容貌，一樣的記不周全；他即使想急了拿一雙手到臉上去印下一個模子來，那模子也是個死的。眞的沒了。一天在公園裡見一個小朋友不提多麼活動，一忽兒上山，一忽兒爬樹，一忽兒溜冰，一忽兒乾草裡打滾，要不然就跳著憨笑；我看著羨慕，也想學樣，跟他一起玩，但是不能，我是一個大人，身上穿著長袍，心裡存著體面，怕招人笑，天生的靈活換來矜持的存心——孩子，孩子是沒有的了，有的只是一個年歲與教育蛀空了的軀殼，死僵僵的，不自然的。

我又想找回我們天性裡的野人來對你們說話。因爲野人也是接近自然的；我前幾年過印度時得到極刻心的感想，那裡的街道房屋以及土人的體膚容貌，生活的習慣，雖則簡，雖則陋，雖則不誇張，卻處處與大自然——上面碧藍的天，火熱的陽光，地下焦黃的泥土，高矗的椰樹——相調諧，情調，色彩，結構，看來有一種意義的一致，就比是一件完美的藝術的作品。也不知怎的，那天看了他們的街，街上的牛車，趕車的老頭露著他的赤光的頭顱與紫薑色的圓肚，他們的廟，廟裡的聖像與神座前的花，我心裡只是不自在，就彷彿這情景是一個熟悉的聲音的叫喚，叫你去跟著他，你的靈魂也何嘗不活跳跳的想答應一聲「好，我來了」，但是不能，又有礙路的擋著你，不許你回復這叫喚聲啓示給你的自由。困著你的是你的教育；我那時的難受就比是一條蛇擺脫不了困住他的一個硬性的外殼——野人也給壓住了，永遠出不來。

所以今天站在你們上面的我不再是融會自然的野人，也不是天機活靈的孩子：我只是一個「文明人」，我能說的只是「文明話」。但什麼是文明只是墮落！文明人的心裡只是種種虛榮的念頭，他到處忙不算，到處都得計較成敗。我怎麼能對著你們不感覺慚愧？不瞭解自然不僅是我的心，我的話也是的。並且我即使有話說也沒法表現，即使有思想也不能使你們瞭解；內裡那點子性靈就比是在一座石壁裡牢牢的砌住，一絲光亮都不透，就憑這雙眼望見你們，但有什麼法子可以傳達我的意思給你們，我已經忘卻了原來的語言，還有什麼話可說的？

但我的小朋友們還是逼著我來說謊（沒有話說而勉強說話便是謊）。知識，我不能給；要知識你們得請教教育家去，我這裡是沒有的。智慧，更沒有了：智慧是地獄裡的花果，能進地獄更能出地獄的才採得著智慧，不去地獄的便沒有智慧——我是沒有的。

我正發窘的時候，來了一個救星——就是我手裡這一小幅畫，等我來講道理給你們聽。這張畫是我的拜年卡，一個朋友替我製的。你們看這個小孩子在海邊砂灘上獨自的玩，赤腳穿著草鞋，右手提著一枝花，使勁把它往砂裡栽，左手提著一把澆花的水壺，壺裡水點一滴滴的往下掉著。離著小孩不遠看得見海裡翻動著的波瀾。

你們看出了這畫的意思沒有？

在海砂裡種花。在海砂裡種花！那小孩這一番種花的熱心怕是白費的了。砂磧是養不活鮮花的，這幾點淡水是不能幫忙的；也許等不到小孩轉身，這一朵小花已經支不住陽光的逼迫，就得交卸他有限的生命，枯萎了去。況且那海水的浪頭也快打過來了，海浪沖來時不說這朵小小的花，就是大根的樹也怕站不住——所以這花落在海邊上是絕望的了，小孩這番力量準是白花的了。

你們一定很能明白這個意思。我的朋友是很聰明的，她拿這畫意來比我們一群呆子，樂意在白天裡做夢的呆子，滿心想在海砂裡種花的傻子。畫裡的小孩拿著有限的幾滴淡水想維持花的生命，我們一群夢人也想在現在比沙漠還要乾枯比沙灘更沒有生命的社會裡，憑著最有限的力量，想下幾顆文藝與思想的種子，這不是一樣的絕望，一樣的傻？想在海砂裡種花，想在海砂裡種花，多可笑呀！但我的聰明的朋友說，這幅小小畫裡的意思還不止此；諷刺不是她的目的。她要我們更深一層看。在我們看來海砂裡種花是傻氣，但在那小孩自己卻不覺得。他的思想是單純的，他的信仰也是單純的。他知道的是什麼？他知道花是可愛的，可愛的東西應得幫助他發長；他平常看見花草都是從地土裡長出來的，他看來海砂也只是地，爲什麼海砂裡不能長花他沒有想到，也不必想到，他就知道拿花來栽，拿水去澆，只要那花在地上站直了他就歡喜，他就樂，他就會跳他的跳，唱他的唱，來讚美這美麗的生命，以後怎麼樣，海砂的性質，花的運命，他全管不著！我們知道小孩們怎樣的崇拜自然，他的身體雖則小，他的靈魂卻是大著，他的衣服也許髒，他的心可是潔淨的。這裡還有一幅畫，這是自然的崇拜，你們看這孩子在月光下跪著拜一朵低頭的百合花，這時候他的心與月光一般的清潔，與花一般的美麗，與夜一般的安靜。我們可以知道到海邊上來種花那孩子的思想與這月下拜花的孩子的思想會得跪下的——單純，清潔，我們可以想像那一個孩子把花栽好了也是一樣來對著花膜拜祈禱——他能把花暫時栽了起來便是他的成功，此外以後怎麼樣不是他的事情了。

你們看這個象徵不僅美，並且有力量；因爲它告訴我們單純的信心是創作的泉源——這單純的爛漫的天眞是最永久最有力量的東西，陽光燒不焦他，狂風吹不倒他，海水沖不了他，黑暗掩不了他——地面上的花朵有被摧殘有消滅的時候，但小孩愛花種花這一點：「眞」卻有的是永久的生命。

我們來放遠一點看。我們現有的文化只是人類在歷史上努力與犧牲的成績。爲什麼人們肯努力肯犧牲？因爲他們有天生的信心；他們的靈魂認識什麼是眞什麼是善什麼是美，雖則他們的肉體與智識有時候會誘惑他們反著方向走路；但只要他們認明一件事情是有永久價值的時候，他們就自然的會得興奮，不期然的自己犧牲，要在這忽忽變動的聲色的世界裡，贖出幾個永久不變的原則的憑證來。耶穌爲什麼不怕上十字架？密爾頓何以瞎了眼還要做詩，貝德花芬何以聾了還要製音樂，密仡郎其羅爲什麼肯積受幾個月的潮濕不顧自己的皮肉與靴子連成一片的用心思，爲的只是要解決一個小小的美術問題？爲什麼永遠有人到冰洋盡頭雪山頂上去探險？爲什麼科學家肯在顯微鏡底下或是數目字中間研究一般人眼看不到心想不通的道理消磨他一生的光陰？

爲的是這些人道的英雄都有他們不可搖動的信心；像我們在海砂裡種花的孩子一樣，他們的思想是單純的——宗教家爲善的原則犧牲，科學家爲眞的原則犧牲，藝術家爲美的原則犧牲——這一切犧牲的結果便是我們現有的有限的文化。

你們想想在這地面上做事難道還不是一樣的傻氣——這地面還不與海砂一樣不容你生根；在這裡的事業還不是與鮮花一樣的嬌嫩？——潮水過來可以沖掉，狂風吹來可以折壞，陽光曬來可以薰焦我們小孩子手裡拿著往砂裡栽的鮮花，同樣的，我們文化的全體還不一樣有隨時可以沖掉折壞薰焦的可能嗎？巴比倫的文明現在哪裡？龐培城曾經在地下埋過千百年，克利脫的文明直到最近五六十年間才完全發現。並且有時一件事實體的存在並不能證明他生命的繼續。這區區地球的本體就有一千萬個毀滅的可能。人們怕死不錯，我們怕死人，但最可怕的不是死的死人，是活的死人，單有軀殼生命沒有靈性生活是莫大的悲慘；文化也有這種情形，死的文化倒也罷了，最可憐的是勉強喘著氣的半死的文化。你們如其問我要例子，我就不遲疑的回答你說，朋友們，貴國的文化便是一個喘著氣的活死人！時候已經很久的了，自從我們最後的幾個祖宗為了不變的原則犧牲他們的呼吸與血液，為了不死的生命犧牲他們有限的存在，為了單純的信心遭受當時人的訕笑與侮辱。時候已經很久的了，自從我們最後聽見普遍的聲音像潮水似的充滿著地面。時候已經很久的了，自從我們最後看見強烈的光明像彗星似的掃掠過地面。時候已經很久的了，自從我們最後為某種主義流過火熱的鮮血。時候已經很久的了，自從我們的骨髓裡有膽量，我們的說話裡有分量。這是一個極傷心的反省！我真不知道這時代犯了什麼不可赦的大罪，上帝竟狠心的賞給我們這樣惡毒的刑罰？你看看去這年頭到哪裡去找一個完全的男子或是一個完全的女子——你們去看去，這年頭哪一個男子不是陽痿，哪一個女子不是鼓脹！要形容我們現在受罪的時期，我們得發明一個比醜更醜比髒更髒比下流更下流比苟且更苟且比懦怯更懦怯的一類生字去！朋友們，真的我心裡常常害怕，害怕下回東風帶來的不是我們盼望中的春天，不是鮮花青草蝴蝶飛鳥，我怕他帶來一個比冬天更枯槁更淒慘更寂寞的死天——因為醜陋的臉子不配穿漂亮的衣服，我們這樣醜陋的變態的人心與社會憑什麼權利可以問青天要陽光，問地面要青草，問飛鳥要音樂，問花朵要顏色？你問我明天天會不會放亮？我回答說我不知道，竟許不！

歸根是我們失去了我們靈性努力的重心，那就是一個單純的信仰，一點爛漫的童真！不要說到海灘去種花——我們都是聰明人誰願意做傻瓜去——就是在你自己院子裡種花你都恐怕動手哪！最可怕的懷疑的鬼與厭世的黑影已經占住了我們的靈魂！

所以朋友們，你們都是青年，都是春雷聲響不曾停止時破綻出來的鮮花，你們再不可墮落了——雖則陷阱的大口滿張在你的跟前，你不要怕，你把你的爛漫的天眞倒下去，塡平了它再往前走——你們要保持那一點的信心，這裡面連著來的就是精力與勇敢與靈感——你們要不怕做小傻瓜，儘量在這人道的海灘邊種你的鮮花去——花也許會消滅，但這種花的精神是不爛的！

閒話種種

再論自殺

我不很明白陳女士這裡「自殺的願念」的意義。鄉下人家的養媳婦叫婆婆咒了一頓就想跳河死去；這算不算自殺的願念？做生意破了產沒面目見人想服毒自盡；這還不是自殺的願念？有印度人赤著身子去餵恒河裡的鱷魚；有在普渡山捨身岩上跳下去粉身碎骨的；有跟著皇帝死為了丈夫死的各種盡忠與殉節；有文學裡維特的自殺；奧賽洛誤殺了玳思玳蒙娜的自殺，露米歐殉情的自殺，玖麗亞從棺材裡醒過來後的自殺……如其自殺的意義只是自動的生命的捨棄，那上面約舉的各種全是自殺，從養媳婦跳河起到玖麗亞服毒止，全是的。但這中間的分別多大：鄉下死了一個養媳婦我們至多覺著她死得可憐，或是我們聽得某處出了節烈，我們不僅覺得憐，並且覺得憤：「嘸，禮教又吃了一條命！」但我們在莎士比亞戲裡看到玖麗亞的自殺或是在葛德的小說裡看到維特的自殺，我們受感動（天生永遠不會受感動的人那就沒法想，而且這類快活人世上也不少！）的部分不是我們浮面的情感，更不是我們的理智，而是我們輕易不露面的一點子性靈。在這種境地一切純理的準繩與判斷完全失卻了效用，像山腳下的矮樹永遠夠不到山頂上吞吐的白雲。玖麗亞也許癡。但她不得不死；假如玖麗亞從棺材裡醒回來見露米歐毒死在她的身旁，她要是爬了起來回家另聽父母替她擇配去，你看客答應不答應？雖則你明知道（在想像中）那樣可愛一個女孩白白死了是怪可惜的——社會的損失！再比如維特也許傻，眞傻，但他，縛住在他的熱情的邏輯內，也不得不死，假如維特是孟和先生理想的合理的愛者而不是葛德把他寫成那樣熱情的愛者，他在得到了夏洛德眞愛他的憑據（一度親吻）以後，就該堂皇的要求她的丈夫正式離婚，或是想法叫夏洛德跟他私奔，成全他們倆在地面上的戀愛——你答應不答應？辦法當然是辦法，但維特卻不成「維特」了，葛德那本小書，假如換一個更「合理」的結局，我們可以斷言，當年就不會轟動全歐，此時也決不會牢牢的留傳在人的記憶中了。

所以自殺照我看是決不可以一概論的；雖則它那行爲結果實是斷絕一個身體的生命。自殺的動機與性質太不同了，有的是完全愚暗，有的是部分思想不清，有的是純感情作用，有的殉教，有的殉禮，有的殉懦怯，有的殉主義。有的我們絕對鄙薄，有的我們憐憫，有的使我們悲憤，有的使我們崇拜。有的連累自殺者的家庭或社會；有的形成人類永久的靈感。「死有輕於鴻毛，有重於泰山」，這一句話概括盡了。

但是我們還不曾討論出我們應得拿什麼標準去評判自殺。陶孟和先生似乎主張以自殺能否感化社會爲標準（消極的自殺當然是單純懦怯，不成問題。）陳衡哲女士似乎主張自殺的發願或發心在當事人有提高品格的影響。我答陶先生的話是社會是根本不能感化的，聖人早已死完了，我們活著都無能爲力，何況斷氣以後，陶先生的話對的。陳女士的發願說亦似不盡然。你說曾經想自殺而不曾實行的人，就會比從沒有想過自殺的人不怕死，更有膽量？我說不敢肯定這一說。就說我自己，並且我想在這時代十個裡至少九個半的青年，曾經不但想而且實際準備過自殺，還不止一次；但卻不敢自信我們因此就在道德上升了格，不再是「畏葸的細士」。不，我想單這發願是不夠的，並且我們還得看爲什麼發願。要不然鄉下養媳婦幾乎沒有不想尋死過的，這也是發願，可有什麼價值？反面說，玖麗亞與維特事前並不存心死，他們都要認眞的活，但他們所處的境地連著他們特有的思想的邏輯逼迫他們最後的捨生，他們也就不沾戀，我們旁觀人感受的是一種純精神性的感奮，道德性的你也可以說，但在這裡你就說不上發願不發願。熱戀中人思想的邏輯是最簡單不過的：我到生命裡來求愛，現在我在某人身上發現了一生的大願，但爲某種不可克勝的阻力我不能在活著時實現我的心願，因此我勉強活著是痛苦，不如到死的境界裡去求平安，我就自殺吧。他死因爲他到了某時候某境地在他是不得不死。同樣的，你一生的大願如其是忠君或是愛國，或是別的什麼，你事實上思想上找不到出路時你就望最消極或是最積極的方向——死——走去完事。

這裡我想我們得到了一點評判的消息。就是自殺不僅必得是有意識的，而且在自殺者必定得在他的思想上達到一個「不得不」的境界，然後這自殺才値得我們同情的考量。這有意識的涵義就是自殺動機相對的純粹性，就是自殺者是否憑藉自殺的手段去達到他要的「有甚於生」的那一點。我同情梁巨川先生的自殺就爲在他的遺集裡我發現他的自殺不僅是有意識的，而且在他的思想上的確達到了一個「不得不」的境界。此外憤世類的自殺，乃至存心感化類的自殺我都看不出許可的理由，而且我怕我們只能看作一種消極的自殺，藉口頭的飾詞自掩背後或許不可告人的動機——因爲老實說，活比死難得多，我們不能輕易獎勵避難就易的行爲，這一點我與孟和先生完全同意。

我們病了怎麼辦

「在理想的社會中，我想，」西瀅在閒話裡說，「醫生的進款應當與人們的康健做正比例。他們應當像保險公司一樣，保證他們的顧客的健全，一有了病就應當罰金或賠償的。」在撒牟勃德臘（Samuel Butler）❶的烏托邦裡，生病只當作犯罪看待，療治的場所是監獄，不是醫院，那是留著伺候犯罪人的。眞的爲什麼人們要生病，自己不受用，旁人也麻煩？我有時看了不知病痛的貓狗們的快樂自在，便不禁回想到我們這造孽的文明的人類。且不說那尾巴不曾蛻化的遠祖，就說湘西的苗子，太平洋群島上的保立尼新人之類，他們所知道所受用的健康與安逸，已不是我們所謂文明人所能夢想。咳，墮落的人們，病痛變了你們的本分，至於健康，那是例外的例外了！

不妨事，你說，病了有醫，有藥，怕什麼的？看近代的醫學藥學夠多麼飛快的進步？就北京說吧，頂體面頂費錢的屋子是什麼？醫院！頂體面頂賺錢的職業是什麼？醫生！設備、手術、調理、取費，沒一樣不是上乘！病，病怕什麼的——只要你有錢，更好你兼有勢！

是的，我們對科學，尤其是對醫學的信仰，是無涯的；我們對外國人，尤其是對西醫的信任，是無邊際的。中國大夫其實是太難了，開口是玄學，閉口也還是玄學，什麼脾氣侵肺，肺氣侵肝，肝氣

❶ Samuel Butler:今譯勃特勒（1835～1902），英國作家，著有烏托邦遊記小說《埃瑞洪》和《重游埃瑞洪》等。

侵腎，腎氣又回侵脾，有誰，凡是有哀皮西[2]腦筋的，聽得慣這一套廢話？衝他們那寸把長烏木鑲邊的指甲，鴉片煙帶牙汙的口氣，就不能叫你放心，不說信任！同樣穿洋服的大夫們夠多漂亮，說話夠多有把握，什麼病就是什麼病，該吃黃丸子的就不該吃黑丸子，這夠多甘脆，單衝他們那身上收拾的乾淨，臉上表情的鎮定與威權，病人就覺著爽氣得多！「醫者意也」是一句古話；但得進了現代的大醫院，我們才懂得那話的意思。

多謝那些平均算一秒鐘滾進一只金元寶之類的大大王們，他們有了錢沒法用就想「留芳」，正如做皇帝的想成仙，拿了無數的錢分到苦惱的半開化的民族的國度裡，造教堂推廣福音來救度他們的靈魂，造醫院推廣仁術來救度他們的病痛。而且這也不是白來；他們往回收的不是名，就是利，很多時候是名利雙收。爲什麼不，我有了錢也這麼來。

我個人向來也是無條件信仰西洋醫學，崇拜外國醫院的，但新近接連聽著許多話不由我不開始疑問了。我只說疑問，不說停止崇拜，那還遠著哪。在北京有的醫院別號是「高等台基」，有的雅稱是某大學分院，這已夠新鮮，但還不妨事，醫院是醫病的機關，只要它這一點能名副其實的做到，你管得它其他附帶的作用。但在事實上可巧它們往往是在最主要的功用上使我們失望，那是我們爲全社會計，爲它們自身名譽計，有時不得不出聲來提醒它們一聲。我們只說提醒，決不敢用忠告甚至警告責備一類的字樣；因爲我們怎能不感念他們在這裡方便我們的好意？

我們提另來說協和。因爲協和，就我所知道的，豈不是在本城

---

[2] 即ABC。

的醫院中算是資本最雄厚，設備最豐富，人材最濟濟的一個機關？並且它也是在辦事上最認眞的一個地方，我們可以相信。它一年所花的錢，一年所醫治的人，雖則我不知實在，想來一定是可驚的數目。但我們要看看它的成績。說來也怪，也許原因是人們的本性是忘恩，也許它的「人緣」特別不佳，凡是請教過協和的病人，就我所知，簡直可說是一致，也許多少不一，有怨言。這怨言的性質卻不一致，綜了說有這幾種：

（一）種族界限這是說看病先看你臉皮是白是黃；凡是外國人，說句公平話，他們所得的待遇就應有盡有，一點也不含糊，但要是不幸你是黃臉的，那就得趁大夫們的高興了，他們愛怎麼樣理你就怎麼樣理你。據說院內雇用的中國人，上自助手下至打掃的，都在說這話——中外國病人的分別大著哪！原來是，這是有根據的，諾狄克民優勝的謬見一天不打破，我們就得一天忍受這類不平等的待遇。外國醫院設在中國的，第一個目的當然是伺候外國人，輪得著你們，已算是好了，誰叫你們自不爭氣，有病人自己不會醫！

（二）勢利分別同是中國人，還有分別；但這分別又是理由極充分的：有錢有勢的病人照例得著上等的待遇，普通乃至貧苦的病人只當得病人看。這是人類的通性什麼地方什麼時候都有表見的，誰來低哆誰就沒有幽默，雖則在理論上說至少醫院似乎應分是「一視同仁」的。我們聽見過進院的產婦放在屋子裡沒有人顧問，到時候小孩子自己下來了，醫生還不到一類的故事！

（三）科學精神這是說拿病人當試驗品，或當標本看。你去看你的眼，一個大夫或是學生來檢看了一下出去了，二一個大夫或是學生又來查看了一下出去了，三一個大夫或是學生再來一次，但究竟誰負責看這病，你得繞大彎兒才找得出來，即使你能的話。他們也許是為他們自己看病來了，但很不像是替病人看病。那也有理，但在這類情形之下，西瀅在他的閒話說得趣，付錢的應分是醫院，不該是病人！

（四）大意疏忽一般人的邏輯是不準確的，他們往往因為一個醫生偶爾的疏忽便斷定他所代表的學理與方法是要不得的。很多人從極細小題外的原因推定科學的不成立。這是危險的。就醫病說，從新醫術跳回黨參黃岐，從黨參黃岐跳回祝由科符水，從符水到請豬頭燒紙，是常見的事，我們憂心文明，期望「進步」的不該獎勵這類「開倒車」的趨向。但同時不幸對科學有責任的新派大夫們，偏容易大意，結果是多少誤事。查驗的疏忽，診斷的錯誤，手術的馬虎，在在是使病人失望的原因。但醫病是何等事，一舉措間的分別可以交關人命，我們即使大量，也不能忍受無謂的災殃。

最近一個農業大學學生的死據報載是（一）原因於不及時醫治，（二）原因於手術時不慎致病菌入血。這類的情形我們如何能不抗議？

再如梁任公先生這次的白丟腰子，幾乎是太笑話了。梁先生受手術之前，見著他的知道，精神夠多健旺，面色夠多光采。協和最能幹的大夫替他下了不容疑義的診斷，說割了一個腰子病就去根。腰子割了病沒有割。那麼病原在牙；再割牙，從一根割起割到七根，病還是沒有割。那麼病在胃吧；餓癟了試試——人癟了，病還是沒有癟，那究竟為什麼出血呢？最後的答話其實是太妙了，說是無原因的出血：Essential Hoematuria。所以鬧了半天的發現是既不是腎臟腫瘍（Kidney Tarmour）又不是齒牙一類的作祟：原因是無原因的！我們是完全外行，怎懂得這其中的玄妙，內行錯了也只許內行批評，那輪著外行多嘴！但這是協和的責任心，這是他們的見解，他們的本領手段！

後面附著梁仲策先生的筆記，關於這次醫治的始末，尤其是當事人的態度，記述甚詳，不少耐人尋味的地方，你們自己看去，我不來多加案語。但一點是分明的，協和當事人免不了診斷疏忽的責備。我們並不完全因爲梁先生是梁先生所以特別提出討論，但這次因爲是梁先生在協和已經是特別賣力氣，結果尚不免幾乎出大亂子，我們對於協和的信仰，至少我個人的，多少不免有修正的必要了。「盡信醫則不如無醫」，誠哉是言也！但我們卻不願一班人因此而發生出軌的感想：就是對醫學乃至科學本身懷疑，那是錯了，當事人也許有時沒交代，但近代醫學是有交代的，我們決不能混爲一談。並且外行終究是外行，難說梁先生這次的經過，在當事人自有一種折服人的說法，我們也不得而知。但假如有理可說的話，我們爲協和計，爲替梁先生割腰子的大夫計，爲社會上一般人對協和乃至西醫的態度計，正巧梁先生的醫案已經幾於盡人皆知，我們即不敢要求，也想望協和當事人能給我們一個相當的解說。讓我們外行借此長長見識也是好的！

要不然我們此後豈不個個人都得躊躇著：

我們病了怎麼辦？

年終便話

這年頭你再不用想有什麼事兒如意。往東東有累墜。往西西有彆扭。眼見的耳聞的滿沒有讓你寬心的事。屋子外面缺少光亮。回家來更顯得黯慘。出門去道兒不平順。自個兒坐在空房裡轉念頭時。滿腦子也只是怕人的鬼影。大事兒是一片糊。小零星也不得乾淨。想找人訴訴苦。來人的臉子綳得比你的更長。你笑人家不認得眞珠。你自己用錦匣兒裝著的也全是機器的出品。什麼都走岔了道。什麼都長豁了樣。這年頭。這年頭。

一年容易。又到了盡頭。回頭望望。就只煙霧似的一片。希望、理想——好詞兒。希望早給劈碎了當柴燒。在這小火上面慢慢的烤糊了理想。烤糊了的栗子。烤糊了的白薯。揑上手全是灰。還熱著哪。再別高談什麼人生。生活就比是小孩們在地上用繩子抽著直轉的地龍。東一歪西一跛的。嗡嗡的扁著小嗓子且唱。

又來了一個冬至。冷颼颼的空氣。草尖上挑著稀鬆的霜。黑夜賴著不肯走。好時候！我想到一個僻靜的教堂裡去。聽穿白長袍的孩子們唱讚美詩。看二尺來高的白蠟一寸寸的往下矮。你想。不錯。你是這麼想來著。我可想獨自關在屋子裡抒寫一半行從性靈暖處來的詩句。暖暖的。像打傷了小鳥的前胸的羽毛。跳著的。你想。不錯。你是這麼想來著。然又想……得。你想開了罷。這年頭哪容你有一件事兒。頂小頂輕鬆的事兒。如意稱心。

貳

可是盡說這冷落喪氣話也不公平。冷急了自然只能拿希望劈成小柴生火。可是在這小火上面許還有些沒有完全烤糊的理想。前天在無意中撿著了一個！田壽昌上回看他自己的戲叫人家演糊了的時候，他急得直跳腿。臉上爆著粗汗。說比死還難過。他說他裡面有火。一時可透不出焰來。這回他的火吐了焰了。魚龍會那幾個小戲是值得讚美的。雖則我只見著了一個半多些。我滿想騰出一晚去看他的戲。可偏是這鬼忙。錯了一天又是一天。前天下午。有一點鐘的閒。就拉著小曼去看魚龍，進門就聽得老婆子的悲聲。湖南口音的。那一間小屋子格著戲座的先叫我歡喜。台上的光也勻得好。我們一大群人成天嚷著要辦小劇院。就知道抱怨世界上缺少慷慨的富翁來替我們花錢。卻從不曾想到普通一間客廳就夠我們試驗。只要你精神飽滿。什麼莫利哀，莎士比亞，席勒。都不來嫌你簡陋。魚龍會的精神是一團不懈的精神。不鋪張。不浮誇。不草率。小屋子裡盛滿了認眞的興會與努力。這是難得有的。

地方緊湊有種種好處。第一演戲的不感著拘束。他們可以放心說他們做他們的。說壞了做壞了都沒有多大關係。這不矜持在演劇的成功上是一個大原則。第二地方小容易造成一種暖和的空氣。在這裡面誰都不覺得生分。誰都覺著舒泰。台上與台下間自會發生一種密切。台上容易討好。台下容易見情。彷彿彼此是一家子。誰也不用防誰。這多有意思。第三是小場所可以完全動員看戲人的注意。教育的一個意義，是教人集中注意。我們平常讀書聽話乃至看戲很難得專心一意的。我們平常收受經驗評判經驗的不是我們純粹的性靈。在我們意識最上層浮著的往往只是種種的偏見與成見。像水面上的浮膩。這裡面永遠反映不出清晰的形象來。普通商業性質的戲院子。都是太大太空廓太嘈雜太散漫。因此觀眾的「靈竅」什麼也不能自然的完全的開著。小劇場正合式。正為是小。它的同化的力量卻反而大。因此往往在大舞台上不怎樣成功的作品。在小劇場裡卻收成了最大的效果。反之小劇場的成功上舞台去不準成。這關鍵就在小台上的動作神情說話，台上全認得眞聽得清。又不費演員的勁。

話似乎說遠了。魚龍會的戲我只見了《爸爸回來了》、《蘇州夜話》。據說還不是頂好的。《爸爸回來了》這戲編得並不好。演來也盡有可商量的地方。但這戲沒有做完。小曼和我同去的朋友們都變成了淚人兒。聽說有一天外客來看的只有一個！一個廚子。他的東家花錢買了券。叫他來看的。他不知看了那一個戲竟哭得把他完全油漬過的短襖又加一次淚漬。他站起來就跑。旁人留他再看。他說實在傷心得再也受不住了。這可見田先生的戲至少已經得到了眼淚的成功。戲的大致是一個酒徒兼色鬼的為了一個不相干的女人丟了家。拋下他的妻和三個小孩。最大的八歲。家私是早給他蕩盡了的。他的女人一著急。就帶了她的孩子投河尋死去。又沒有死成。那大孩子倒有志氣。吃了無窮的苦居然掙起了一份家養他的母親。並且還幫助他的弟妹上學。這年他已經二十三了。爸爸回來了。甘脆一個要飯的。他窮得沒路走又回來了。他的妻子沒有心腸再責備他。他的兩個小兒女也覺得爸爸怪可憐的。但大兒子可不答應。他簡直的不認。如其認。不認他父親。認他是仇人。他弟弟他媽都想留下那化子。他一人不答應。爸爸沒法子只得又走了。小兒子跟了去。幕落在他妹子過來伏在他身上哭著叫哥哥。那父親臨走時幾聲「還是去吧」。聲音極悲慘。看的人哭是哭了。對戲可有批評。他們都覺得兒子總不該這樣的對付老子。

他已經流落到快死的地步。他們說國賢的見解是危險性的。他的意思是負責任的父母才是父母。放棄責任同時就放棄權利。他父親既然有這狠心丟下他的妻兒。做兒子的也正該回敬這狠心。不收容一個瀕死的父親。這是一個倫理問題。也不是沒有趣味的。正如早年在易卜生的戲裡挪拉該不該拋棄家庭丈夫兒女是引起議論的一個問題。但現在姑且不談。我倒是新近聽到一件實事。頗使人覺著憤慨的。想在此附帶說了。

子女對父母負有孝養的責任。因爲父母對子女先盡了撫育的責任。這是相對的。子女對盡責的父母不盡孝或是父母虐待盡責的子女。一樣是理性上人情上說不過去的。但已往法律。似乎只承認父母有告子女忤逆的權利。子女卻不能告父母不盡責。換句話說。社會的制裁只能干涉到子女。卻不能干涉到父母。因爲舊倫理學的假定是「天下無不是之父母」。君要臣死。臣就得死。再沒有話說。但父母卻不能隨便處死子女。孔子說「小杖則受。大杖則走」。這「走」字是可尋味的。這是說父母到了發毒的時候。子女就該自己打主意。但孔子卻不曾說。「大杖則社會得干涉之」。

關於這一點。這時代不同的地方。就在這一句話。子女對父母或父母對子女關係。已經絕對轉成相對。社會的力量。可以干涉子女。同時也可以干涉父母。這樣說來。爸爸回來了。那戲裡的國賢的見解並不是不合理的。雖則他如其能更進一層寬恕他父親。因於骨肉的感情。或是因爲人道的動機。我們對於那戲同情許可以更深些。現在如其有某父或母非分的虐待他的子女因而致死。這父或母是否對社會對法律負有一種責任。同時法律和社會在發現有這類事實時是否負有援助或申雪的責任。尤其是當這被虐者有特種天才對社會能有特別貢獻的時候。社會是否更應得執行它干涉的責任。前幾天上海死了一

個有名的女伶。她雖則是病死。但她的得病卻是爲了不自然的由來。她是極活潑伶俐的一個孩子。在北方。在上海都博得極好的名氣。替她家也賺了不少的錢。她是她媽親自教出來的。她媽的教法。完全是科班的教法。科班的殘暴無人道的內幕我們多少知道。但我們卻不易相信一個母親會得非分的虐待她親生的一個有天才的孩子。

現在人已死了。事情也過去了。她的媽如其還有一點子人性。也應得追悔她的惡毒。我在這裡說起是爲在伶界裡正受著同類遭遇的孩子正不知有多少。爲防止此後的悲慘起見。我想社會方面相當的表示正許是必要的。這灰色的人生裡。正不知包容著多少悲慘的內幕。人們只是看不見。但有文化的社會是不應得容許這種黑暗的。我們不能因爲「看不見」就解卸我們的責任。

話

絕對的值得一聽的話，是從不曾經人口說過的；比較的值得一聽的話，都在偶然的低聲細語中；相對的不值得一聽的話，是有規律有組織的文字結構；絕對不值得一聽的話，是用不經修練，又粗又蠢的嗓音所發表的語言。比如：正式會集的演說，不論是運動女子參政或是宣傳色彩鮮明的主義；學校裡講台上的演講，不論是山西鄉村裡訓閻鬮聖人用民主義的冬烘先生的法寶，或是穿了前紅後白道袍方巾的博士衣的瞎扯；或是充滿了煙士披裡純開口天父閉口阿門的講道——都是屬於我所說最後的一類：都是無條件的根本的絕對的不值得一聽的話。歷代傳下來的經典，大部分的文學書，小部分的哲學書，都是末了第二類——相對的不值得一聽的話。至於相對的可聽的話，我說大概都在偶然的低聲細語中：例如真詩人夢境最深——詩人們除了做夢再沒有正當的職業——神魂遠在祥雲飄渺之間那時候隨意吐露出來的零句斷片，英國大詩人宛茨渥士所謂茶壺煮沸時嗤嗤的微音；最可以象徵入神的詩境——例如李太白的我醉欲眠卿且去，明朝有意抱琴來，或是開茨的Then I shut her wild，wild eyes with kisses four，[1]你們知道宛茨渥士和雪萊他們不朽的詩歌，大都是在田野間，海灘邊，樹林裡，獨自徘徊著像離魂病似的自言自語的成績；法國的波特萊亞，凡爾他們精美無比的妙句，很多是受了烈性的痲醉劑——大痲或是鴉片——影響的結果。這種話比較的很值得

[1] 「隨後我用四個吻，閉上了她野性的眼睛。」引自濟慈詩《無情的妖女》。

一聽。還有青年男女初次受了頑皮的小愛神箭傷以後心跳肉顫面紅耳赤的在花蔭間，在課室內，或在月涼如洗的墓園裡，含著一包眼淚吞吐出來的——不問怎樣的不成片段，怎樣的違反文法——往往都是一顆顆稀有的珍珠，眞情眞理的凝晶。但諸君要聽明白了，我說值得一聽的話大都是在偶然的低聲和語中，不是說凡是低聲和語都是值得一聽的，要不然外交廳屏風後的交頭接耳，家裡太太月底月初枕頭邊的小嚕哆，都有了詩的價值了！

絕對的值得一聽的話，是從不曾經人口道過的。整個的宇宙，只是不斷的創造；所有的生命，只是個性的表現。眞消息，眞意義，內蘊在萬物的本質裡，好像一條大河，網路似的支流，隨地形的結構，四方錯綜著，由大而小，由小而微，由微而隱，由有形至無形，由可數至無限，但這看來極複雜的組織所表明的只是一個單純的意義，所表現的只是一體活潑的精神；這精神是完全的，整個的，實在的；唯其因為是完全整個實在而我們人的心力智力所能運用的語言文字，只是不完全非整個的，模擬的，象徵的工具，所以人類幾千年來文化的成績，也只是想猜透這大迷謎似是而非的各種的嘗試。人是好奇的動物；我們的心智，便是好奇心活動的表現。這心智的好奇性便是知識的起原。一部知識史，只是歷盡了九九八十一大難卻始終沒有望見極樂世界求到大藏眞經的一部西遊記。說是快樂吧，明明是劫難相承的苦惱，說是苦惱，苦惱中又分明有無限的安慰。我們各個人的一生便是人類全史的縮小，雖則不敢說我們都是尋求眞理的合格者，但至少我們的胸中，在現在生命的出發時期，總應該培養一點尋求眞理的誠心，點起一盞尋眞求理的明燈，不至於在生命的道上只是暗中摸索，不至於盲目的走到了生命的盡頭，什麼發現都沒有。

但雖則眞消息與眞意義是不可以人類智力所能運用的工具——

就是語言文字——來完全表現，同時我們又感覺內心尋眞求知的衝動，想偵探出這偉大的秘密，想把宇宙與人生的究竟，當作一朵盛開的大紅玫瑰，一把抓在手掌中心，狠勁的緊擠，把花的色，香，靈肉，和我們自己愛美愛色愛香的烈情，絞和在一起，實現一個徹底的痛快；我們初上生命和知識舞台的人，誰沒有，也許多少深淺不同，浮士德的大野心，他想"discover the force that binds the world and guides its course"❷，誰不想在知識界裡，做一個籠捲一切的拿破崙？這種想爲王爲霸的雄心，都是生命原力內動的徵象，也是所有的大詩人大藝術家最後成功的預兆；我們的問題就在怎樣能替這一腔還在潛伏狀態中的活潑的蓬勃的心力心能，開闢一條或幾條可以盡情發展的方向，使這一盞心靈的神燈，一度點著以後，不但繼續的有燃料的供給，而且能在狂風暴雨的境地裡，益發的光焰神明；使這初出山的流泉，漸漸的匯成活潑的小澗，沿路再併合了四方來會的支流，雖則初起經過崎嶇的山路，不免辛苦，但一到了平原，便可以放懷的奔流，成河成江，自有無限的前途了。

眞偉大的消息都蘊伏在萬事萬物的本體裡，要聽眞值得一聽的話，只有請教兩位最偉大的先生。

現放在我們面前的兩位大教授，不是別的，就是生活本體與大自然。生命的現象，就是一個偉大不過的神秘：牆角的草蘭，岩石上的苔蘚，北冰洋冰天雪地裡的極熊水獺，城河邊叫夜的水蛙，赤道上火焰似沙漠裡的爬蟲，乃至於瀰漫在大氣中的微菌，大海底最微妙的生物；總之太陽熱照到或能透到的地域，就有生命現象。我們若然再看深一層，不必有菩薩的慧眼，也不必有神秘詩人的直覺，但憑科

❷ 發現控制這世界，指引其進程的力量。

學的常識，便可以知道這整個的宇宙，只是一團活潑的呼吸，一體普遍的生命，一個奧妙靈動的整體。一塊極粗極醜的石子，看來像是全無意義毫無生命，但在顯微鏡底下看時，你就在這又粗又醜的石塊裡，發現一個神奇的宇宙，因爲你那時所見的，只是千變萬化顏色花様各各不同的種種結晶體，組成藝術家所不能想像的一種排列；若然再進一層研究，這無量數的凝晶各個的本體，又是無量數更神奇不可思議的電子所組成：這裡面又是一個Cosmos[3]，彷彿燦爛的星空，無量數的星球同時在放光輝在自由地呼吸著。

但我們決不可以爲單憑科學的進步就能看破宇宙結構的秘密。這是不可能的。我們打開了一處知識的門，無非又發現更多還是關得緊緊的，猜中了一個小迷謎，無非從這猜中裡又引起一個更大更難猜的迷謎，爬上了一個山峰，無非又發現前面還有更高更遠的山峰。

這無窮盡性便是生命與宇宙的通性。知識的尋求固然不能到底，生命的感覺也有同様無限的境界。我們在地面上做人這場把戲裡，雖則是霎那間的幻象，卻是有的是好玩，只怕我們的精力不夠，不曾學得怎様玩法，不怕沒有相當的趣味與報酬。

所以重要的在於養成與保持一個活潑無礙的心靈境地，利用天賦的身與心的能力，自覺的儘量發展生活的可能性。活潑無礙的心靈境界：比如一張綳緊的弦琴，掛在松林的中間，感受大氣小大快慢的動盪，發出高低緩急同情的音調。我們不是最愛自由最惡奴從嗎？但我們向生命的前途看時，恐怕不易使我們樂觀，除了我們一點無形無蹤的心靈以外，種種的勢力只是強迫我們做奴做隸的勢力：種種對人的心與責任，社會的習慣，機械的教育，沾染的偏見，都像沙漠

---

❸ Cosmos：宇宙。

的狂風一樣，捲起滿天的砂土，不時可以把我們可憐的旅行人整個兒給埋了！

這就是宗教家出世主義的大原因，但出世者所能實現的至多無非是消極的自由，我們所要的卻不止此。我們明知向前是奮鬥，但我們卻不肯做逃兵，我們情願將所有的精液，一齊發洩成奮鬥的汗，與奮鬥的血，只要能得最後的勝利，那時儘量的痛苦便是儘量的快樂。我們果然能從生命的現象與事實裡，體驗到生命的實在與意義；能從自然界的現象與事實裡，領會到造化的實在與意義，那時隨我們付多大的價錢，也是值得的了。

要使生命成爲自覺的生活，不是機械的生存，是我們的理想。要從我們的日常經驗裡，得到培保心靈擴大人格的資養，是我們的理想。要使我們的心靈，不但消極的不受外物的拘束與壓迫，並且永遠在繼續的自動，趨向創作，活潑無礙的境界，是我們的理想。使我們的精神生活，取得不可否認的實在，使我們生命的自覺心，像大雪天滾雪球一般的愈滾愈大，不但在生活裡能同化極偉大極深沉與極隱奧的情感，並且能領悟到大自然一草一木的精神，是我們的理想。使天賦我們靈肉兩部的勢力，盡性的發展，趨向最後的平衡與和諧，是我們的理想。

理想就是我們的信仰，努力的標準，果然我們能運用想像力爲我們自己懸擬一個理想的人格，同時運用理智的機能，認定了目標努力去實現那理想，那時我們在奮鬥的經程中，一定可以得到加倍的勇氣，遇見了困難，也不至於失望，因爲明知是題中應有的文章，我們的立身行事，也不必遷就社會已成的習慣與法律的範圍，而自能折中於超出尋常所謂善惡的一種更高的道德標準；我們那時便可以借用李太白當時躲在山裡自得其樂時答覆俗客的妙句，落花流水杳然去，別有天地非人間！

我們也明知這不是可以偶然做到的境界；但問題是在我們能否見到這境界，大多數人只是不黑不白的生，不黑不白的死，耗費了不少的食料與飲料，耗費了不少的時間與空間，結果連自己的臭皮囊都收拾不了，還要連累旁人；能見到的人已經不少，見到而能盡力做去的人當然更少，但這極少數人卻是文化的創造者，便能在梁任公先生說的那把宜興茶壺裡留下一些不磨的痕跡。

我個人也許見識太偏僻了，但我實在不敢信人爲的教育，他動的訓練，能有多大的價值：我最初最後的一句話，只是「自身體驗去」，眞學問眞知識決不是在教室中書本裡所能求得的。

大自然才是一大本絕妙的奇書，每張上都寫有無窮無盡的意義，我們只要學會了研究這一大本書的方法，多少能夠瞭解他內容的奧義，我們的精神生活就不怕沒有資養，我們理想的人格就不怕沒有基礎。但這本無字的天書決不是沒有相當的準備就能一目了然的：我們初識字的時候，打開書本子來，只見白紙上畫的許多黑影，哪裡懂得什麼意義。我們現有的道德教育裡哪一條訓條，我們不能在自然界感到更深徹的意味，更親切的解釋？每天太陽從東方的地平上升，漸漸的放光，漸漸的放彩，漸漸的驅散了黑夜，掃蕩了滿天沉悶的雲霧，霎刻間臨照四方，光滿大地，這是何等的景象？夏夜的星空，張著無量數光芒閃爍的神眼，襯出浩渺無極的蒼穹，這是何等的偉大景象？大海的濤聲不住的在呼嘯起落，這是何等偉大奧妙的景象？高山頂上一體的純白，不見一些雜色，只有天氣飛舞著，雲彩變幻著，這又是何等高尚純粹的景象？小而言之，就是地上一棵極賤的草花，他在春風與豔陽中搖曳著，自有一種莊嚴愉快的神情，無怪詩人見了，甚至內感「非涕淚所能宣洩的情緒」。宛茨渥士說的自然「大力回容，有鎮馴矯飭之功」，這是我們的眞教育。但自然最大的教訓，尤在「凡物各盡其性」的現象。玫瑰是玫瑰，海棠是海棠，魚是魚，鳥是鳥，野草是野草，流水是流水，各有各的特性，各有各的效用，各有各的意義。仔細的觀察與悉心體會的結果，不由你不感覺萬物造作之神奇，不由你不相信萬物的底裡是有一致的精神流貫其間，宇宙是合理的組織，人生也無非這大系統的一個關節。因此我們也感想到人類也許是最無出息的一類。一莖草有他的嫵媚，一塊石子也有他的特點，獨有人反只是庸生庸死，大多數非但終身不能發揮他們可能的個性，而且遺下或是醜陋或是罪惡一類不潔淨的蹤跡，這難道也是造物主的本意嗎？

我前面說過所有的生命只是個性的表現。只要在有生的期間內，將天賦可能的個性儘量的實現，就是造化旨意的完成。我這幾天在留心我們館裡的月季花，看他們結苞，看他們開放，看他們逐漸的盛開，看他們逐漸的憔悴，逐漸的零落。我初動的感情覺得是可悲，何以美的幻象這樣的易滅，但轉念卻覺得不但不必爲花悲，而且感悟了自然生生不已的妙意。花的責任，就在集中他春來所吸受陽光雨露的精神，開成色香兩絕的好花，精力完了便自落地成泥，圓滿功德，明年再來過。只有不自然的被摧殘了，不能實現他自傲色香的一兩天，那才是可傷的耗費。

不自然的殺滅了發長的機會，才是可惜，才是違反天意。我們青年人應該時時刻刻把這個原則放在心裡。不能在我生命裡實現人之所以爲人，我對不起自己。在爲人的生活裡不能實現我之所以爲我，我對不起生命；這個原則我們也應該時時放在心裡。

我們人類最大的幸福與權力，就是在生活裡有相當的自由活動，我們可以自覺的調劑，整理，修飾，訓練我們生活的態度，我們既然瞭解了生活只是個性的表現，只是一種藝術，就應得利用這一點特權將生活看作藝術品，謹慎小心的做去。運命論我們是不相信的，但就是相面算命先生也還承認心有改相致命的力量。環境論的一部分我們不得不承認，但是心靈支配環境的可能，至少也與環境支配生活的可能相等，除非我們自願讓物質的勢力整個兒撲滅了心靈的發展，那才是生活裡最大的悲慘。

我們的一生不成材不礙事，材是有用的意思；不成器也不礙事，器也是有用的意思。生活卻不可不成品，不成格，品格就是個性的外現，是對於生命本體，不是對於其餘的標準，例如社會家庭——直接擔負的責任；橡樹不是榆樹，翠鳥不是鴿子，各有各的特異的品格。在造化的觀點看來，橡樹不是為櫃子衣架而生，鴿子也不是為我們愛吃五香鴿子而存，這是他們偶然的用或被利用，物之所以為物的本義是在實現他天賦的品性，實現內部精力所要求的特異的格調。我們生命裡所包涵的活力，也不問你在世上做將做相做資本家做勞動者做國會議員做大學教授，而只要求一種特異品格的表現，獨一的，自成一體的，不可以第二類相比稱的，猶之一樹上沒有兩張絕對相同的葉子，我們四萬萬人裡也沒有兩個相同的鼻子。

而要實現我們眞純的個性，決不是僅僅在外表的行為上務為新奇務為怪僻——這是變性不是個性——眞純的個性是心靈的權力能夠統制與調和身體，理智，情感，精神種種造成人格的機能以後自然流露的狀態，在內不受外物的障礙，像分光鏡似的靈敏，不論是地下的泥砂，不論是遠在萬萬里外的星辰，只要光路一對準，就能分出他光浪的特性；一次經驗便是一次發明，因為是新的結合，新的變化。

有了這樣的內心生活，發之於外，當然能超於人爲的條例而能與更深奧卻更實在的自然規律相呼應，當然能實現一種特異的品與格，當然能在這大自然的系統裡盡他特異的貢獻，證明他自身的價值。懂了物各盡其性的意義再來觀察宇宙的事物，實在沒有一件東西不是美的，一葉一花是美的不必說，就是毒性的蟲比如蠍子比如螞蟻都是美的。只有人，造化期望最深的人，卻是最辜負的，最使人失望的，因爲一般的人，都是自暴自棄，非但不能盡性，而且到底總是糟蹋了原來可以爲美可以爲善的本質。

慚愧呀，人！好好一個可以做好文章的題目，卻被你寫做一篇一竅不通的濫調；好好一個畫題，好好一張帆布，好好的顏色，都被你塗成奇醜不堪的濫畫；好好的雕刀與花崗石，卻被你斲成荒謬惡劣的怪像！好好的富有靈性可以超脫物質與普遍的精神共化永生的生命，卻被你糟蹋褻瀆成了一種醜陋庸俗卑鄙齷齪的廢物！

生活是藝術。我們的問題就在怎樣的運用我們現成的材料，實現我們理想的作品；怎樣的可以像密仡郎其羅一樣，取到了一大塊礦山裡初開出來的白石，一眼望過去，就看出他想像中的造像，已經整個的嵌穩著，以後只要下打開石子把他不受損傷的取了出來的工夫就是。所以我們再也不要抱怨環境不好不適宜，阻礙我們自由的發展，或是教育不好不適宜，不能獎勵我們自由的發展。發展或是壓滅，自由或是奴從，眞生命或是苟活，成品或是無格——一切都在我們自己，全看我們在青年時期有否生命的覺悟，能否培養與保持心靈的自由，能否自覺的努力，能否把生活當作藝術，一筆不苟的做去。我所以回反重複的說明眞消息眞意義眞教育決非人口或書本子可以宣傳的，只有集中了我們的靈感性直接的一面向生命本體，一面向大自然耐心去研究，體驗，審察，省悟，方才可以多少瞭解生活的趣味與價

値與他的神聖。

因爲思想與意念，都起於心靈與外象的接觸：創造是活動與變化的結果。眞純的思想是一種想像的實在，有他自身的品格與美，是心靈境界的彩虹，是活著的胎兒。但我們同時有智力的活動，感動於內的往往有表現於外的傾向——大畫家米萊氏說，深刻的印象往往自求外現，而且自然的會尋出最強有力的方法來表現——結果無形的意念便化成有形可見的文字或是有聲可聞的語言，但文字語言最高的功用就在能象徵我們原來的意念，他的價値也止於憑藉符號的外形暗示他們所代表的當時的意念。而意念自身又無非是我們心靈的照海燈偶然照到實在的海裡的一波一浪或一島一嶼。文字語言本身又是不完善的工具，再加之我們運用駕馭力的薄弱，所以文字的表現很難得是勉強可以滿足的。我們隨便翻開哪一本書，隨便聽人講話，就可以發現各式各樣的文字障，與語言習慣障，所以既然我們自己用語言文字來表現內心的現象已經至多不過勉強的適用，我們如何可以期望滿心只是文字障與語言習慣障的他人，能從呆板的符號裡領悟到我們一時神感的意念。佛教所以有禪宗一派，以不言傳道，是很可尋味的——達摩面壁十年，就在解脫文字障直接明心見道的工夫。現在的所謂教育尤其是離本更遠，即使教育的材料最初是有多少活的成分，但經了幾度的轉換，無意識的傳授，只能變成死的訓條——穆勒約翰說的dead dogma❹不是living idea❺，我個人所以根本不信任人爲的教育能有多大的價値，對於人生少有影響不用說，就是認爲灌輸知識的方法，照現有的教育看來，也免不了硬而且蠢的機械性。

但反過來說，既然人生只是表現，而語言文字又是人類進化到

❹ dead dogma：死掉的教條。
❺ living idea：活著的思想。

現在比較的最適用的工具，我們明知語言文字如同政府與結婚一樣是一件不可免的沒奈何事，或如尼采說的是「人心的牢獄」，我們還是免不了他。我們只能想法使他增加適用性，不能拋棄了不管。我們只能做兩部分的工夫，一方面消極的防止文字障語言習慣障的影響；一方面積極的體驗心靈的活動，極謹慎的極嚴格的在我們能運用的字類裡選出比較的最確切最明瞭最無疑義的代表。

這就是我們應該應用「自覺的努力」的一個方向。你們知道法國有個大文學家弗洛貝爾，他有一個信仰，以爲一個特異的意念只有一個特異的字或字句可以表現，所以他一輩子艱苦卓絕的從事文學的日子，只是在尋求惟一適當的字句來代表惟一相當的意念。他往往不吃飯不睡，呆呆的獨自坐著，絞著腦筋的想，想尋出他當心愜意的表現，有時他煩惱極了甚至想自殺，往往想出了神，幾天寫不成一句句子。試想像他那樣偉大的天才，那樣豐富的學識，尚且要下這樣的苦工，方才製成不朽的文學，我們看了他的榜樣不應該感動嗎？

不要說下筆寫，就是平常說話，我們也應有相當的用心——一句話可以洩露你心靈的淺薄，一句話可以證明你自覺的努力，一句話可以表示你思想的糊塗，一句話可以留下永久的印象。這不是說說話要漂亮，要流利，要有修詞的工夫，那都是不重要的：最重要的是對內心意念的忠實，與適當的表現。固然有了清明的思想，方能有清明的語言，但表現的忠實，與不苟且運用文字的決心，也就有糾正鬆懈的思想與警醒心靈的功效。

我們知道說話是表現個性極重要的方法，生活既然是一個整體的藝術，說話當然是這藝術裡的重要部分。極高的工夫往往可以從極小的起點做去，我們實現生命的理想，也未始不可從注意說話做起。

《閒話》引出來的閒話

西瀅在《現代評論》第五十七期的《閒話》裡寫了一篇可羨慕的嫵媚的文章。上帝保佑他以後只說閒話，不再管閒事！這回他寫法郎士：一篇寫照的文章。一個人容易把自己太看重了。西瀅是個傻子；他妄想在不經心的閒話裡主持事理的公道，人情的準則。他想用譏諷的冰屑刺滅時代的狂熱。那是不可能的。他那武器的分量太小，火燒的力量太大。那還不是危險，就他自己說，單只白費勁。危險是在他自己，看來是一堆冰屑，在不知不覺間，也會叫火焰給灼熱了。最近他討論時事的冰塊已經關不住它那內蘊或外染的熱氣——至少我有這樣感覺。冰水化成了沸液，可不是玩，我暗暗的著急。好容易他有了覺悟，他也不來多管閒事了。這，我們得記下，也是「國民革命」成績的一斑。「阿哥，」他的妹妹一天對他求告，「你不要再做文章得罪人家了，好不好？回頭人家來燒我們的家，怎麼好？」「你趁早把你自己的東西，」閒話先生回答說，「點清了開一個單子給我，省得出了事情以後你倒來向我阿哥報虛賬！」

果然他有了覺悟，不再說廢話了。本來是，拿了人參湯餵貓，她不但不領情，結果倒反賞你一爪。不識趣的是你自己，當然。你得知趣而且安分——也爲你自身的利益著想。你學衛生工程的，努力開陰溝去得了。你學文學的，儘量吹你的莎士比亞葛德法郎士去得了。

西瀅的法郎士實在講得不壞。你看完了他的文章，就比是吃了一個檀香橄欖，口裡清齊齊甜迷迷的嘗不盡的餘甘。法郎士文章的嫵媚就在此。卡萊爾一類文章所以不耐咬嚼，正為它們的味道剛是反面，上口是濃烈的，卻沒有回味，或者，如其有，是油膏的，膩煩的，像是多吃了肥肉。西瀅是分明私淑法郎士的，也不止寫文章一件事——除了他對女性的態度，那是太忠貞了，幾乎叫你聯想到中世紀修道院裡穿長袍餵鴿子的法蘭西士派的「兄弟」們。法郎士的批評，我猜想，至少是不長進！

我很少誇獎人的，但西瀅就他學法郎士的文章說，我敢說，已經當得起一句天津話：「有根」了。年來我們新文字（還談不到文學）的嘗試不能完全沒有成就。慢慢的，慢慢的，還原來看不順眼的姿態服裝看成自然了。這根辮子是剪定的了。多謝這解放了的語言，我們個性的水從此可以順著水性流，個性的花可以順著花性開，我們再也不希罕類似豆腐乾的四字句文體，類似木排算盤珠的絕律詩體。話雖這樣說，這草創期見證得到像樣的作風，嚴一點說，能有幾多？也是當然的事情。學哪一家，並不是不體面的事情；只要你學個像樣，我們決不吝惜我們的拍掌。但就是「學」，也決不是呆板的模仿，那是沒有生命的。你學你得從骨子裡，脊髓裡學起，不是從外表。就這學，也應分是一種靈魂的冒險。這是一個「賣野人頭」的時代。穿上一件不繫領結袒開脖子的襯衣，就算是雪萊。會堆砌幾個花泡的雜色的詞兒，就自命是箕茨。逛窯子的是維龍；抽鴉片的藉口《惡之花》的作者。這些都是廟會場上的西洋景，點綴熱鬧的必要，也許。

幸而同時也還有少數人知道尊重文字的靈性，肯認真下工夫到這裡面去探出一點秘密來。他們也知道這是有報酬的辛苦——遠一點，也許。等到驢子們獻盡了伎倆的時候，等到猴兒們跳倦了的時候，我們再留神望賣藝的台上看吧。

像西瀅這樣，在我看來，才當得起「學者」的名詞，不是有學問的意思，是認真學習的意思。第一他自己認自己極清楚；他不來妄自尊大，他明白他自己的限度。「想像力我是沒有的，耐心我可不是沒有的。」「我很少得到靈感的助力，我的筆沒有抒情的力量。它不會跳，只會慢慢的沿著道兒走。我也從不曾感到過工作的沉醉。我寫東西是很困難的。」這是法郎士自述的話；西瀅就有同樣的情形。他不自居作者；在比他十二分不如的同時人紛紛的刻印專集，詩歌小說戲劇哪一樣沒有，他卻甘心抱著一枝半禿的筆，採用一個表示不爭競的欄題——《閒話》，耐心的訓練他的字句。我敢預言，你信不信，到哪天這班出鋒頭的人們脫盡了銳氣的日子，我們這位閒話先生正在從容的從事他那「完工的拂拭」(The finishing touch)，笑吟吟的擎著他那枝從鐵杠磨成的繡針，諷刺我們情急是多麼不經濟的一個態度，反面說只有無限的耐心才是天才惟一的憑證。

但我當然只說西瀅是有資格學法郎士的。我決不把他來比傍近代文學裡最完美的大師，那就幾乎是笑話了。他學的是法郎士對人生的態度，在譏諷中有容忍，在容忍中有譏諷；學的是法郎士的「不下海主義」，任憑當前有多少引誘，多少壓迫，多少威嚇，他還是他的冷靜，攪不混的清澈，推不動的穩固，他惟一的標準是理性，惟一的動機是憐憫；學的是法郎士行文的姿態：「法郎士的散文像水晶似的透明，像荷葉上露珠的皎潔」，西瀅說著這話，我們想見他唾液都掉出來了！他已經學到了多少都看得見；至於他能學到多少，那就得看他的天才了——意思是他的耐心。至少，他已經動身上路，而且早經走上了平穩的大道，他的前途是不易有危險的，只要他精力夠，他一定可以走得很遠——他至少可以走到我們從現在住腳處望不見的地方，我信。

我誇夠了。我希望他再繼續寫他的法郎士，學他的法郎士。乘便我想在他的法郎士的簡筆畫上補上一條不易看得見的曲線。法郎士的耐心，諧趣，崛強，頑皮，裝假，他都給淡淡的描上了。他漏了法郎士的眞相。這是一個奇怪的現象，自來沒有一個在心靈境界裡工作的，不論是藝術家詩人文人，公認他對他自己一生的滿意。隨他在世俗的眼內多麼幸運，他只知道苦惱；隨他過的日子是多麼熱鬧，他只知道寂寞；隨他在人事裡多麼得意，他只知道懊喪。密仡郎其羅，尼采，貝多芬，托爾斯泰，一般人不必說；葛德總算是幸運的驕兒了吧，可是他晚年對他的朋友Eckermann[1]噙著一包眼淚吐露了他的隱情，他說他一輩子從不曾享受過快樂，從不知道過安逸。法郎士也來這一手，這是更出奇了。我不知道他一輩子有哪一件失意事；他有的是盛名，健康，舒服。但是，按勃羅杜的報告：

他歎一聲氣。

「在全世界上最不幸的生靈是我們人。老話說『人是萬物的主腦』。人是苦惱的主腦，我的朋友。世上有人生這件事是沒有上帝再硬不過的證據。」

「但你是人間最羨慕的一個人呢。誰不豔羨你的天才，你的健康，你的不老的精神。」

「夠了，夠了！阿，只要你能看到我的靈魂裡去，你就會吃嚇的。」他把我的手拿在他的手裡，一雙發震的火熱的手。他對著我的眼睛看。他的眼裡滿是眼淚。他的面色是枯槁的。他歎著氣：「在這

[1] Eckermann：埃克曼（1792～1854），德國學者與作家，歌德晚年的知己，著有《與晚年的歌德談話錄》三卷。

全宇宙間再沒有一個人比我更不快活的。人家以為我快活。我從來沒有快活過一天，沒有快活過一個時辰。」

秋

兩年前，在北京，有一次，也是這麼一個秋風生動的日子，我把一個人的感想比作落葉，從生命那樹上掉下來的葉子。落葉，不錯，是衰敗和凋零的象徵，它的情調幾乎是悲哀的。但是那些在半空裡飄搖，在街道上顚倒的小樹葉兒，也未嘗沒有它們的嫵媚，它們的顏色，它們的意味，在少數有心人看來，它們在這宇宙間並不是完全沒有地位的。「多謝你們的摧殘，使我們得到解放，得到自由。」它們彷彿對無情的秋風說。「勞駕你們了，把我們踹成粉，踩成泥，使我們得到解脫，實現消滅，」它們又彷彿對不經心的人們這麼說。因爲看著，在春風回來的那一天，這叫卑微的生命的種子又會從冰封的泥土裡翻成一個新鮮的世界。它們的力量，雖則是看不見，可是不容疑惑的。

我那時感著的沉悶，眞是一種不可形容的沉悶。它彷彿是一座大山，我整個的生命叫它壓在底下。我那時的思想簡直是毒的，我有一首詩，題目就叫《毒藥》，開頭的兩行是——

「今天不是，我歌唱的日子，我口邊涎著獰惡的冷笑，不是我說笑的日子，我胸懷間插著發冷光的刀劍；相信我，我的思想是惡毒的，因爲這世界是惡毒的，我的靈魂是黑暗的，因爲太陽已經滅絕了光彩，我的聲調，像是墳堆裡的夜梟，因爲人間已經殺盡了一切的和諧，我的口音，像是冤鬼責問他的仇人，因爲一切的恩已經讓路給一切的怨。」

我借這一首不成形的咒詛的詩，發洩了我一腔的悶氣，但我卻並不絕望，並不悲觀，在極深刻的沉悶的底裡，我那時還模著了希望。所以我在《嬰兒》——那首不成形詩的最後一節——那詩的後段，在描寫一個產婦在她生產的受罪中，還能含有希望的句子。

在我那時帶有預言性的想像中，我想望著一個偉大的革命。因此我在那篇《落葉》的末尾，我還有勇氣來對付人生的挑戰，鄭重的宣告一個態度，高聲的喊一聲——借用兩個有力量的外國字——"Everlasting yea"❶。"Everlasting yea"，"Everlasting yea"。一年，一年，又過去了兩年。這兩年間我那時的想望有實現的沒有？那偉大的《嬰兒》有出世了沒有？我們的受罪取得了認識與價值沒有？

我不知道，我不知道。我知道的還只是那一大堆醜陋的臃腫的沉悶，壓得癟人的沉悶，籠蓋著我的思想，我的生命。它在我的經絡裡，在我的血液裡。我不能抵抗，我再沒有力量。

我們靠著維持我們生命的不僅是麵包，不僅是飯，我們靠著活命的，用一個詩人的話，是情愛，敬仰心，希望。"We live by love，admiration and hope"，❷這話又包涵一個條件，就是說這世界這人類是能承受我們的愛，值得我們的敬仰，容許我們的希望的。但現代是什麼光景？人性的表現，我們看得見聽得到的，倒底是怎樣回事？我想我們都不是外人，用不著掩飾，實在也無從掩飾，這裡沒有什麼人性的表現，除了醜惡，下流，黑暗。太醜惡了，我們火熱的胸膛裡有愛不能愛，太下流了，我們有敬仰心不能敬仰，太黑暗了，我們要希望也無從希望。太陽給天狗吃了去，我們只能在無邊的黑暗中

❶ Everlasting yea：永遠的是；yea：口頭表決表示同意的說法。
❷ 我們依靠愛情、敬仰和希望生活。

沉默著，永遠的沉默著！這彷彿是經過一次強烈的地震的悲慘，思想，感情，人格，全給震成了無可收拾的斷片，也不成系統，再也不得連貫，再也沒有表現。但你們在這個時候要我來講話，這使我感著一種異樣的難受。難受，因爲我自身的悲慘。難受，尤其因爲我感到你們的邀請不止是一個尋常講演的邀請。你們來邀我，當然不是要什麼現成的主義，那我是外行，也不爲什麼專門的學識，那我是草包，你們明知我是一個詩人，他的家當，除了幾座空中的樓閣，至多只是一顆熱烈的心。你們邀我來也許在你們中間也有同我一樣感到這時代的悲哀，一種不可解脫不可擺脫的況味，所以邀我這同是這悲哀沉悶中的同志來，希冀萬一，可以給你們打幾個幽默的比喻，說一點笑話，給一點子安慰，有這麼小小的一半個時辰，彼此可以在同情的溫暖中忘卻了時間的冷酷。因此我躊躇，我來怕沒有交代，不來又於心不安。我也曾想選幾個離著實際的人生較遠些的事兒來和你們談談，但是相信我，朋友們，這念頭是枉然的，因爲不論你思想的起點是星光是月是蝴蝶，只一轉身，又逢著了人生的基本問題，冷森森的豎著像是幾座攔路的墓碑。

不，我們躲不了它們：關於這時代人生的問號，小的，大的，歪的，正的，像蝴蝶似的繞滿了我們的周遭。正如在兩年前它們逼迫我宣告一個堅決的態度，今天它們還是逼迫著要我來表示一個堅決的態度。也好，我想，這是我再來清理一次我的思想的機會。在我們完全沒有能力解決人生問題時，我們只能承認失敗。但我們當前的問題究竟是些什麼？如其它們有力量壓倒我們，我們至少也得抬起頭來認一認我們敵人的面目再說。譬如醫病，我們先得看清是什麼病而後用藥，才可以有希望治病。說我們是有病，那是無可致疑的。但病在哪一部，最重要的是症候是什麼，我們卻不一定答得上。至少，各人有各人的答案，決不會一致的。就說這時代的煩悶，煩悶也不能憑空來的不是？它也得有種種造成它的原因，它到底是怎麼回事，我們也得查個明白。換句話說，我們先得確定我們的問題，然後再試第二步的解決。也許在分析我們的病症的研究中，某種對症的醫法，就會不期然的顯現。我們來試試看。

說到這裡，我們可以想像一班樂觀派的先生們冷眼的看著我們好笑。他們笑我們無事忙，談什麼人生，談什麼根本問題，人生根本就沒有問題，這都是那玄學鬼鑽進了懶惰人的腦筋裡在那裡不相干的搗玄虛來了！做人就是做人，重在這做字上。你天性喜歡工業，你去找工程事情做去就得。你愛談整理國故，你尋你的國故整理去就得。工作，更多的工作，是惟一的福音。把你的腦力精神一齊放在你願意做的工作上，你就不會輕易發揮感傷主義，你就不會無病呻吟，你只要盡力去工作，什麼問題都沒有了。

這話初聽到是又生辣又甘脆的，本來麼，有什麼問題，做你的工好了，何必自尋煩惱！但是你仔細一想的時候，這明白曉暢的福音還是有漏洞的。固然這時代很多的呻吟只是懶鬼的裝痛，或是虛幻的想像，但我們因此就能說這時代本來是健全的，所謂病痛所謂煩惱無非是心理作用了嗎？固然當初德國有一個大詩人，他的偉大的天才使他在什麼心智的活動中都找到趣味，他在科學實驗室裡工作得厭倦了，他就跑出來帶住一個女性就發迷，西洋人說的「跌進了戀愛」；回頭他又厭倦了或是失戀了，只一感到煩惱，或悲哀的壓迫，他又趕快飛進了他的實驗室，關上了門，也關上了他自己的感情的門，又潛心他的科學研究去了。在他，所謂工作確是一種救濟，一種關欄，一種調劑，但我們怎能比得？我們一班青年感情和理智還不能分清的時候，如何能有這樣偉大的克制的工夫？所以我們還得來研究我們自身的病痛，想法可能的補救。

並且這工作論是實際上不可能的。因爲假如社會的組織，果然能容得我們各人從各人的心願選定各人的工作並且有機會繼續從事這部分的工作，那還不是一個黃金時代？「民各樂其業，安其生。」還有什麼問題可談的？現代是這樣一個時候嗎？商人能安心做他的生意，學生能安心讀他的書，文學家能安心做他的文章嗎？正因爲這時代從思想起，什麼事情都顛倒了，混亂了，所以才會發生這普通的煩悶病，所以才有問題，否則認眞吃飽了飯沒有事做，大家甘心自尋煩惱不成？

我們來看看我們的病症。

第一個顯明的症候是混亂。一個人群社會的存在與進行是有條件的。這條件是種種體力與智力的活動的和諧的合作，在這諸種活動中的總線索，總指揮，是無形跡可尋的思想，我們簡直可以說哲理的思想，它順著時代或領著時代規定人類努力的方向，並且在可能時給它一種解釋，一種價值的估定與意義的發現。思想的一個使命，是引導人類從非意識的以至無意識的活動進化到有意識的活動，這點子意識性的認識與覺悟，是人類文化史上最光榮的一種勝利，也是最透徹的一種快樂。果然是這部分哲理的思想，統轄得住這人群社會全體的活動，這社會就上了正軌；反面說，這部分思想要是失去了它那總指揮的地位，那就壞了，種種體力和智力的活動，就隨時隨地有發生衝突的可能，這重心的抽去是種種不平衡現象主要的原因。現在的中國就吃虧在沒有了這個重心，結果什麼都豁了邊，都不合式了。我們這老大國家，說也可慘，在這百年來，根本就沒有思想可說。從安逸到寬鬆，從寬鬆到怠惰，從怠惰到著忙，從著忙到瞎闖，從瞎闖到混

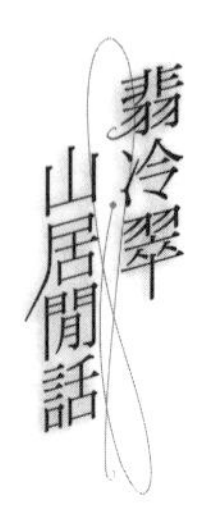

亂，這幾個形容詞我想可以概括近百年來中國的思想史，——簡單說，它完全放棄了總指揮的地位。沒有了系統，沒有了目標，沒有了和諧，結果是現代的中國：一團混亂。

混亂，混亂，哪兒都是的。因為思想的無能，所以引起種種混亂的現象，這是一步。再從這種種的混亂，更影響到思想本體，使它也傳染了這混亂。好比一個人因為身體軟弱才受外感，得了種種的病，這病的蔓延又回過來銷蝕病人有限的精力，使他變成更軟弱了，這是第二步，經濟，政治，社會，哪兒不是蹊蹺，哪兒不是混亂？這影響到個人方面是理智與感情的不平衡，感情不受理智的節制就是意氣，意氣永遠是浮的，淺的，無結果的；因為意氣占了上風，結果是錯誤的活動。為了不曾辨認清楚的目標，我們的文人變成了政客，研究科學的，做了非科學的官，學生拋棄了學問的尋求，工人做了野心家的犧牲。這種種混亂現象影響到我們青年是造成煩悶心理的原因的一個。

這一個症候——混亂——又過渡到第二個症候——變態。什麼是人群社會的常態？人群是感情的結合。雖則盡有好奇的思想家告訴我們人是互殺互害的，或是人的團結是基本於怕懼的本能，雖則就在有秩序上軌道的社會裡，我們也看得見惡性的表現，我們還是相信社會的紀綱是靠著積極的情感來維繫的。這是說在一常態社會的天平上，情愛的分量一定超過仇恨的分量，互助的精神一定超過互害互殺的現象，但在一個社會沒有了負有指導使命的思想的中心的情形之下，種種離奇的變態的現象，都是可能產生的了。

一個社會不能供給正當的職業時，它即使有嚴厲的法令，也不能禁止盜匪的橫行。一個社會不能保障安全，獎勵恒業恒心，結果原來正當的商人，都變成了拿妻子生命財產來做買空賣空的投機家。我們只要翻開我們的日報，就可以知道這現代的社會是常態是變態。籠統一點說，他們現在只有兩個階級可分，一個是執行恐怖的主體，強盜，軍隊，土匪，綁匪，政客，野心的政治家，所有得勢的投機家都是的，他們實行的，不論明的暗的，直接間接都是一種恐怖主義。還有一個是被恐怖的。前一階級永遠拿著殺人的利器或是類似的東西在威嚇著，壓迫著，要求滿足他們的私欲，後一階級永遠是在地上爬著，發著抖，喊救命，這不是變態嗎？這變態的現象表現在思想上就是種種荒謬的主義離奇的主張。籠統說，我們現在聽得見的主義主張，除了平庸不足道的，大都是計算領著我們向死足上走的。這不是變態嗎？

這種種變態現象影響到我們青年，又是造成煩悶心理的原因的一個。

這混亂與變態的觀眾又協同造成了第三種的現象——一切標準的顛倒。人類的生活的條件，不僅僅是衣食住；「人之異於禽獸者幾希」，我們一講到人道，就不能脫離相當的道德觀念。這比是無形的空氣，他的清鮮是我們健康生活的必要條件。我們不能沒有理想，沒有信念，我們眞生命的寄託決不在單純的衣食間。我們崇拜英雄——廣義的英雄——因爲在他們事業上所表現的品性裡，我們可以感到精神的滿足與靈感，鼓勵我們更高尚的天性，勇敢的發揮人道的偉大。你崇拜你的愛人，因爲她代表的是女性的美德。你崇拜當代的政治家，因爲他們代表的是無私心的努力。你崇拜思想家，因爲他們代表的是尋求眞理的勇敢。這崇拜的涵義就是標準。時代的風尚儘管變遷，但道義的標準是永遠不動搖的。這些道義的準則，我們問時代要求的是隨時給我們這些道義準則的一個具體的表現。彷彿是在渺茫的人生道上給懸著幾顆照路的明星。但現代給我們的是什麼？我們何嘗沒有熱烈的崇拜心？我們何嘗不在這一件事那一件事上，或是這一個人物那一個人物的身上安放過我們迫切的期望。但是，但是，還用我說嗎！有哪一件事不使我們重大的迷惑，失望，悲傷？說到人的方面，哪有比普遍的人格的破產更可悲悼的？在不知哪一種魔鬼主義的秋風裡，我們眼見我們心目中的偶像像敗葉似的一個個全掉了下來！眼見一個個道義的標準，都叫醜惡的人性給沾上了不可清洗的污穢！標準是沒有了的。這種種道德方面人格方面顚倒的現象，影響到我們青年，又是造成煩悶心理的原因的一個。

跟著這種種症候還有一個驚心的現象，是一般創作活動的消沉，這也是當然的結果。因爲文藝創作活動的條件是和平有秩序的社會狀態，常態的生活，以及理想主義的根據。我們現在卻只有混亂，變態，以及精神生活的破產。這彷彿是拿毒藥放進了人生的泉源，從這裡流出來的思想，哪還有什麼眞善美的表現？

這時代病的症候是說不盡的，這是最複雜的一種病，但單就我們上面說到的幾點看來，我們似乎已經可以探得一點消息，至少我個人是這麼想。——那一點消息就是生命的枯窘，或是活力的衰耗。我們所以得病是爲我們生活的組織上缺少了思想的重心，它的使命是領導與指揮。但這又爲什麼呢？我的解釋，是我們這民族已經到了一個活力枯窘的時期。生命之流的本身，已經是近於乾涸了；再加之我們現得的病，又是直接尅伐生命本體的致命症候，我們怎樣能受得住？這話可又講遠了，但又不能不從本原上講起。我們第一要記得我們這民族是老得不堪的一個民族。我們知道什麼東西都有它天限的壽命；一種樹只能青多少年，過了這期限就得衰，一種花也只能開幾度花，過此就爲死（雖則從另一個看法，它們都是永生的，因爲它們本身雖得死，它們的種子還是有機會繼續發長）。我們這棵樹在人類的樹林裡，已經算得是壽命極長的了。我們的血統比較又是純粹的，就連我們的近鄰西藏滿蒙的民族都等於不和我們混合。還有一個特點是我們歷來因爲四民制的結果，士之子恒爲士，商之子恒爲商，思想這任務完全爲士民階級的專利，又因爲經濟制度的關係，活力最充足的農民簡直沒有機會讀書，因此士民階級形成了一種孤單的地位。我們要知道知識是一種墮落，尤其從活力的觀點看，這士民階級是特別墮落的一個階級，再加之我們舊教育觀念的偏窄，單就知識論，我們思想本能活動的範圍簡直是荒謬的狹小。我們只有幾本書，一套無生命的陳腐的文字，是我們惟一的工具。這情形就比是本來是一個海灣，和大海是相通的，但後來因爲沙地的脹起，這一灣水漸漸的隔離它所從來的海，而變成了湖。這湖原先也許還承受得著幾股山水的來源，但後來又經過陵谷的變遷，這部分的來源也斷絕了，結果這湖又乾成一隻小潭，乃至一小潭的止水，脹滿了青苔與萍梗，鈍遲遲的眼看得見就可以完全乾涸了去的一個東西。這是我們受教育的士民階級的相仿情形。現在所謂智識階級亦無非是這潭死水裡比較泥草鬆動些風來還多少吹得縐的一窪臭水，別瞧它矜矜自喜，可憐它能有多少前程？還能有多少生命？

所以我們這病，雖則症候不止一種，雖然看來複雜，歸根只是中醫所謂氣血兩虧的一種本原病。我們現在所感覺的煩悶，也只見沉浸在這一窪離死不遠的臭水裡的氣悶，還有什麼可說的？水因爲不流所以滋生了水草，這水草的漲性，又幫助浸乾這有限的水。同樣的，我們的活力因爲斷絕了來源，所以發生了種種本原性的病症，這些病又回過來侵蝕本原，幫助消盡這點僅存的活力。

病性既是如此，那不是完全絕望了嗎？

那也不能這麼容易。一棵大樹的凋零，一個民族的衰歇，決不是一朝一夕的事兒。我們當然還是要命。只是怎麼要法，是我們的問題。我說過我們的病根是在失去了思想的重心，那又是原因於活力的單薄。在事實上，我們這讀書階級形成了一種極孤單的狀況，一來因爲階級關係它和民族裡活力最充足的農民階級完全隔絕了，二來因爲畸形教育以及社會的風尚的結果，它在生活方面是極端的城市化，腐化，奢侈化，惰化，完全脫離了大自然健全的影響變成自蝕的一種蛀蟲。在智力活動方面，只偏向於纖巧的淺薄的詭辨的乃至於程式化的一道，再沒有創造的力量的表示，漸次的完全失去了它自身的尊嚴以及統豁領導全社會活動的無上的權威。這一沒有了統帥，種種紊亂的現象就都跟著來了。

這畸形的發展是值得尋味的。一方面你有你的讀書階級，中了過度文明的毒，一天一天往腐化僵化的方向走，但你卻不能否認它智力的發達，只因爲道義標準的顛倒以及理想主義的缺乏，它的活動也全不是在正理上。就說這一堂的翩翩年少——尤其是文化最發旺的江浙的青年，十個裡有九個是弱不禁風的。但問題還不全在體力的單薄，尤其是智力活動本身是有了病，它只有毒性的戟刺，沒有健全的來源，沒有天然的資養。纖巧的新奇的思想不是我們需要的，我們要的是從豐滿的生命與強健的活力裡流露出來純正的健全的思想，那才是有力量的思想。

同時我們再看看占我們民族十分之八九的農民階級。他們生活的簡單，腦筋的簡單，感情的簡單，意識的疏淺，文化的落後，幾於使他們形成一種僅僅有生物作用的人類。他們的肌肉是發達的，他們是能工作的，但因爲教育的不普及，他們智力的活動簡直的沒有機會，結果按照生物學的公例，因無用而退化，他們的腦筋簡直不行的了。鄉下的孩子當然比城市的孩子不靈，粗人的子弟當然比不上書香人的子弟，這是一定的。但我們現在為救這文化的性命，非得趕快就有健全的活力來補充我們受足了過度文明的毒的讀書階級不可。也有人說這讀書階級是不可救藥的了，希望如其有，是在我們民族裡還未經開化的農民階級。我的意思是我們應得利用這部分未開鑿的精力來補充我們開鑿過分的士民階級。講到實施，第一得先打破這無形的階級界限以及省分界限，通婚和婚是必要的，比較的說，廣東湖南乃至北方人比江浙人健全的多，鄉下人比城裡人健全得多，所以江浙人和北方人非得儘量的通婚，城市人非得與農人儘量的通婚不可。但是這話說著容易，實際上是極困難的。講到結婚，誰願意放棄自身的豔福，為的是渺茫的民族的前途上，哪一個翩翩的少年甘心放著窈窕風流的江南女郎不要，而去鄉村裡找粗蠢的大姑娘作配，誰肯不就近結識血統逼近的姨妹表妹乃至於同學妹，而肯遠去異鄉到口音不相通的外省人中間去尋配偶？這是難的我知道。但希望並不見完全沒有——這希望完全是在教育上。第一我們得趕快認清這時代病無非是一種本原病，什麼混亂的變態的現象，都無非顯示生命的缺乏，這種種病，又都就是直接尅伐生命的，所以我們為要文化與思想的健全，不能不想方法開通路子，使這幾窪孤立的呆定的死水重複得到天然泉水的接濟，重複靈活起來，一切的障礙與淤塞自然會得消滅——思想非得直接從生命的本體裡熱烈的迸裂出來才有力量，才是力量。這過度文明的人種非得帶它回到生命的本源上去不可，它非得重新生過根不可。按著這個目標，我們在教育上就不能不極力推廣教育的機會到健全的農民階級裡去，同時獎勵階級間的通婚。假如國家的力量可以干涉到個人婚姻的話，我們盡可以用強迫的方法叫你們這些翩翩的少年都去娶鄉下大姑娘子，而同時把我們窈窕風流的女郎去嫁給農民做媳婦。況且誰知道，我們現在擇偶的標準本身就是不健全的。女人要嫁給金錢，奢侈，虛榮，女性的男子；男人的口味也是同樣的不妥當。什麼都是不健全的，喔，這毒氣充塞的文明社會！在我們理想實現的那一天，我們這文化如其有救的話，將來的青年男女一定可以兼有士民與農民的特長，體力與智力得到均平的發展，從這類健全的生命樹上，我們可以盼望吃得著美麗鮮甜的思想的果子！

至於我們個人方面，我也有一部分的意見，只是今天時光局促了怕沒有機會發揮，但總結一句話，我們要認清我們是什麼病，這病毒是在我們一個個你我的身體上，血液裡，無容諱言的，只要我們不認錯了病多少總有辦法。我的意見是要多多接近自然，因為自然是健全的純正的影響，這裡面有無窮盡性靈的資養與啓發與靈感。這完全靠我們個人自覺的修養。我們先得要立志不做時代和時光的奴隸，我們要做我們思想和生命的主人，這暫時的沉悶決不能壓倒我們的理想，我們正應得感謝這深刻的沉悶，因為在這裡，我們才感悟著一些自度的消息，如我方才說的，我們還是得努力，我們還是得堅持，我們的態度是積極的。正如我兩年前《落葉》的結束是喊一聲，“Everlasting yea”，我今天還是要你們跟著我來喊一聲“Everlasting yea”！

傷雙栝老人

看來你的死是無可致疑的了，宗孟先生，雖則你的家人們到今天還沒法尋回你的殘骸。最初消息來時，我只是不信，那其實是太兀突，太荒唐，太不近情。我曾經幾回夢見你生還，敘述你歷險的始末，多活現的夢境！但如今在栝樹凋盡了青枝的庭院，再不聞「老人」的謦欬；真的沒了，四壁的白聯彷彿在微風中歎息。這三四十天來，哭你有你的內眷，姊妹，親戚，悼你的私交；惜你有你的政友與國內無數愛君才調的士夫。志摩是你的一個忘年的小友。我不來敷陳你的事功，不來歷敘你的言行；我也不來再加一份涕淚弔你最後的慘變。魂兮歸來！此時在一個風滿天的深夜握筆，就只兩件事閃閃的在我心頭：一是你的諧趣天成的風懷，一是髫年失怙的諸弟妹，他們，你在時，哪一息不是你的關切，便如今，料想你彷徨的陰魂也常在他們的身畔飄逗。平時相見，我傾倒你的語妙，往往含笑靜聽，不叫我的笨澀羼雜你的瑩徹，但此後，可恨這生死間無情的阻隔，我再沒有那樣的清福了！只當你是在我跟前，只當是消磨長夜的閒談，我此時對你說些瑣碎，想來你不至厭煩罷。

先說說你的弟妹。你知道我與小孩子們說得來，每回我到你家去，他們一群四五個，連著眼珠最黑的小五，浪一般的擁上我的身來，牽住我的手，攀住我的頭，問這樣，問那樣；我要走時他們就著了忙，搶帽子的，鎖門的，嘎著聲音苦求的——你也曾見過我的狼狽。自從你的噩耗到後，可憐的孩子們，從不滿四歲到十一歲，哪懂得生死的意義，但看了大人們嚴肅的神情，他們也都發了呆，一個個木雞似的在人前愣著。有一天聽說他們私下在商量，想組織一隊童子軍，衝出山海關去替爸爸報仇！

「栝安」那處報到的一個早上，我正在你家。忽然間一陣天翻似的鬧聲從外院陡起，一群孩子擁著一位手拿電紙的大聲的歡呼著，衝鋒似的陷進了上房。果然是大勝利，該得慶祝的：「爹爹沒有事！」「爹爹好好的！」徽那裡平安電馬上發了去，省她急。福州電也發了去，省他們跋涉。但這歡喜的風景運定活不到三天，又叫接著來的消息給完全煞盡！

當初送你同去的諸君回來，證實了你的死信。那晚，你的骨肉一個個走進你的臥房，各自默惻惻的坐下，阿，那一陣子最難堪的噤寂，千萬種痛心的思潮在各個人的心頭，在這沉默的暗慘中，激蕩，洶湧，起伏。可憐的孩子們也都淚瀅瀅的攢聚在一處，相互的偎著，半懂得情景的嚴重。霎時間，衝破這沉默，發動了放聲的號啕，骨肉間至性的悲哀——你聽著嗎，宗孟先生，那晚有半輪黃月斜覘著北海白塔的淒涼？

我知道你不能忘情這一群童稚的弟妹。前晚我去你家時見小四小五在靈幃前翻著跟斗，正如你在時他們常在你的跟前獻技。「你爹呢？」我拉住他們問。「爹死了」，他們嘻嘻的回答，小五摟住了小四，一和身又滾做一堆！他們將來的養育是你身後惟一的問題——說到這裡，我不由的想起了你離京前最後幾回的談話。政治生活，你說你不但嘗夠而且厭煩了。這五十年算是一個結束，明年起你準備謝絕俗緣，親自教課膝前的子女；這一清心你就可以用功你的書法，你自覺你腕下的精力，老來只是健進，你打算再花二十年工夫，打磨你藝術的天才；文章你本來不弱，但你想望的卻不是什麼等身的著述，你只求瀝一生的心得，淘成三兩篇不易衰朽的純晶。這在你是一種覺悟；早年在國外初識面時，你每每自負你政治的異稟，即在年前避居津地時你還以為前途不少有為的希望，直至最近政態詭變，你才內省厭倦，認眞想回復你書生逸士的生涯。我從最初驚訝你清奇的相貌，驚訝你更清奇的談吐，我便不阿附你從政的熱心，曾經有多少次我諷勸你趁早回航，領導這新時期的精神，共同發現文藝的新土。即如前年泰戈爾來時，你那興會正不讓我們年輕人；你這半百翁登台演戲，不辭勞倦的精神正不知給了我們多少的鼓舞！

不，你不是「老人」；你至少是我們後生中間的一個。在你的精神裡，我們看不見蒼蒼的鬢髮，看不見五十年光陰的痕跡；你的依舊是二三十年前《春痕》故事裡的「逸」的風情——「萬種風情無地著」，是你最得意的名句，誰料這下文竟命定是「遼原白雪葬華顛」！

誰說你不是君房的後身？可惜當時不曾記下你搖曳多姿的吐屬，蓓蕾似的滿綴著警句與諧趣，在此時回憶，只如天海遠處的點點航影，再也認不分明。你常常自稱厭世人。果然，這世界，這人情，哪禁得起你銳利的理智的解剖與抉剔？你的鋒芒，有人說，是你一生最吃虧的所在。但你厭惡的是虛偽，是矯情，是頑老，是鄉願的面目，那還不是該的？誰有你的豪爽，誰有你的倜儻，誰有你的幽默？你的鋒芒，即使露，也決不是完全在他人身上應用，你何嘗放過你自己來？對己一如對人，你絲毫不存姑息，不存隱諱。這就夠難能，在這無往不是矯揉的日子。再沒有第二人，除了你，能給我這樣脆爽的清談的愉快。再沒有第二人在我的前輩中，除了你，能使我感受這樣的無「執」無「我」精神。

最可憐是遠在海外的徽徽，她，你曾經對我說，是你惟一的知己；你，她也曾對我說，是她惟一的知己。你們這父女不是尋常的父女。「做一個有天才的女兒的父親，」你曾說，「不是容易享的福，你得放低你天倫的輩分先求做到友誼的瞭解。」徽，不用說，一生崇拜的就只你，她一生理想的計畫中，哪件事離得了聰明不讓她自己的老父？但如今，說也可憐，一切都成了夢幻，隔著這萬里途程，她那弱小的心靈如何載得起這奇重的哀慘！這終天的缺陷，叫她問誰補去？佑著她吧，你不昧的陰靈，宗孟先生，給她健康，給她幸福，尤其給她藝術的靈術——同時提攜她的弟妹，共同增榮雪池雙栝的清名！

十五年，二月，二日，新月社

弔劉叔和

一向我的書桌上是不放相片的。這一月來有了兩張，正對我的坐位，每晚更深時就只他們倆看著我寫，伴著我想；院子裡偶爾聽著一聲清脆，有時是蟲，有時是風捲敗葉，有時，我想像，是我們親愛的故世人從墳墓的那一邊吹過來的消息。伴著我的一個是小，一個是「老」：小的就是我那三月間死在柏林的彼得，老的是我們鍾愛的劉叔和，「老老」。彼得坐在他的小皮椅上，抿緊著他的小口，圓睜著一雙秀眼，彷彿性急要媽拿糖給他吃，多活靈的神情！但在他右肩的空白上分明題著這幾行小字：「我的小彼得，你在時我沒福見你，但你這可愛的遺影應該可以伴我終身了。」老老是新長上幾根看得見的上唇鬚，在他那件常穿的緞褂裡欠身坐著，嚴正在他的眼內，和藹在他的口頷間。

讓我來看。有一天我邀他吃飯，他來電說病了不能來，順便在電話中他說起我的彼得。（在襁褓時的彼得，叔和在柏林也曾見過。）他說我那篇悼兒文做得不壞；有人素來看不起我的筆墨的，他說，這回也相當的讚許了。我此時還分明記得他那天通電時著了寒發沙的嗓音！我當時回他說多謝你們誇獎，但我卻覺得淒慘，因爲我同時不能忘記那篇文字的代價，是我自己的愛兒。過了幾天適之來說：「老老病了，並且他那病相不好，方才我去看他，他說適之我的日子已經是可數的了。」他那時住在皮宗石家裡。我最後見他的一次，他已在醫院裡。他那神色眞是不好，我出來就對人講，他的病中醫叫作濕瘟，並且我分明認得它，他那眼內的鈍光，面上的澀色，一年前我那表兄沈叔薇彌留時我曾經見過——可怕的認識，這侵蝕生命的病徵。可憐少鰥的老老，這時候病榻前竟沒有溫存的看護；我與他說笑：「至少在病苦中有妻子畢竟強似沒妻子，老老，你不懊喪續弦不及早嗎？」那天我餵了他一餐，他實在是動彈不得；但我向他道別的時候，我眞爲他那無告的情形不忍。（在客地的單身朋友們，這是一個切題的教訓，快些成家，不要過於挑剔了吧；你放平在病榻上時才知道沒有妻子的悲慘！——到那時，比如叔和，可就太晚了。）

叔和沒了。但爲你，叔和，我卻不曾掉淚。這年頭也不知怎的，笑自難得，哭也不得容易。你的死當然是我們的悲痛，但轉念這世上慘澹的生活其實是無可沾戀，趁早隱了去，誰說一定不是可羨慕的幸運？況且近年來我已經見慣了死，我再也不覺著它的可怕。可怕是這煩囂的塵世：蛇蠍在我們的腳下，鬼祟在市街上，霹靂在我們的頭頂，噩夢在我們的周遭。在這偉大的迷陣中，最難得的是遺忘；只有在簡短的遺忘時，我們才有機會恢復呼吸的自由與心神的愉快。誰說死不就是個悠久的遺忘的境界？誰說墓窟不就是眞解放的進門？

但是隨你怎樣看法，這生死間的隔絕，終究是個無可奈何的事實，死去的不能復活，活著的不能到墳墓的那一邊去探望。到絕海裡去探險我們得合夥，在大漠裡遊行我們得結伴；我們到世上來做人，歸根說，還不只是惴惴的來尋訪幾個可以共患難的朋友，這人生有時比絕海更凶險，比大漠更荒涼，要不是這點子友於的同情我第一個就不敢向前邁步了。叔和眞是我們的一個。他的性情是不可信的溫和：「頂好說話的老老」；但他每當論事，卻又絕對的不苟同，他的議論，在他起勁時，就比如山壑間雨後的亂泉，石塊壓不住它，蔓草掩不住它。誰不記得他那永遠帶傷風的嗓音，他那永遠不平衡的肩背，他那怪樣的激昂的神情？通伯在他那篇《劉叔和》裡說起當初在海外老老與傅孟眞的豪辯，有時竟連「吶吶不多言」的他，也「免不了加入他們的戰隊」。這三位衣常敝，履無不穿的「大賢」在倫敦東南隅的陋巷，點煤汽油燈的斗室裡，眞不知有多少次借光柏拉圖與盧騷與斯賓塞的迷力，欺騙他們告空虛的腸胃——至少在這一點他們三位是一致同意的！但通伯卻忘了告訴我們他自己每回加入戰團時的特別情態，我想我應得替他補白。我方才用亂泉比老老，但我應得說他是一竄野火，焰頭是斜著去的；傅孟眞，不用說，更是一竄野火，更猖獗，焰頭是斜著來的；這一去一來就發生了不得開交的衝突。在他們最不得開交時，劈頭下去了一剪冷水，兩竄野火都吃了驚，暫時翳了回去。那一剪冷水就是通伯；他是出名澆冷水的聖手。

阿，那些過去的日子！枕上的夢痕，秋霧裡的遠山。我此時又想起初渡太平洋與大西洋時的情景了。我與叔和同船到美國，那時還不熟；後來同在紐約一年差不多每天會面的，但最不可忘的是我與他同渡大西洋的日子。那時我正迷上尼采，開口就是那一套沾血腥的字句。

我彷彿跟著查拉圖斯脫拉登上了哲理的山峰，高空的清氣在我的肺裡，雜色的人生橫亙在我的眼下。船過必司該海灣的那天，天時驟然起了變化：岩片似的黑雲一層層累疊在船的頭頂，不漏一絲天光，海也整個翻了，這裡一座高山，那邊一個深谷，上騰的浪尖與下垂的雲爪相互的糾拿著；風是從船的側面來的，夾著鐵梗似粗的暴雨，船身左右側的傾欹著。這時候我與叔和在水發的甲板上往來的走——哪裡是走，簡直是滾，多強烈的震動！霎時間雷電也來了，鐵青的雲板裡飛舞著萬道金蛇，濤響與雷聲震成了一片喧闐，大西洋險惡的威嚴在這風暴中盡情的披露了。「人生，」我當時指給叔和說，「有時還不止這凶險，我們有膽量進去嗎？」那天的情景益發激動了

我們的談興，從風起直到風定；從下午直到深夜，我分明記得，我們倆在沉酣的論辯中遺忘了一切。

今天國內的狀況不又是一幅大西洋的天變？我們有膽量進去嗎？難得是少數能共患難的旅伴；叔和，你是我們的一個，如何你等不得浪靜就與我們永別了？叔和，說他的體氣，早就是一個弱者；但如其一個不堅強的體殼可以包容一團堅強的精神，叔和就是一個例。叔和生前沒有仇人，他不能有仇人；但他自有他不能容忍的對象：他恨混淆的思想；他恨腌臢的人事。他不輕易鬥爭；但等他認定了對敵出手時，他是最後回頭的一個。叔和，我今天又走上了暴風雨中的甲板，我不能不悼惜我侶伴的空位！

十月十五日

詩的意見

詩人與詩

你們若有研究文學的興趣，先要問自己能不能以自己的生活的大部分來從事於文藝；這個問題解決之後，再問自己生活的態度是怎樣。最好是採取一種孤獨的生活，經營你內心的生活，去創造你自己的文學的產品。詩人的作品的實質決不是在繁華的生活所能得到的。文學家的修養的起點，就是保持我們的活潑的態度，遠避這惡濁的社會。若是實在不能孤獨的去生活，而強伏於公同生活的環境；只要你能有你自己意志的主宰，對於外邊的引誘也就無妨了。

要想專門的去研究詩的文學，或者想做一個詩人，也應該經過這個程序的疑問而後去決定。

詩人究竟是什麼東西？這句話急切也答不上來。詩人中最好的榜樣：我最愛中國的李太白，外國的Shelley。他們生平的歷史就是一首極好的長詩；所以詩人雖然沒有創造他們的作品，也還能夠成其爲詩人。我們至少要承認：詩人是天生的而非人爲的（poet is born not made），所以眞的詩人極少極少。廣義地說，一個小孩子也是詩人，因爲他也有他的想像力，及他的天眞爛漫的觀察力。我想英國能寫詩的人不下三十萬，不過在裡面只尋找得出二十個眞詩人，在各大學中當得起詩人之稱的不過一二人。

有人說：「道德不好的人不能做詩人。」好像Villon[1]是一個濫

[1] Villon：維庸（1431～1463？），法國詩人，品行不端，曾多次入獄，主要作品有《小遺言集》、《大遺言集》等。

喝酒而且做賊的人；還有義大利文藝復興時代做情歌的Malatasta[2]也是道德不甚好的人；還有英國的Byron[3]爲英國社會所不容而趕到別國去的，他有天賦的狂放的天才，兼之那時又是浪漫的時期，他所得的境界是純粹的美，他的宗教的第一信仰就是美的實在，出乎普通的道德，和人們的成見及偏見的制裁。這三人中，只有Malatasta實在是個壞人，所以他的詩也只能算僞的文學。

詩人不能兼作數學家。如像德國的Goethe[4]，他的政治，歷史，哲學，文學……都好，只有數學一種學科不行。你們數學不見長的，來學詩一定是很適宜的；因爲詩人的情重於智，數學家卻只重印板式的思構；數學不好的人，他的想像力一定很發達，所以他不慣受拘於那呆板的條例。

詩人是半女性的（poet is half woman）如像但丁……等是在英國除了伯克外，Shelley同Keats都是美男子，都是三十四五歲上就夭折了。但是所謂半女性，自然不是生理上的，也不是容貌上的，乃是性情上的——一種纏綿的多愁性。

詩人不是實際的實行家。然而也有例外，如像Shakespeare，他既做過小生意，又當過戲園的掌班，辦事很有條理的。

上面幾條反面的說法，看了之後大概可以知道詩人是什麼了。但是詩人的產物——詩到底又是什麼東西呢？

這個尤其難說了。只有一個滑稽而較確切的解釋：「詩就是

[2] Malatasta：馬拉它撒，不詳。
[3] Byron：拜倫（1788～1824），英國浪漫主義詩人，代表作有《恰爾德．哈羅爾德遊記》、《唐璜》等。唐瓊（Don Juan），今譯唐璜。
[4] Goethe：歌德。

詩。」但是這個解釋還是等於不解釋，對於我們的求知心，自然不能算滿足。

勉強的說：詩是寫人們的情緒的感受或發生。情緒的義很廣，不僅是哭，笑，喜，怒，……等情：比如我們寫一棵樹，寫一塊石頭，只要你能身入其境，與你所寫及的東西有同化的境界，就是情緒極眞的表現。

現在的詩人幾乎占據了中國的新文壇，所以發表出來的詩也太濫了。反對白話詩的人常常持這種論調：「散文分行寫就是一首白話詩，白話詩要改成連貫的寫就是一篇白話文。」這也不怪他們說得這樣過份，作者原不能辭其責呀。雖然，這種努力也是一種極好的預備。

外來的感覺不能刺激我們的靈性怎樣深。天賦我們的眼睛，我們要運用他能看的本能去觀察；天賦我們的耳，我們要運用他能聽的本能去諦聽；天賦我們的心，我們要運用他能想的本能去思想；此外還要依賴一種潛識——想像化，把深刻的感動讓他在潛識內融化，等他自己結晶，一首詩這才能夠算成功。所以寫詩單靠Inspiration[5]是不行的。

我們還要有藝術的自覺心。寫我們有價值的經驗，不是關於各個人的價值，應該把他客觀化，——就是由我寫出來，別人看了也要有同情的感動。

詩是極高尚極純粹的東西，不要太容易去作，更不要爲發表而作。我們得到一種詩的實質，先要溶化在心裡；直至忍無可忍，覺得

---

❺ Inspiration：靈感。

幾乎要迸出我心腔的時候，才把他寫出。那才能算一首眞的詩。

詩的靈魂是音樂的，所以詩最重音節。這個並不是要我們去講平仄，押韻腳，我們步履的移動，實在也是一種音節啊。所以散文也可以說是有音節的。作白話詩我們也要在大範圍內去自由。

詩是一種最高的語言，所以詩要非常貫連的。外國的一首好詩，一個音節不能省，一個不恰當的字不能用。本來作詩如造屋，屋中的一根柱頭沒有放好，全座的房子都要受影響。

我們想作詩，先要多讀幾篇散文。因爲散文比較上有發展的餘力，美的散文所得的快慰也不下於一首詩。想做詩還要多學幾種藝術，如像音樂，圖畫，……與詩的音節和描寫都很有關係的。

《新月》的態度

And God said, Let there be light; and there was light. - The Genesis[1]

If winter comes, can Spring be far behind? - Shelley[2]

我們這月刊題名《新月》，不是因爲曾經有過什麼「新月社」，那早已散消，也不是因爲有「新月書店」，那是單獨一種營業，它和本刊的關係只是擔任印刷與發行。《新月》月刊是獨立的。

我們捨不得新月這名子，因爲它雖則不是一個怎樣強有力的象徵，但它那纖弱的一彎分明暗示著，懷抱著未來的圓滿。

我們這幾個朋友，沒有什麼組織除了這月刊本身，沒有什麼結合除了在文藝和學術上的努力，沒有什麼一致除了幾個共同的理想。

憑這點集合的力量，我們希望爲這時代的思想增加一些體魄，爲這時代的生命添厚一些光輝。

但不幸我們正逢著一個荒歉的年頭，收成的希望是枉然的。這又是個混亂的年頭，一切價值的標準，是顛倒了的。

要尋出荒歉的原因並且給它一個適當的補救，要收拾一個曾經大恐慌蹂躪過的市場，再進一步要掃除一切惡魔的勢力，爲要重見天日的清明，要浚治活力的來源，爲要解放不可制止的創造的活動——這項巨大的事業當然不是少數人，尤其不是我們這少數人所敢

---

❶ 神說，要有光：就有了光。——《創世紀》。

❷ 冬天來了，春天還會遠嗎？——雪萊。

妄想完全擔當的。

但我們自分還是有我們可做的一部分的事。連著別的事情我們想貢獻一個謙卑的態度。這態度，就正面說，有它特別側重的地方，就反面說，也有它鄭重矜持的地方。

先說我們這態度所不容的。我們不妨把思想（廣義的，現代刊物的內容的一個簡稱。）比作一個市場，我們來看看現代我們這市場上看得見的是些什麼？如同在別的市場上，這思想的市場上也是擺滿了攤子，開滿了店鋪，掛滿了招牌，扯滿了旗號，貼滿了廣告，這一眼看去辨認得清的至少有十來種行業，各有各的色彩，各有各的引誘，我們把它們列舉起來看看：——

一　感傷派
二　頹廢派
三　唯美派
四　功利派
五　訓世派
六　攻擊派
七　偏激派
八　纖巧派
九　淫穢派
十　熱狂派
十一　稗販派
十二　標語派
十三　主義派

商業上有自由，不錯。思想上言論上更應得有充分的自由，不錯。但得在相當的條件下。最主要的兩個條件是（一）不妨害健康的原則。（二）不折辱尊嚴的原則。買賣毒藥，買賣身體，是應得受干涉的因爲這類的買賣直接違反康健與尊嚴兩個原則。同時這些非法的或不正當的營業還是一樣在現代的大都會裡公然的進行——鴉片，毒藥，淫業，哪一宗不是利市三倍的好買賣？但我們卻不能因它們的存在就說它們不是不正當而默許它們存在的特權。在這類的買賣上我們不能應用商業自由的原則。我們正應得覺到切膚的羞惡，眼見這些危害性的下流的買賣公然在我們所存在的社會裡占有它們現有的地位。

同時在思想的市場上我們也看到種種非常的行業，例如上面列舉的許多門類。我們不說這些全是些「不正當」的行業，但我們不能不說這裡面有很多是與我們所標舉的兩大原則——健康與尊嚴——不相容的。我們敢說這現象是新來的，因爲連著別的東西思想自由這觀念本身就是新來的。這也是個反動的現象，因此，我們敢說，或許是暫時的。先前我們在思想上是絕對沒有自由，結果是奴性的沉默；現在，我們在思想上是有了絕對的自由，結果是無政府的淩亂。思想的花式加多本來不是件壞事，在一個活力旁薄的文化社會裡往往看得到，偎傍著剛直的本幹，普蓋的青蔭，不少盤錯的旁枝，以及恣蔓的藤蘿。那本不關事，但現代的可憂正是爲了一個顚倒的情形。盤錯的，恣蔓的盡有，這裡那裡都是的，卻不見了那剛直的與普蓋的。這就比是一個商業社會上不見了正宗的企業，卻只有種種不正當的營業盤據著整個的市場，那不成了笑話？

即如我們上面隨筆寫下的所謂現代思想或言論市場的十多種行業，除了「攻擊」，「纖巧」，「淫穢」諸宗是人類不怎樣上流的根性得到了自由（放縱）當然的發展，此外多少是由外國轉運來的投機事業。我們不說這時代就沒有認眞做買賣的人，我們指摘的是這些買賣本身的可疑。礙著一個迷誤的自由的觀念，顧著一個容忍的美名，我們往往忘卻思想是一個園地，它的美觀是靠著我們隨時的種植與剷除，又是一股水流，它的無限的效用有時可以轉變成不可收拾的奇災。

我們不敢附和唯美與頹廢，因爲我們不甘願犧牲人生的闊大，爲要雕鏤一隻金鑲玉嵌的酒杯。美我們是尊重而且愛好的，但與其咀嚼罪惡的美豔還不如省念德性的永恆，與其到海陀羅凹腔裡去收集珊瑚色的妙樂還不如置身在擾攘的人間傾聽人道那幽靜的悲涼的清商。

我們不敢讚許傷感與熱狂因爲我們相信感情不經理性的清濾是一注惡濁的亂泉，它那無方向的激射至少是一種精力的耗廢。我們未嘗不知道放火是一樁新鮮的玩藝，但我們卻不忍爲一時的快意造成不可救濟的慘象。「狂風暴雨」有時是要來的，但狂風暴雨是不可終朝的。我們願意在更平靜的時刻中提防天時的詭變，不願意藉口風雨的猖狂放棄清風白日的希冀。我們當然不反對解放情感，但在這頭駿悍的野馬的身背上我們不能不謹愼的安上理性的鞍索。

我們不崇拜任何的偏激因爲我們相信社會的紀綱是靠著積極的情感來維繫的，在一個常態社會的天平上，情愛的分量一定超過仇恨的分量，互助的精神一定超過互害與互殺的動機。我們不意願套上著色眼鏡來武斷宇宙的光景。我們希望看一個眞，看一個正。

我們不能歸附功利因爲我們不信任價格可以混淆價直，物質可以替代精神，在這一切商業化惡濁化的急阪上我們要留住我們傾顚的腳步。我們不能依傍訓世，因爲我們不信現成的道德觀念可以用作評價的準則，我們不能聽任思想的矯健僵化成冬烘的臃腫。標準，紀

律，規範，不能沒有，但每一個時代都得獨立去發現它的需要，維護它的健康與尊嚴，思想的懶惰是一切準則顛覆的主要的根由。

末了還有標語與主義。這是一條天上安琪兒們怕踐足的蹊徑。可憐這些時間與空間，哪一間不叫標語與主義的芒刺給扎一個鮮豔。我們的眼是迷眩了的，我們的耳是震聾了的，我們的頭腦是鬧翻了的，辨認已是難事，評判更是不易。我們不否認這些殷勤的叫賣與斑爛的招貼中盡有耐人尋味的去處，盡有誘惑的迷宮。因此我們更不能不審愼，我們更不能不磨厲我們的理智，那剖解一切糾紛的鋒刃，澄清我們的感覺，那辨別眞僞和虛實的本能，放膽到這嘈雜的市場上去做一番審查和整理的工作。我們當然不敢預約我們的成績，同時我們不躊躇預告我們的願望。

這混雜的現象是不能容許它繼續存在的，如其我們文化的前途還留有一線的希望。這現象是不能繼續存在的，如其我們這民族的活力還不曾消竭到完全無望的地步。因爲我們認定了這時代是變態，是病態，不是常態。是病就有治。絕望不是治法。我們不能絕望。我們在絕望的邊緣搜求著希望的根芽。

嚴重是這時代的變態。除了盤錯的，恣蔓的寄生，那是遍地都看得見，幾於這思想的田園內更不見生命的消息。夢人們妄想著花草的鮮明與林木的蔥蘢。但他們有什麼根據除了飄渺的記憶與想像？

但記憶與想像！這就是一個燦爛的將來的根芽！悲慘是那個民族，它回頭望不見一個莊嚴的已往。那個民族不是我們。該得滅亡是那個民族，它的眼前沒有一個異象的展開。那個民族也不應得是我們。

我們對我們光明的過去負有創造一個偉大的將來的使命；對光明的未來又負有結束這黑暗的現在的責任。我們第一要提醒這個使命與責任。我們前面說起過人生的尊嚴與健康。在我們不曾發現更簡賅的信仰的象徵，我們要充分的發揮這一雙偉大的原則——尊嚴與健康。尊嚴，它的聲音可以喚回在歧路上彷徨的人生。健康，它的力量可以消滅一切侵蝕思想與生活的病菌。

我們要把人生看作一個整的。支離的，偏激的看法，不論怎樣的巧妙，怎樣的生動，不是我們的看法。我們要走大路。我們要走正路。我們要從根本上做工夫。我們只求平庸，不出奇。

我們相信一部純正的思想是人生改造的第一個需要。純正的思想是活潑的新鮮的血球，它的力量可以抵抗，可以克勝，可以消滅一切致病的微菌。純正的思想，是我們自身活力得到解放以後自然的產物，不是租借來的零星的工具，也不是稗販來的瑣碎的技術。我們先求解放我們的活力。

我們說解放因爲我們不懷疑活力的來源。淤塞是有的，但還不是枯竭。這些浮荇，這些綠膩，這些潦泥，這些腐生的蠅蚋——可憐的清泉，它即使有奔放的雄心，也不易透出這些寄生的重圍。但它是在著，沒有死。你只須撥開一些汙潦就可以發現它還是在那裡汩汩的溢出，在可愛的泉眼裡，一顆顆珍珠似的急溜著。這正是我們工作的機會。爬梳這壅塞，糞除這穢濁，浚理這瘀積，消滅這腐化；開深這瀦水的池潭，解放這江湖的來源。信心，忍耐。誰說這「一舉手一投足」的勤勞不是一件偉大事業的開端，誰說這涓涓的細流不是一個壯麗的大河流域的先聲？

要從惡濁的底裡解放聖潔的泉源，要從時代的破爛裡規復人生的尊嚴——這是我們的志願。成見不是我們的，我們先不問風是在哪一個方向吹。功利也不是我們的，我們不計較稻穗的飽滿是在哪一天。無常是造物的喜怒，茫昧是生物的前途，臨到「閉幕」的那俄頃，更不分凡夫與英雄，癡愚與聖賢，誰都得撒手，誰都得走；但在那最後的黑暗還不曾覆蓋一切以前，我們還不一樣的得認眞來扮演我們的名分？生命從它的核心裡供給我們信仰，供給我們忍耐與勇敢。爲此我們方能在黑暗中不害怕，在失敗中不頹喪，在痛苦中不絕望。生命是一切理想的根源，它那無限而有規律的創造性給我們在心靈的活動上一個強大的靈感。它不僅暗示我們，逼迫我們，永遠望創造的，生命的方向走，它並且啓示給我們的想像，物體的死只是生的一個節目，不是結束，它的威嚇只是一個謊騙，我們最高的努力的目標是與生命本體同綿延的，是超過死線的，是與天外的群星相感召的。爲此，雖則生命的勢力有時不免比較的消歇，到了相當的時候，人們不能不醒起。我們不能不醒起，不能不奮爭，尤其在人生的尊嚴與健康橫受凌辱與侵襲的時日！來罷，那天邊白隱隱的一線，還不是這時代的「創造的理想主義」的高潮的前驅？來罷，我們想像中曙光似的閃動，還不是生命的又一個陽光充滿的清朝的預告？

我也「惑」[1]
——與徐悲鴻先生書

The opinions that are held with passion are always these for which no good ground exists; indeed the passion is the measure of the holder lack of rational conviction — From Bertrand Russel's ' Skeptical Essays.'[2]

悲鴻兄：

你是一個——現世上不多見的——熱情的古道人。就你不輕阿附，不論在人事上或在繪事上的氣節與風格言，你不是一個今人。在你的言行的後背，你堅強的抱守著你獨有的美與德的準繩——這，不論如何，在現代是值得讚美的。批評或評衡的唯一的涵義是標準。論人事人們心目中有是與非，直與枉，乃至善與惡的分別的觀念。藝術是獨立的；如果關於藝術的批評可以容納一個道德性的觀念，那就只許有——我想你一定可從同意——一個眞與僞的辨認。沒有一個作僞的人，或是一個僥倖的投機的人，不論他手段如何巧妙，可以希冀在文藝史上占有永久的地位。他可以，憑他的欺矇的天才，或技巧的小慧，聳動一時的視聽，弋取浮動的聲名，但一經眞實的光焰的燭

[1] 這是作者就徐悲鴻《惑》寫的評論，一九二九年四月九日作；載於一九二九年四月二十二日、二十五日上海《美展》三日刊第五期、第六期；初收於一九八三年十月商務印書館香港分館《徐志摩全集》第四冊。採自《美展》，徐悲鴻文附後。

[2] 那些被狂熱地持有的見解，對我們來說總有很好的理由；實際上，持論者的狂熱，便是衡量他缺乏理性的信念的尺度。——引自羅素的《懷疑論散文》。

照，他就不得不裎露他的原形。關於這一點，悲鴻，你有的，是「嫉僞如仇」嚴正的敵愾之心，正如種田人的除莠爲的是護苗，你的嫉僞，我信，爲的亦無非是愛「眞」。即在平常談吐中，悲鴻，你往往不自制止你的熱情的激發，同時你的「古道」，你的謹嚴的道德的性情，有如一尊佛，危然趺坐在你熱情的蓮座上，指示著一個不可錯誤的態度。你愛，你就熱熱的愛；你恨，你也熱熱的恨。崇拜時你納頭，憤慨時你破口。眼望著天，腳踏著地，悲鴻，你永遠不是一個走路走一半的人。說到這裡，我可以想見碧薇嫂或者要微笑的插科：「眞對，他是一個書呆！」

但在藝術品評上，眞與僞的界限，雖則是最關重要，卻不是單憑經驗也不是純恃直覺所能完全剖析的。我這裡說的眞僞當然是指一個作家在他的作品裡所表現的意趣與志向，不是指鑒古家的辨別作品的眞假，那另是一回事。一個中材的學生從他的學校裡的先生們學得一些繪事的手法，謹願的步武著前輩的法式，在趣味上無所發明猶之在技術上不敢獨異，他的眞誠是無可致疑的，但他不能使我們對他的眞誠發生興趣。換一邊說，當羅斯金指斥魏斯德勒Whistler是一個「故意的騙子」，罵他是一個「俗物，無恥，紈」，或是當托爾斯泰在他的藝術論裡否認莎士比亞與貝德花芬是第一流的作家，我們頓時感覺到一種空氣的緊張——在前一例是藝術界發生了重大的趣事，在後一例是一個新藝術觀的誕生的警告。魏斯德勒是不是存心欺騙，「拿一盤畫油潑上公眾的臉，討價二百個金幾尼」？羅斯金，曾經爲透納（Turner[3]）作過最莊嚴的辯護的唯一藝術批評家，說是！貝德

[3] Turner：透納（1775～1851），英國風景畫家，擅長水彩畫，融合油畫和水彩技法。著名作品有《迪埃普港》、《運輸船的遇難》和《雨、蒸汽和速度》等。

花芬晚年的作品是否「無意義的狂囈」(Meaningless ravings)?偉大的托爾斯泰說是!古希臘的悲劇家,拉飛爾,密仡朗其羅,洛壇,畢於維史,槐格納,魏爾,易卜生,梅德林克等等是否都是「粗暴,野蠻,無意義」的作家,他們這一群是否都是「無恥的剿襲者」?偉大的托爾斯泰又肯定說是!美術學校或是畫院是否摧殘眞正藝術的機關?偉大的托爾斯泰又斷言說是!

難怪羅斯金與魏斯德勒的官司曾經轟動全倫敦的注意。難怪我們的羅曼·羅蘭看了《藝術論》覺得地土不再承載著他的腳底。但這兩件事當然是不能相提並論的。羅斯金當初分明不免有意氣的牽連,(正如朋瓊司的嫉忌與勢利,)再加之老年的昏瞀與固執,他的對魏斯德勒的攻擊在藝術史上只是一個笑柄,完全是無意義的。這五十年來人們只知道更進的欣賞魏斯德勒的「濫潑的顏色」,同時也許記得羅斯金可憐的老悖,但誰還去翻念 *Fors Clavigera*[4]?托爾斯泰的見解卻是另一回事。他的聲音是文藝界天空的雷震,激起萬壑的迴響,波及遙遠的天邊;我們雖則不敢說他的藝術論完全改變了近代藝術的面目,但誰敢疑問他的博大的破壞的同時也具建設的力量?

但要討論托爾斯泰的藝術觀當然不是一封隨手的信箚,如我現在寫的,所能做到,這我希望以後更有別的機會。我方才提及羅斯金與托爾斯泰兩樁舊話,意思無非是要說到在藝術上品評作家態度眞僞的不易——簡直是難;大名家也有他疏忽或是夾雜意氣的時候,那時他的話就比例的失去它們可聽的價值。我所以說到這一層是因爲你,悲鴻,在你的大文裡開頭就呼斥塞尙或塞尙奴(你譯作腮惹納)

---

[4] *Fors Clavigera*:拉丁文,《舉著錘子的命運女神》,副題為「致大不列顛工人與體力勞動者的書信」。羅斯金的著作,發表於1871~1884年間。

與瑪蒂斯（你譯作馬梯是）的作品「無恥」。另有一次你把塞尚比作「鄉下人的茅廁」，對比你的尊師達仰先生（Dagnan Bouveret）的「大華飯店」。在你大文的末尾你又把他們的惡影響比類「來路貨之嗎啡海綠茵」；如果將來我們的美術館專事收羅他們一類的作品，你「個人卻將披髮入山，不願再見此卑鄙昏瞶黑暗墮落也」。這不過於言重嗎，嚴正不苟的悲鴻先生？

風尚是一個最耐尋味的社會與心理的現象。客觀的說，從方跟絲襪到尖跟絲襪，從維多利亞時代的進化的樂觀主義到維多利亞後期懷疑主義再到歐戰期內的悲觀主義，從愛司髻到鴨稍鬈，從安葛爾的典雅作風到哥羅的飄逸，從特拉克洛崔的壯麗到塞尚的「士氣」再到梵古的癲狂——一樣是因緣於人性好變動喜新異（深一義的是革命性的創作）的現象。我國近幾十年事事模仿歐西，那是個必然的傾向，固然是無可喜悅，抱憾卻亦無須。是他們強，是他們能幹，有什麼可說的？妙的是各式歐化的時髦在國內見得到的，並不是直接從歐西來，那倒也罷，而往往是從日本轉販過來的，這第二手的摹仿似乎不是最上等的企業。說到學襲，說到趕時髦，（這似乎是一個定律，）總是皮毛的新奇的膚淺的先得機會（你沒有見過學上海派裝束學過火的鄉鎮裡來的女子嗎？）。主義是共產最風行，文學是「革命的」最得勢，音樂是「腳死」最受歡迎，繪畫當然就非得是表現派或是旋渦派或是大大主義或是立體主義或是別的什麼更聳動的死木死。

在最近幾年內，關於歐西文化的研究也成了一種時髦，在這項下，美術的討論也占有漸次擴大的地盤。雖則在國內能有幾個人親眼見到過羅浮宮或是烏翡棲或是特萊司登美術院裡的內容？但一樣的拉飛爾安葛爾米勒鐵青梵尼亞乃至塞尚阿溪朋谷已然是極隨熟的口頭禪。我親自聽到過（你大約也有經驗）學畫不到三兩星期的學生們熱奮的爭辨古典派與後期印象派的優劣，梵古的梨抵當著考萊琪奧的聖母，塞尚的蘋果交鬥著鮑狄乞黎的薇納絲——他們那口齒的便捷與使用各家學派種種法寶的熱烈，不由得我不十分驚訝的飲佩。這大都是（我猜想）就近由我們的東鄰轉販得來的。日本是永遠跟著德國走；德國是一座死木死最繁殖的森林，假如沒有那種死木死的巧妙的繁纏的區分，在藝術上憑空的爭論是幾於不可能的。在新近的歐西畫派中，也不知怎的，最受傳誦的，分明最合口味的（在理論上至少），碰巧是所謂後期印象派（"Post Impressionism" 這名詞是英國的批評家法蘭先生Mr. Roger Fry[5]在組織1911年的Grafton Exhibition[6]時臨時現湊的，意思只是印象派以後的幾個畫家，他們其實也是各不相同絕不成派的，但隨後也許因爲方便，就沿用了）。但是天知道！在國內最早談塞尚談梵古談瑪蒂斯的幾位壓根兒就沒有見過（也許除了蔡孑民先生）一半幅這幾位畫家的眞跡！除非我是固陋，我並且敢聲言最早帶回塞尙梵古等套版印畫片來的還是我這藍青外行！這一派所以入時的一個理由是與在文學裡自由體詩短篇小說獨幕劇所以入時同一的——看來容易。我十二分同情於由美術學校或畫院刻苦出身的朋友鄙薄塞尙以次一流的畫，正如我完全懂得由八股試帖詩刻苦出身的老輩鄙薄胡適之以次一流的詩。你說他們的畫一小時可作二三幅。這話並不過於失實，梵古當初窮極時平均每天作畫三幅，每幅平均換得一個法郎的代價——三個法郎足夠他一天的麵包咖啡與板煙！

但這「看來容易」卻眞是害人——尤其是性情愛好附會的就跟

---

[5] Mr.Roger Fry：今譯弗賴（1866～1934），英國畫家、美術評論家，推崇塞尚及後期印象派畫家，曾任劍橋大學美術教授。

[6] Grafton Exhibition：格拉夫頓展覽會。

著來摭拾一些他們自己懂不得一半的名詞，吹動他們傳聲的喇叭，希望這麼一來就可以勾引起，如同月亮勾引海潮，一個「偉大的」運動——革命；在文藝上掀動全武行做武戲與在政治上賣弄身手有時一樣的過癮！這你可以懂得了吧，悲鴻，爲什麼所謂後期印象派的作風能在，也不僅中國，幾於全世界，有如許的威風？你是代表一種反動，對這種在你看來完全Anarchic❼運動的反動（卻不可誤會我說你是反革命，那不是頑！），所以你更不能姑息，更不能容忍，你是立定主意要憑你的「浩然之氣」來掃蕩這光天下的妖氣！我當然不是拿你來比陪在前十年的文學界的林畏廬，你不可誤會；我感覺到的只是你的憤慨的眞誠。如果你，悲鴻，甘脆的說，我們現在學西畫不可盲從塞尚瑪蒂斯一流，我想我可以贊同——尤其那一個「盲」字。文化的一個意義是意識的擴大與深湛，「盲」不是進化的道上的路碑。你如其能進一步，向當代的藝界指示一條坦蕩的大道，那我，雖則一個素人，也一定敬獻我的欽仰與感激。但你恰偏偏挑了塞尙與瑪蒂斯來發洩你一腔的憤火；罵他們「無恥」，罵他們「卑鄙昏聵」，罵他們「黑暗墮落」，這話如其出在另一個人的口裡，不論誰，只要不是你，悲鴻，那我再也不來廢工夫迂回的寫這樣長篇的文字（說實話，現在能有幾個人的言論是值得尊重的！）；但既然你說得出，我也不能制止我的「惑」，非得進一步請教，請你更剴切的部析，更剴切的指示，解我的，同時也解，我敢信，少數與我同感的朋友的，「惑」。

我不但尊重你的言論，那是當然的，我並且尊重你的謾罵（「無恥」一流字眼不能不歸入謾罵一欄吧？），因爲你決不是瞎罵。你不但親自見過塞尙的作品，並且據你自己說，見到過三百多幅的多，那在中國竟許沒有第二個。也不是因爲派別不同；要不然你何以偏偏：

❼ Anarchic：無政府主義的。

不反對皮加粟（Picasso[8]），「不反對」梵古與高根，這見證你並不是一個固執成見的「古典派」或畫院派的人。換句話說，你品評事物所根據的是，正如一個有化育的人應得根據活的感覺，不是死的法則。我所以惑。再說，前天我們同在看全國美展所陳列的日本洋畫時，你又曾極口讚許太田三郎那幅皮加粟後期影響極明顯的裸女，並且你也「不反對」，除非我是錯誤，滿谷國四郎的兩幅作品；同時你我也同意不看起中村不折一類專寫故事的畫片，湯淺一郎一流平庸的無感覺的手筆；你並且還進一步申說「與其這一類的東西毋寧裡見勝藏那怕人的裸象」。這又正見你的見解的平允與高超，不雜意氣，亦無有成見。在這裡，正如在別的地方，我們共同的批判的標準還不是一個眞與僞或實與虛的區分？在我們衡量藝術的天平上最占重量的，還不是一個不依傍的眞純的藝術的境界（An independent artistic vision）一種獨立的藝術觀。與一點眞純的藝術的感覺？什麼叫做一個美術家除是他憑著繪畫的或塑造的形象想要表現他獨自感受到的某種靈性的經驗？技巧有它的地位，知識也有它的用處，但單憑任何高深的技巧與知識，一個作家不能造作出你我可以承認的純藝術的作品。你我在藝術裡正如你我在人事裡兢兢然尋求的，還不是一些新鮮的精神的流露，一些高貴的生命的晶華，況且在藝術上說到技巧還不是如同在人的品評上說到舉止與外貌；我們不當因爲一個人衣衫的不華麗或談吐的不雋雅而藐視他實有的人格與德性，同樣的我們不該因爲一張畫或一尊像技術的外相的粗糙或生硬而忽略它所表現的生命與氣魄。這且如此，何況有時作品的外相的粗糙與生硬正是它獨具的性格的表現？

[8] Picasso：今譯畢卡索（1881～1973），西班牙畫家、雕刻家，1904年起定居巴黎，為立體主義畫派主要代表，作品對現代西方藝術有深遠影響。其代表作有《亞威農的少女們》、《格爾尼卡》、《梳頭的女人》、宣傳畫《和平鴿》等。

（我們不以江南山川的柔媚去品評泰岱的雄偉，也不責備施耐庵不用柴大官人的口吻去表寫李逵的性格，也為了同樣的理由。但這當然是一個極淺的比照。）

如果我上面說的一些話你聽來不是完全沒有理性；如果再進一步關於品評藝術的基本原則，你也可以相當的容許，且不說順從，我的膚淺的觀察，那你，悲鴻，就不應得如此謾罵塞尚與瑪蒂斯的作風，不說他們藝術家的人格。在他們倆，尤其是塞尚，挨罵是絕不希奇；如你知道，塞尚一輩子關於他自己的作品，幾於除了罵就不曾聽見過別的品評——野蠻，荒謬，粗暴，胡鬧，滑稽，瘋癲，妖怪，怖夢，在一八七四年"Communard"[9]（這正如同現代中國罵人共產黨或反動派），在一九四年，他死的前兩年，Un："Anarchiste"[10]。在一八九五年（塞尚五十六歲）服拉爾先生（Ambroise Vollard）[11]用盡了氣力組織成塞尚的第一次個人展覽時，幾於所有走過39 Rue Laffitte[12]的人（因為在窗櫃裡放著他的有名的《休憩時的浴者》）都得，各盡本分似的，按他們各人的身分貢獻他們的笑罵！下女，麵包師，電報生，美術學生，藝人，紳士們，太太們，尤其是講究體面的太太們，沒有一個不是羞紅了臉或是氣紅了臉的，表示他們高貴的憤慨——看了藝術墮落到這般田地的憤慨。但在十一二年後藝史上有名的「獨立派」的「秋賽」時，塞尚，這個普魯岡司山坳裡的土老兒，頓時被當時的青年藝術家們擁上了二十世紀藝術的寶座，一個不

---

[9] Communard：法文，巴黎公社社員。

[10] Anarchiste：法文，一個無政府主義者。

[11] Ambroise Vollard：沃拉爾（1865～1939），法國美術品商和出版商。1893年創設巴黎畫廊，舉辦過塞尚（1898）、畢卡索（1901）、馬蒂斯（1904）等人的首次個人畫展。他還刊印過由勃納爾和夏加爾作插圖的許多文學名著的豪華版。著有自傳《畫商回憶錄》（1937）。

[12] 39 Rue Laffitte：法文，拉斐脫路39號。

冕的君主！在穆耐，特茄史，穆羅，高根，畢於維史等等奇瑰的群峰的中間，又湧出一座莽蒼渾灝的宗嶽！Salle Ceza⑬是一座聖殿，只有虔誠的腳蹤才可以容許進去瞻仰，更有誰敢來吐漏一半句非議話的話——先生小心了，這不再是十一二年前的「拉斐脫路三十九」！

這一邊的笑罵，那一邊的擁戴，當然同樣是一種意氣的反動，都不是品評或欣賞藝術應具的合理的態度。再過五年塞尚的作品到了英國又引起了藝界相類的各走極端的風波：一邊是「非理士汀」們當然的嬉笑與怒罵，一邊是，「高看毛人」們一樣當然反動的怒罵與嬉笑。就在現在，塞尚已然接踵著蒙內，米萊，特茄史等等成爲近代的典型（Classic），在一班藝人們以及素人們提到塞尚還是不能有一致的看法，雖則咒罵的熱烈，正如崇拜的瘋狂，都已隨著時光減淡得多的了。塞尚在現代畫術上，正如洛壇在塑術上的影響，早已是不可磨滅，不容否認的事實，他個人藝術的評價亦已然漸次的確定——卻不料，萬不料在這年上，在中國，尤其是你的見解，悲鴻，還發現到這一八九五年以前巴黎市上的回聲！我如何能不詫異？如何能不惑？

話再說回頭，假如你只說你不喜歡，甚而厭惡塞尚以及他的同流的作品，那是你聲明你的品味，個人的好惡，我決沒有話說。但你指斥他是「無恥」，「卑鄙」，「商業的」。我爲古人辨誣，爲藝術批評爭身價，不能不告罪饒舌。如其在藝術界裡也有殉道的志士，塞尚當然是一個（記得文學界的茀祿貝爾）。如其近代有名的畫家中有到死賣不到錢，同時金錢的計算從不曾羼入他純藝的努力的人，塞尚當然是一個。如其近代畫史上有性格孤高，耿介澹泊，完全遺世獨立，終身的志願但求實現他個人獨到的一個「境界」這樣的一個人，塞尚當然是一個。換一句話說，如其近代畫史上有「無恥」，「卑鄙」一

⑬ Salle Ceza：不詳。

類字眼是應用不上的一個人，塞尙是那一個人！塞尙足足畫了五十幾年的畫，終生不做別的事。他看不起巴黎人因爲他有一次聽說巴黎有買他的靜物畫的人；「他們的品味準是夠低的，」他在鄉間說。他畫，他不斷的畫；在室內畫，在野外畫；一早起畫，黃昏時還是畫；畫過就把畫擲在一邊再來第二幅；畫不滿意（他永遠不滿意）他就拿刀向畫布上搠，或是拿畫從視窗丟下樓去，有的穿掛在樹枝上像一隻風箏；你（不論你是誰）只要漏出一半句誇讚他的畫的話，他就非得央著把那幅畫送給你（他卻不慮到你帶回家時見得見不得你的太太！）他搬家就把他畫得的畫如數丟下在他搬走的畫室裡！至於他的題材，他就只畫他眼前與眼內的景象：山嶺，山谷，房舍，蘋果，大蔥，鄉里人（不是雇來的模特兒），他自己或是他的戴綠帽的，黃臉婆子，河邊洗澡的，林木，捧泥娃娃的女小孩……他要傳達他的個人的感覺，安排他的「色調的建築」，實現他的不得不表現的「靈性的經驗」！我們能想像一個更盡忠於純粹藝術的作者不？他一次說他不願畫耶穌因爲他自己對教的信仰不夠虔誠，不夠眞。這能說是無恥卑鄙不？（在中國不久，我相信，十個畫家裡至少會有九個要畫孫中山先生因爲——因爲他們都確信他們自己是三民主義的忠實的信徒！）

至於他的畫的本身——但我實在再不能縱容我自己了，我話已然說得太太多；況且你是最知道塞尙的作品的，比我知道得多，雖則你的同情似乎比我少，外行侈談美術是一種大大的罪孽，我如何敢大膽？但容我再順便在這信尾指出：在你所慷慨列述的近代法國大師的名單中，有的，如同特拉克洛窪與孤爾倍是塞尙私淑的先生（小說家左拉 Zola[14]，塞尙的密友，死後他的畫堆裡發現一張畫題名

[14] Zola：左拉（1840～1902），法國作家，自然主義文學的代表人物。他的主要作品包括《小酒店》、《萌芽》、《金錢》、《娜娜》等。

Len' évement[15]，人都疑心不是特拉克洛窪自己就是門下畫的，但隨後發現署名是塞尙！你知道這件小掌故不？所以我們別看輕那土老兒，早年時他也會畫博得我們誇壯麗雄偉等等的神話，例如偉丈夫抗走妖豔的女子之類！）有的，如同勒奴幻或Pissarro[16]（你似乎不曾提到他，但你決不能如何恨他），或穆耐或特茄史都是他的程度，淺深間的相知（雖則塞尙說：「這群人打扮得都像律師」）有的，例如馬耐，你稱爲「庸」的，或是畢於維史，你稱爲偉大的，是他的冤家，他們的輕視是相互的Homo adichtus Nature，[17]至於尊師達仰先生，他大約不曾會過塞尙，他大概不屑批評塞尙的作品，但我同時揣度他或許不能完全贊同你對他的批評。你這些還有甚麼說的，既然如今塞尙，不再是一個鄉里來的人，不再是Communard或是Anarchist，已然是在藝術界成爲典型正如布賽Poussin[18]，特拉克洛窪，洛壇，米萊等一個個已然成爲典型，我當然不敢不許你做第二個托爾斯泰，拓出一支巨膀去掃掉文廟裡所有的神座，但我卻願意先拜讀你的《藝術論》。最後還有一句話：對不起瑪蒂斯，他今天只能躲在他前輩的後背閃避你的刀鋒；但幸而他的先生是你所佩服的穆羅Moreau[19]，他在東方的夥伴或支裔又是你聲言「不反對」的滿谷國四郎，他今天，我知道，正在蘇州玩虎邱！

四月九日寫天亮

---

[15] Len' évement似有拼寫錯誤，不詳。

[16] Pissarro：畢沙羅（1830～1903），法國印象派畫家，主要作品有《巴黎蒙馬特爾大街夜景》、《布魯日的橋》等。

[17] Homo adichtus Nature：似有拼法錯誤，無法翻譯。

[18] Poussin：今譯普桑（1594～1665），法國畫家，法國古典主義繪畫奠基人，重要作品有《四季》、《聖母升天》、《台階上的聖家族》等。

[19] Moreau：莫羅（1826～1898），法國象徵主義畫家，主要作品有《俄狄甫斯與斯芬克斯》、《莎樂美的舞蹈》等。

海粟的畫

海粟是一個有玄學思想的畫家。從道德經經過邵康節到「天遊主義」，或是從「天遊主義」到邵康節再到道德經——這是海翁在他的玄學海裡旅程的一個概況。本來作「文人畫」的作家是脫離不了玄學思想的，不論是道佛或是別的什麼；海翁無非是格外明顯的一個例。這部分思想的淵源發現在他的作品裡是一種特殊的氣象，這究竟是什麼，頗不易用一二個狀詞來概括，至少我覺得難，但無論如何我們不能否認他確能在他的畫裡表現一種他所獨有的品性或風格。一個畫家的思想的傾向往往在他的作品的題材裡流露消息。有的人許不願意把思想一類字眼和畫家放在一起，彷彿一個畫家就不該有或不必有什麼思想似的，我理會得這個道理，但是我現在不能申辨，我只能求你們把思想這字眼放寬一點看，只當它是可與性情乃至態度一類字眼幾乎可相通用的。海粟每回提起筆來作畫的時候（我這裡是說他的國畫）在他想像中最浮現的是什麼一類境界，在他內心裡要求表現的是什麼？（容我斗膽來一個心理的揣詳。）最現成的是大山嶺，海，波瀾，瀑布，老松，枯木，寒林；要是鳥，那就是白鳳，再不然就是大鵬，「其翼若垂天之雲，背負青天而莫之夭閼者」；要是花（他絕少畫花），那就是曼陀羅花，或是別的什麼產自神仙出處的奇葩。我們這裡要問的是他要表現的是什麼，是這些山水花鳥的本體，還是他借用這些形體來表現他潛伏在內心裡的概念？我的拙見是他要寫的是「意」，不是體。他寫山海是爲它們的大，波瀾爲它們的壯闊，泉爲它們的神秘，枯木爲它們的蒼勁。尤其是「大」的一個概念在海粟是無處不活躍的；從新心理學說來，這幾字是一種Complex[1]是。因此在他成功的時候他的形象輪廓不止是形象輪廓；同時在他失敗的時候他的形象輪廓不止是形象輪廓。他的畫，至少他的國畫，確乎是東方一部分玄學思想的繪事的表現。

我們再從他愛好的作家裡探得消息。意識的或非意識的，海粟自己賞鑒的標準也只是一個：偉大。不嫌粗，不嫌野，他只求大。「大」是他崇拜的英雄們的一個共性。在西方他覓得了密恰朗其羅，羅丹，塞尙，梵古；在東方他傾倒八大，石濤。這不是偶然的好惡，這是個人性情自然的嚮往。因緣是前定的；有他的性情才有他的發現，因他的發現更確定了他的性情。

所以從他的崇仰及他自己的作品裡我們看出海粟一生精神的趨向。他是一個有體魄有力量的人，他並且有時也能把他天賦的體魄和力量著實的按捺到他的作品裡。我們不能否認他的胞襟的寬擴，他的意境的開展，他的筆致的遒勁。你盡可以不喜歡他的作品，你盡可以從各方面批評他的作品，但在現代作家中你不能忽略他的獨占的地位。他是在那裡，不論是粗是細。他不僅是在那裡，他並且強迫你的注意。尤其在這人材荒歉的年生，我們不能不在這樣一位天賦獨厚的作者身上安放我們絕望中的希望。吳倉老已經作古，我們生在這時代的不由的更覺得孤寂了，海粟更應得如何自勉！自信力是一切事業的一個根腳；海粟有的是自信力。但同時海粟還得用謙卑的精神來體會藝術的眞際，山外有山，海外有海，身上本來長有翅膀的何苦屈伏在卑瑣的地面上消磨有限的光陰？海粟是已經決定出國去幾年，我們可以預期像他這樣有準備的去探寶山，決不會得空手歸來，我們在這裡

[1] Complex：心理學術語，今譯「情結」。

等候著消息！這次的展覽是他去國前的一個結束，關心藝術的不可錯過這認識海粟的一個唯一機會。

愛眉小札

愛眉小札

八月九日起日札

「幸福還不是不可能的」，這是我最近的發現。

今天早上的時刻，過得甜極了。我只要你：有你我就忘卻一切，我什麼都不想什麼都不要了，因爲我什麼都有了。

與你在一起沒有第三人時，我最樂，坐著談也好，走道也好，上街買東西也好，廠甸我何嘗沒有去過，但哪有今天那樣的甜法。愛是甘草，這苦的世界有了它就好上口了。

眉，你眞玲瓏，你眞活潑，你眞像一條小龍。

我愛你樸素，不愛你奢華，你穿上一件藍布袍，你的眉目間就有一種特異的光彩，我看了心裡就覺著不可名狀的歡喜。樸素是眞的高貴，你穿戴齊整的時候當然是好看，但那好看是尋常的，人人都認得的，素服時的眉有我獨到的領略。

「玩人喪德，玩物喪志」這句話確有道理。

我恨的是庸凡，平常，瑣細，俗；我愛個性的表現。

我的胸膛並不大，決計裝不下整個或是甚至部分的宇宙，我的心河也不夠深，常常有露底的憂愁，我即使小有才，決計不是天生的，我信是勉強來的，所以每回我寫什麼多少總是難產，我唯一的靠傍是霎那間的靈通。我不能沒有心的平安，眉，只有你能給我心的平安，在你完全的蜜甜的高貴的愛裡我享受無上的心與靈的平安。

凡事開不得頭，開了頭便有重複，甚至成習慣的傾向，在戀中人也得提防小漏縫兒，小縫兒會變大窟窿，那就糟了。我見過兩相愛的人因爲小事情誤會鬥口，結果只有損失，沒有利益，我們家鄉俗諺有「一天相罵十八頭，夜夜睡在一橫頭」，意思說是好夫妻也免不了吵。我可不信，我信合理的生活動機是愛，知識是南針；愛的生活也不能純粹靠感情，彼此的瞭解是不可少的，愛是幫助瞭解的力，瞭解是愛的成熟，最高的瞭解是靈魂的化合，那是愛的圓滿功德。

沒有一個靈性不是深奧的；要懂得，眞認識一個靈性，是一輩子的工作，這功夫愈下愈有味，像逛山似的唯恐進得不深。

眉，你今晚說想到鄉間去過活，我聽了頂歡喜，可是你得準備吃苦，總有一天我引你到一個地方，使你完全轉變你的思想與生活的習慣，你這孩子其實是太嬌養慣了！我今天想起旦農雪烏的「死的勝利」的結局；但中國人，哪配？眉，你我從今起對愛的生活負有做到他十全的義務，我們應得努力。眉，你怕死嗎？眉，你怕活嗎？活比死難得多！眉，老實說，你的生活一天不改變，我一天不得放心，但北京就是阻礙你新生命的一個大原因，因此我不免發愁。

我從前的束縛是完全靠理性解開的；我不信你的就不能用同樣的方法。萬事只要自己決心，決心與成功間的是最短的距離。

往往一個人最不願意聽的話，是他最應得聽的話。

十日

我六時就醒了，一醒就想你來話，現在九點半了，難道你還不曾起身，我眞等急了。

我有一個心，我有一個頭；我心動的時候，頭也是動的。

我眞應得謝天；我在那一輩子裡，本來自己已是陳死人，竟然還能嘗著生活的甜味，曾經享受過最完全、最奢侈的時辰，我從此是一個富人，再沒有抱怨的口實，我已經知足。這時候，天坍了下來，地陷了下去，霹靂種在我的身上，我再也不怕死，不愁死，我滿心只是感謝，即使眉你有一天（恕我這不可能的設想）心換了樣，停止了愛我，那時我的心就像蓮蓬似的戴滿了窟窿，我所有的熱血都從這些窟窿裡流走——即使有那樣悲慘的一天，我想我還是不敢怨的，因爲你我的心曾經一度靈通，那是不可滅的，上帝的意思到處是明顯的。

他的發落永遠是平正的；我們永遠不能批評，不能抱怨。

十一日

這過的什麼日子？我這心上壓得多重呀！眉，我的眉，怎麼好呢？霎那間有千百件事在方寸間起伏，是憂，是慮，是瞻前，是顧後，這筆上那能寫出？眉，我怕，我眞怕，世界與我們是不能並立的，不是我們把他們打毀成全我們的話，就是他們打毀我們，逼迫我們的死。眉，我悲極了，我胸口隱隱的生痛，我雙眼盈盈的熱淚，我就要你，我此時要你，我偏不能有你，喔！這難受——戀愛是痛苦，是的，眉，再也沒有疑義。眉！我恨不得立刻與你死去，因爲只有死可以給我們想望的清靜，相互的永遠占有。眉，我來獻全盤的愛給你，一團火熱的眞情，整個兒給你，我也盼望你也一樣拿整個、完全的愛還我。

世上並不是沒有愛，但大多是不純粹的，有漏洞的，那就不值錢，平常，淺薄，我們是有志氣的，決不能放鬆一屑屑。我們得來一個眞純的榜樣，眉，這戀愛是大事情，是難事情，是關生死超生死的事情——如其要到眞的境界，那才是神聖，那才是不可侵犯。有同情的朋友是難得的，我們現在有少數的朋友，就思想見解論，在中國是第一流，他們如「先生」，如水王，如金——都是眞愛你我，看重你我，期望你我的。他們要看我們做到一般做不到的事，實現一般人夢想的境界。他們，我敢說，相信你我有這天賦，有這能力；他們的期望是最難得的，但同時你我負著的責任，那不是玩兒，對己，對友，對社會，對天，我們有奮鬥到底、做到十全的責任！眉，你知道我這近來心事重極了，晚上睡不著不說，睡著了就來怖夢，種種的顧慮整天像刀光似的在心頭亂刺，眉，你又是在這樣的環境裡嵌著，連自由談天的機會都沒有，唉這眞是哪裡說起！眉，我每晚睡在床上尋思時，我彷彿覺著髮根裡的血液一滴滴的消耗，在憂鬱的思念中黑髮變成蒼白，一天廿四時，心頭哪有一刻的平安——除了與你單獨相對的俄頃，那是太難得了。眉，我們死去吧，眉，你知道我怎樣的愛你，啊眉！比如昨天早上你不來電話，從九時半到十一時，我簡直像是活抱著炮烙似的受罪，心那麼的跳，那麼的痛，也不知爲什麼，說你也不信，我躺在榻上直咬著牙，直翻身喘著哪！後來再也忍不住了，自己拿起了電話，心頭那陣的狂跳，差一點把我暈了，誰知你一直睡著沒有醒，我這自討苦吃多可笑，但同時你得知道，眉，在戀中人的心裡是最複雜的心理，說是最不合理可以，說是最合理也可以。眉，你肯不肯親手拿刀割破我的胸膛，挖出我那血淋淋的心留著，算是我給你最後的禮物？

今朝上睡昏昏的只是在你的左右，那怖夢眞可怕，彷彿有人用妖法來離間我們，把我迷在一輛車上，整天整夜的飛行了三晝夜，旁邊坐著一個瘦長的嚴肅的婦人，像是運命自身，我昏昏的身體動不得，口開不得，聽憑那妖車帶著我跑，等得我醒來下車的時候，有人來對我說你已另訂約了。我說不信，你帶約指的手指忽在我眼前閃動，我一見就往石板上一頭衝去，一聲悲叫，就死在地下——正當你電話鈴響把我振醒，我那時雖則醒了，把那一陣的悽惶與悲酸，像是靈魂出了竅似的，可憐呀！眉！我過來正想與你好好的談半句鐘天，偏偏你又得出門就診去，以後一天就完了，四點以後過的是何等不自然局促的時刻，我與適之談，也是淒涼萬狀，我們的影子在荷池圓葉上晃著，我心裡只是悲慘，眉呀！我心肝的眉呀！你快來伴我死去吧！

十四日

昨晚不知哪兒來的興致，十一點鐘跑到東花廳，本想與奚若談天，他買了新鮮合桃、葡萄、沙果、蓮蓬請我，誰知講不到幾句話，太太回來了，那就是完事，接著慰慈、夢綠也來了，一同在天井裡坐著閒話，大家嚷餓，就吃蛋炒飯，我吃了兩碗，飯後就嚷打牌，我說那我就得住夜，住夜就得與慰慈夫婦同床，夢綠連罵：「要死快哩，瘋頭瘋腦！」但結果打完了八圈牌，我的要求居然做到，三個人一頭睡下，息了燈，綠躲緊在慈的胸前，格支支的笑個不住，我假裝睡著，其實他們說話等等我全聽分明，到天亮都不曾落。

眉，娘眞是何苦來。她是聰明，就該聰明到底；她既然看出我們倆是癡情人，容易鍾情，她就該得想法大處落墨，比如說禁止你與我往來，不許你我見面，也是一個辦法；否則就該承認我們的情分，給我們一條活路，才是道理，像這樣小鶼鶼的溜著眼珠當著人前提防，多說一句話該，多看一眼該，多動一手該，這可不是眞該，實際毫無干係，只叫人不舒服，強迫人裝假，眞是何苦來！眉，我總說有眞愛就有勇氣，你愛我的一片血誠，我身體磨成了粉都不能懷疑，但同時你娘那裡既不肯冒險，他那裡又不肯下決斷，生活上也沒有改向，單叫我含糊的等著，你說我心上哪能有平安，這神魂不定又哪能做事，因此我不由的不私下盼望你能進一步愛我，早晚想一個堅決的辦法出來，使我早一天定心，早一天能堂皇的做人，早一天實現我一輩子理想中的新生活。眉，你愛我究竟是怎樣的愛法？

我不在時你想我，有時很熱烈的想我，那我信；但我不在時你依舊有你的生活，並不是怎樣的過不去；我在你當然更高興，但我所最要知道的是，眉呀，我是否你「完全的必要」，我是否能給你一些世界上再沒有第二人能給你的東西，是否在我的愛你的愛裡得到了你一生最圓滿，最無遺憾的滿足？這問題是最重要不過的，因爲戀愛之所以爲戀愛，就在他那絕對不可改變不可替代的一點；羅米烏愛玖麗德，願爲她死，世上再沒有第二個女子能動他的心，玖麗德愛羅米烏，願爲他死，世上再沒有第二個男子能占她一點子的情，他們那戀愛之所以不朽，又高尚，又美，就在這裡。他們倆死的時候，彼此都是無遺憾的，因爲死成全他們的戀愛到完全最圓滿的程度，所以這“Die upon a kiss” ❶是眞鍾情人理想的結局，再不要別的。反面說，假如戀愛是可以替代的，像一支牙刷爛了可以另買，衣服破了可以另製，他那價值也就可想。「定情」—— the spirtual engagement, the great mutual giving up❷是一件偉大的事情，兩個靈魂在上帝的眼前自願的結合，人間再沒有更美的時刻——戀愛神聖就在這絕對性，這

❶ 一吻而亡。

❷ 神聖的婚約，彼此的獻身。

完全性，這不變性；所以詩人說——

The light of a whole life dies.

When love is done.❸

戀愛是生命的中心與精華，戀愛的成功是生命的成功，戀愛的失敗是生命的失敗，這是不容疑義的。

眉，我感謝上蒼，因爲你已經接受了我；這來我的靈性有了永久的寄託，我的生命有了最光榮的起點，我這一輩子再不能想望關於我自身更大的事情發現；我一天有你的愛，我的命就有根，我就是精神上的大富翁。因此我不能不切實的認明這基礎究竟是多深，多堅實，有多少抵抗侵凌的實力——這生命裡多的是狂風暴雨！

我以我不怕你厭煩我要問你究竟愛我到什麼程度？有了我的愛你是否可以自慰已經得到了生命與生命中的一切？反面說，要沒有我的愛，是否你的一生就沒有光彩？我再來打譬喻。你愛吃蓮肉，愛吃雞豆肉；你也愛我的愛；在這幾天我信蓮肉，雞豆，愛都是你的需要；在這情形下愛只像是一個「加添的必要」。The additional necessith不是絕對的必要，比如空氣，比如飲食，沒有一樣就沒有命的。有蓮時吃蓮，有雞豆時吃雞豆；有愛時「吃」愛。好；再過幾時時新就換樣，你又該吃蜜桃，吃大石榴了，那時假定我給你的愛也跟著蓮與雞豆完了，但另有與石榴同時的愛現成可以「吃」——你是否照樣過你的活，照樣生活裡有跳有笑的？再說明白的，眉呀，我祈望我的愛是你的空氣，你的飲食，有了就活，缺了就沒有命的一樣東西；不是雞豆，或是蓮肉，有時吃固然痛快，過了時也沒多大交關，石榴、柿

❸ 戀愛的失敗，也是整個生命之火為之熄滅的開始。

子、青果跟著來替口味多著呢！眉你知道我怎樣的愛你，你的愛現在已是我的空氣與飲食，到了一半天不可少的程度。因此我要知道在你的世界裡我的愛占一個什麼地位？

May, I miss your passionately appealing gazing and soul communicating glances which once so overwhelmed and ingratiated me. Suppose I die suddenly tomorrow morning. Suppose I come to contract an incurable disease. Suppose I cease to love you. Suppose I change my heart and love somebody else, what then would you feel and what would you do? These are very cruel supposition I know, but all the same I can't help making them, such being the love's psychology.

Do you know what would I have done if in my coming back, I should have found my love no longer mine！Try and imagine the situation and tell me what you think.❹

日記已經第六天了，我寫上了一二十頁，不管寫的是什麼，你一個字都還沒有出世哪！但我卻不怪你，因爲你眞是貴忙；我自己就負你空忙大部分的責。但我盼望你及早開始你的日記，紀念我們同玩廠甸那一個蜜甜的早上。我上面一大段問你的話，確是我每天鬱在心裡的一點意思，眉你不該答覆我一兩個字嗎？眉，我寫日記的時候我的意緒益發蠶絲似的繞著你；我筆下多寫一個眉字，我口裡低呼一聲

❹ 眉，我思念你那深情的凝視，和傳情的眼神，它們曾使我魄散魂銷。假設我明天早晨突然死去。假設我突然染上了絶症。假設我不再愛你。假設我變心了，愛上了別人，你會有什麼感覺，你會怎麼做？我知道這些都是很殘酷的假設，但我還是忍不住作了，這便是陷於愛情之中的人的心理。如果我回來，發現我的愛人已不再屬於我，你知道我會怎麼作嗎？想像一下這種情形，告訴我你的想法。

我的愛，我的心為你多跳了一下，你從前給我寫的時候也是同樣的情形我知道，因此我益發盼望你繼續你的日記，也使我多得一點歡喜，多添幾分安慰。

十四日半夜

我想去買一隻玲瓏堅實的小箱，存你我這幾日來交換的信件，算是我們定情的一個紀念，你意思怎樣？

十八日

十一點過了，肚子還是疼，又招了涼，怪難受的，但我一個人占這空院子，（道宏這會真走了，）夜沉沉那能睡得著。這時候飯店涼台上正涼快，舞場中衣香鬢影多浪漫多作樂呀！這屋子悶熱得凶，蚊蟲也不饒人，我臉上腕上腳上都叫咬了。我病我想是一半昨晚少睡了，今天打球後喝冰水太多，此時也有些倦意，但眉你不是說回頭給我打電話嗎？我哪能睡呢？聽差們該死，走的走，睡的睡，一個都使喚不來，你來電時我要睡著了那又不成。所以我還是起來塗我最親愛的愛眉小札吧。方才我躺在床上又想這樣那樣的。怪不得老話說「疾病則思親」，我才小不舒服就動了感情，你說可笑不？我倒不想父母，早先我有病時總想媽媽，現在連媽媽都退後了，我只想我那最親愛的，最鍾愛的小眉。我也想起了你病的那時候，天罰我不叫我在你的身旁，我想起就痛心，眉，我怎麼不知道你那時熱烈的想我要我，我在義大利時有無數次想出了神。不是使勁的自咬手臂，就是拿拳頭捶著胸，直到真痛了才知道。今晚輪著我想你了。眉！我想像你坐在我的床頭，給我喝熱水，給我吃藥，撫摩著我生痛的地方，讓我好好的安眠，那多幸福呀！我願意生一輩子病，叫你坐一輩的床頭。哦，那可不成，太自私了，不能那樣設想。昨晚我問你我死了你怎樣，你說你也死，我問眞的嗎，你接著說的較比近情些。你說你或許不能死，因爲你還有娘，但你會把自己「關」起來，再不與男子們來往。眉，眞的嗎？門關得上，也打得開，是不是？我眞傻，我想的是什麼呀，太空幻了！我方才想假使我今晚肚子疼是盲腸炎，一陣子湧上來在極短的時間痛死了我，反正這空院子裡鬼影都沒，天上只有幾顆冷淡的星，地下只有幾莖野草花。我要是眞的靈魂出了竅，那時我一縷精魂飄飄蕩蕩的好不自在，我一定跟著涼風走，自己什麼主意都沒有；假如空中吹來有音樂的聲響，我的鬼魂許就望著那方向飛去——許到了飯店的涼台上，阿，多涼快的地方，多好聽的音樂，多熱鬧的人群呀！阿！那又是誰，一位妙齡女子，她慵慵的倚著一個男子肩頭在那像水潑似的地平上翩翩的舞，多美麗的舞影呀！但她是誰呢？爲什麼我這飄渺的三魂無端又感受一個勁烈的顫？她是誰呢，那樣的美，那樣的風情，讓我移近去看看，反正這鬼影是沒人覺察，不會招人討厭的不是？現在我移近了她的跟前——慵慵的倚著一個男子肩頭款款舞踏著的那位女郎。她到底是誰呀，你，孤單的鬼影，究竟認清了沒有？她不是旁人；不是皇家的公主，不是外邦的少女；她不是別人，她就是她——你生前瀝肝腦去戀愛的她！你自己不幸，這大早就變了鬼，她又不知道，你不通知她哪知道——那圓舞的音樂多香柔呀！好，我去通知她吧，鬼影躊躇了一晌，咽住了他無形的悲淚，益發移近了她，舉起一個看不見的指頭，向著她暖和的胸前輕輕的一點——阿，她打了一個寒噤，她抬起了頭，停了舞，張大了眼睛，望著透光的鬼影睜眼的看。在那一瞥間她見著了，她也明白了，她知道完了——她手掩著面，她悲切切的哭了，她同舞的那位男子用手去攬著她，低下頭，去軟聲的安慰她——在潑水似的地平上，他擁著掩面悲泣的她慢慢走回坐位。去坐下了。音樂還是不斷的奏著。

十二點了，你還沒有消息，我再上床去躺著想吧。

十二點三刻了。還是沒有消息，水管的水聲，像是瀝淅的秋雨，眞惱人。爲什麼心頭這一陣陣的淒涼；眼淚——線條似的掛下來了！寫什麼，上床去吧。

一點了。一個秋蟲在階下鳴。我的心跳；我的心一塊塊的迸裂；痛！寫什麼，還是躺著去。孤單的癡人！

一點過十分了。還這麼早，時候過的眞慢呀！

這地板多硬呀！跪著雙膝生痛；其實何苦來，祈告又有什麼用處？人有沒有心是問題；天上有沒有神道更是疑問了。

志摩啊你眞不幸！志摩啊你眞可憐！早知世界是這樣的，你何必投娘胎出世來！這一腔熱血遲早有一天嘔盡。

一點二十分！

一點半——Marvelous!! ❺

一點三十五分——Life's too charming, too charming, indeed. Haha!! ❻

一點三刻——O is that the way women love! Is that the way women love! ❼

……!

---

❺ 太妙了！

❻ 生活太美妙了，確實是太美妙了，哈哈！

❼ 哦，女人的愛原來如此！女人的愛原來如此！

一點五十五分——天呀！

兩點五分——我的靈魂裡的血一滴滴在那裡掉⋯⋯

兩點十八分——瘋了

兩點三十分

兩點四十分

"O the pity of it, the pity of it, Iago!!" Christ what a hall.

Is packed into that line! Each syllable bleeds when you say it⋯⋯[8]

兩點五十分——靜極了

三點七分

三點二十五分——火都沒了

三點四十分——心茫然了

五點欠一刻了——咳

六點三十分

七點三十分

十九日

眉，你救了我。我想你這回眞的明白了。情感到了眞摯而且熱

[8] 「可惜呀，可惜，伊阿古！！」／天哪，這一句話裡面／凝聚了多少的痛苦！說話時／每個音節都在流血⋯⋯

烈時，不自主的往極端方向走去。亦難怪我昨夜一個人發狂似的想了一夜。我何嘗成心與你生氣，我更不會存一絲的懷疑，因為那就是懷疑我自己的生命，我只怪嫌你其實太孩子氣，看事情有時不認清親疏的區別，又太顧慮，缺乏勇氣，須知眞愛不是罪（就怕愛而不眞，做到眞字的絕對義那才做到愛字），在必要時我們得以身殉，與烈士們愛國，宗教家殉道，同是一個意思。你心上還有芥蒂時，還覺著「怕」時，那你的思想就沒有完全叫愛染色，你的情沒有到晶瑩剔透的境界，那就比一塊光澤不純的寶石，價值不能怎樣高的。昨晚那個經驗，現在事後想來，自有它的功用。你看我活著不能沒有你，不單是身體，我要你的性靈，我要你的身體完全的愛我，我也要你的性靈完全的化入我的，我要的是你的絕對的全部——因為我獻給你的也是絕對的全部，那才當得起一個愛字。在眞的互戀裡，眉，你可以儘量，盡性的給，把你一切的所有全部給你的戀人，再沒有任何的保留，隱藏更不須說；這給，你要知道，並不是給掉，像你送人家一件袍子或是什麼；非但不是給掉，這給是眞的愛。因為在兩情的交流中，給與受再沒有分界；實際是你給的多你愈富有，因為戀情不是像金子似的硬性，它是水流與水流的交抱，是明月穿上了一件輕快的雲衣，雲彩更美，月色亦更豔了。眉，你懂得不是？我們買東西尚且要挑剔，怕上當，水果不要有蛀洞的，寶石不要有斑點的，布綢不要有皺紋的；愛是人生最偉大的一件事實，如何少得了一個完全，一定得整個換整個，整個化入整個，像糖化在水裡，才是理想的事業，有了那一天，這一生也就有交代了。

眉，方才你說你願意跟我死去，我才放心你愛我是有根了；事實不必有，決心不可不有，因為實際的事變誰都不能測料，到了臨場要沒有相當準備時，原來神聖的事業立刻就變成了醜陋的頑笑。世間多的是沒志氣人，所以只聽見頑笑；眞的能認眞的能有幾個人！我們不可不格外自勉。

我不僅要愛的肉眼認識我的肉身，我要你的靈眼認識我的靈魂。

小曼名言：「我想一個人想吃，什麼東西就吃得著，也是好過的。」

二十一日

眉，醒起來，眉，起來，你一生最重要的交關已經到門了，你再不可含糊，你再不可因循。你成人的機會到了，眞的到了。F已把你看作潑水難收，當著生客們的面前，儘量的羞辱你；你再沒有志氣，也不該猶豫了！同時你自己也看得分明，假如你離成了，決不能再在北京耽下去。我是等著你，天邊去，地角也去，爲你我什麼道兒都欣欣的不躊躇的走去。聽著：你現在的選擇，一邊是苟且，曖昧的圖生，一邊是認眞的生活；一邊是骯髒的社會，一邊是光榮的戀愛；一邊是無可理喻的家庭，一邊是海闊天空的世界與人生；一邊是你的種種的習慣，寄媽舅母，各類的朋友，一邊是我與我的愛。認清楚了這回，我最愛的眉呀，「差以毫里，謬以千里」，「一失足成千古恨」，你眞的得下一個完全自主的決心，叫愛你期望你的眞朋友們一致起敬你才好呢！

眉，爲什麼你不信我的話，到什麼時候你才聽我的話；你不信我的愛嗎？你給我的愛不完全嗎？爲什麼你不肯聽我的話，連極小的事情都不依從我——倒是別人叫你上哪兒，你就梳頭打扮了快走。你果眞愛我，不能這樣沒膽量。戀愛本是光明事，爲什麼要這般偷偷的，多不痛快。

眉，要知道你只是偶爾的覺悟，偶爾的難受，我呢，簡直是整天整晚的叫憂愁割破了我的心！

O May! Love me, give me all your love, let us become one; try to live into my love for you, let my love fill you, nourish you, caress your darling body and hug your darling soul too; let my love stream over you, merge you thoroughly; let me rest happy and confident in your passion for me![9]

憂愁他整天拉著我的心，
像一個琴師擦練他的琴；
悲哀像是海礁間的飛濤：
看他那洶湧，聽他那呼號！

[9] 哦，眉！愛我，給我你所有的愛，讓我們成為一體；嘗試生活在我對你的愛裡邊，讓我的愛充滿你，滋養你，愛撫你美麗的肉體，並擁抱你美麗的靈魂；讓我的愛漫過你，徹底地淹沒你；讓我幸福與自信地休息在你對我的愛裡邊！

眉軒瑣語

一月六日[1]

小病三日，拔牙一根，吃藥三煎，睡昏昏不計鐘點，亦不問晝夜。乍起怕冷貪懶，東偎西靠，被小曼逼下樓來，穿大皮袍，戴德生有耳大毛帽，一手托腮，勉強提筆，筆重千鈞，新年如此，亦苦矣哉。

適之今天又說這年是個大轉機的機會。爲什麼？

各地停止民衆運動，我說政府要請你出山，他說誰說的，果然的話，我得想法不讓他們發表。

輕易希冀輕易失望同是淺薄。

費了半個鐘頭才洗淨了一支筆。

男子只有一件事不知厭倦的。

女人心眼兒多，心眼兒小，男人聽不慣她們的說話。

對不對像是分一個糖塔餅，永遠分不淨勻。

愛的出發點不定是身體，但愛到了身體就到了頂點。厭惡的出發點，也不一定是身體，但厭惡到了身體也就到了頂點。

---

❶ 農曆。西曆一九二八年一月二十八日。

梅勒狄斯寫*Egoist*❷，但這五十年內，該有一個女性的Sir Willoughby❸出現。

最容易化最難化的是一樣的東西——女人的心。

朋友走進你屋子東張西望時，他不是誠意來看你的。

懷疑你的一到就說事情忙趕快得走的朋友。

老傅來說我下回再有詩集他替作序。

過去的日子只當得一堆灰，燒透的灰，字跡都見不出一個。

我唯一的引誘是佛，祂比我大得多，我怕祂。

今年我要出一本文集一本詩集一本小說兩篇戲劇。

正月初七稱重一百卅六磅（連長毛皮袍）曼重九十。

昨夜大雪，瑞午家初次生火。

頃立窗間，看鄰家園地雪意。轉瞬間憶起貝加爾湖雄踞群峰。小瑞士岩稿梨夢湖上的少女和蘇格蘭的霧態。

---

❷ *Egoist*：《利己主義者》。

❸ Sir Willoughby：韋勒比爵士。他是英國作家奧斯汀的小說《理性與感性》中的人物。

翡冷翠山居閒話

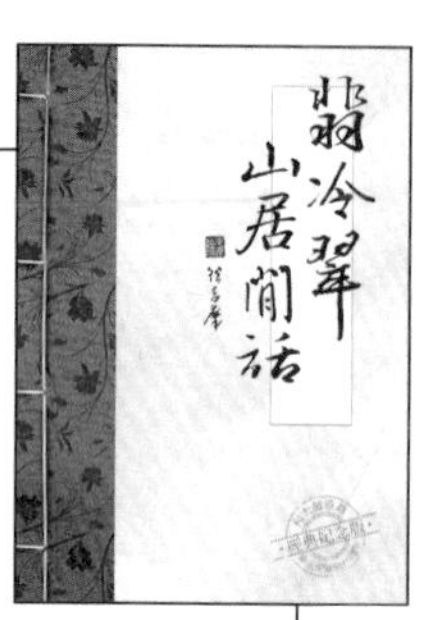

作　　者｜徐志摩

發 行 人｜林敬彬
主　　編｜楊安瑜
編　　輯｜吳瑞銀
封面設計｜玉馬門創意設計有限公司
內頁編排｜周淑惠

出　　版｜大旗出版社　行政院新聞局北市業字第1688號
發　　行｜大都會文化事業有限公司
110台北市信義區基隆路一段432號4樓之9
讀者服務專線：（02）27235216
讀者服務傳眞：（02）27235220
電子郵件信箱：metro@ms21.hinet.net
網　　　　址：www.metrobook.com.tw

郵政劃撥｜14050529 大都會文化事業有限公司
出版日期｜2008年10月初版一刷
定　　價｜250元
I S B N｜978-957-8219-75-5
書　　號｜Choice-011

Metropolitan Culture Enterprise Co., Ltd.
4F-9, Double Hero Bldg., 432, Keelung Rd., Sec. 1,Taipei 110, Taiwan
Tel:+886-2-2723-5216　Fax:+886-2-2723-5220
Web-site:www.metrobook.com.tw
E-mail:metro@ms21.hinet.net

◎ 本書由江蘇文藝出版社授權繁體字版之出版發行
◎ 本書如有缺頁、破損、裝訂錯誤，請寄回本公司更換

國家圖書館出版品預行編目資料

翡冷翠山居閒話／徐志摩 著. -- 初版
--臺北市：大旗出版社：大都會文化發行,
2008.10　面；　公分.--（Choice：11）
ISBN 978-957-8219-75-5（平裝）
855　　97015700

大都會文化圖書目錄

● 度小月系列

路邊攤賺大錢【搶錢篇】 280元
路邊攤賺大錢2【奇蹟篇】 280元
路邊攤賺大錢3【致富篇】 280元
路邊攤賺大錢4【飾品配件篇】 280元
路邊攤賺大錢5【清涼美食篇】 280元
路邊攤賺大錢6【異國美食篇】 280元
路邊攤賺大錢7【元氣早餐篇】 280元
路邊攤賺大錢8【養生進補篇】 280元
路邊攤賺大錢9【加盟篇】 280元
路邊攤賺大錢10【中部搶錢篇】 280元
路邊攤賺大錢11【賺翻篇】 280元
路邊攤賺大錢12【大排長龍篇】 280元

● DIY系列

路邊攤美食DIY 220元
嚴選台灣小吃DIY 220元
路邊攤超人氣小吃DIY 220元
路邊攤紅不讓美食DIY 220元
路邊攤流行冰品DIY 220元
路邊攤排隊美食DIY 220元
把健康吃進肚子—40道輕食料理easy做 250元

● 流行瘋系列

跟著偶像FUN韓假 260元
女人百分百—男人心中的最愛 180元
哈利波特魔法學院 160元
韓式愛美大作戰 240元
下一個偶像就是你 180元
芙蓉美人泡澡術 220元
Men力四射—型男教戰手冊 250元
男體使用手冊－35歲+♂保健之道 250元
想分手？這樣做就對了！ 180元

● 生活大師系列

遠離過敏—打造健康的居家環境 280元
這樣泡澡最健康—舒壓・排毒・瘦身三部曲 220元
兩岸用語快譯通 220元
台灣珍奇廟—發財開運祈福路 280元
魅力野溪溫泉大發現 260元
寵愛你的肌膚—從手工香皂開始 260元
舞動燭光—手工蠟燭的綺麗世界 280元
空間也需要好味道—打造天然香氛的68個妙招 260元
雞尾酒的微醺世界—調出你的私房Lounge Bar風情 250元
野外泡湯趣—魅力野溪溫泉大發現 260元
肌膚也需要放輕鬆—徜徉天然風的43項舒壓體驗 260元
辦公室也能做瑜珈—上班族的紓壓活力操 220元
別再說妳不懂車—男人不教的Know How 249元
一國兩字—兩岸用語快譯通 200元
宅典 288元
超省錢浪漫婚禮 250元

● 寵物當家系列

書名	價格	書名	價格
Smart養狗寶典	380元	Smart養貓寶典	380元
貓咪玩具魔法DIY—讓牠快樂起舞的55種方法	220元	愛犬造型魔法書—讓你的寶貝漂亮一下	260元
漂亮寶貝在你家—寵物流行精品DIY	220元	我的陽光・我的寶貝—寵物眞情物語	220元
我家有隻麝香豬—養豬完全攻略	220元	SMART養狗寶典（平裝版）	250元
生肖星座招財狗	200元	SMART養貓寶典（平裝版）	250元
SMART養兔寶典	280元	熱帶魚寶典	350元
Good Dog—聰明飼主的愛犬訓練手冊	250元		

● 人物誌系列

書名	價格	書名	價格
現代灰姑娘	199元	黛安娜傳	360元
船上的365天	360元	優雅與狂野—威廉王子	260元
走出城堡的王子	160元	殞逝的英格蘭玫瑰	260元
貝克漢與維多利亞—新皇族的眞實人生	280元	幸運的孩子—布希王朝的眞實故事	250元
瑪丹娜—流行天后的眞實畫像	280元	紅塵歲月—三毛的生命戀歌	250元
風華再現—金庸傳	260元	俠骨柔情—古龍的今生今世	250元
她從海上來—張愛玲情愛傳奇	250元	從間諜到總統—普丁傳奇	250元
脫下斗篷的哈利—丹尼爾・雷德克里夫	220元	蛻變—章子怡的成長紀實	260元
強尼戴普—可以狂放叛逆，也可以柔情感性	280元	棋聖 吳清源	280元
華人十大富豪—他們背後的故事	250元	世界十大富豪—他們背後的故事	250元

● 心靈特區系列

書名	價格	書名	價格
每一片刻都是重生	220元	給大腦洗個澡	220元
成功方與圓—改變一生的處世智慧	220元	轉個彎路更寬	199元
課本上學不到的33條人生經驗	149元	絕對管用的38條職場致勝法則	149元
從窮人進化到富人的29條處事智慧	149元	成長三部曲	299元
心態—成功的人就是和你不一樣	180元	當成功遇見你—迎向陽光的信心與勇氣	180元
改變，做對的事	180元	智慧沙	199元（原價300元）
課堂上學不到的100條人生經驗	199元（原價300元）	不可不防的13種人	199元（原價300元）
不可不知的職場叢林法則	199元（原價300元）	打開心裡的門窗	200元

書名	定價	書名	定價
不可不愼的面子問題	199元（原價300元）	交心—別讓誤會成爲拓展人脈的絆腳石	199元
方圓道	199元	12天改變一生	199元（原價280元）
氣度決定寬度	220元	轉念—扭轉逆境的智慧	220元
氣度決定寬度2	220元	逆轉勝—發現在逆境中成長的智慧	199元
智慧沙2	199元		

● SUCCESS系列

書名	定價	書名	定價
七大狂銷戰略	220元	打造一整年的好業績—店面經營的72堂課	200元
超級記憶術—改變一生的學習方式	199元	管理的鋼盔—商戰存活與突圍的25個必勝錦囊	200元
搞什麼行銷—152個商戰關鍵報告	220元	精明人聰明人明白人—態度決定你的成敗	200元
人脈＝錢脈—改變一生的人際關係經營術	180元	週一清晨的領導課	160元
搶救貧窮大作戰の48條絕對法則	220元	搜驚．搜精．搜金—從Google的致富傳奇中，你學到了什麼？	199元
絕對中國製造的58個管理智慧	200元	客人在哪裡？—決定你業績倍增的關鍵細節	200元
殺出紅海—漂亮勝出的104個商戰奇謀	220元	商戰奇謀36計—現代企業生存寶典I	180元
商戰奇謀36計—現代企業生存寶典II	180元	商戰奇謀36計—現代企業生存寶典III	180元
幸福家庭的理財計畫	250元	巨賈定律—商戰奇謀36計	498元
有錢眞好！輕鬆理財的10種態度	200元	創意決定優勢	180元
我在華爾街的日子	220元	贏在關係—勇闖職場的人際關係經營術	180元
買單！一次就搞定的談判技巧	199元（原價300元）	你在說什麼？—39歲前一定要學會的66種溝通技巧	220元
與失敗有約？—13張讓你遠離成功的入場券	220元	職場AQ—激化你的工作DNA	220元
智取—商場上一定要知道的55件事	220元	鏢局—現代企業的江湖式生存	220元
到中國開店正夯《餐飲休閒篇》	250元	勝出！—抓住富人的58個黃金錦囊	220元
搶賺人民幣的金雞母	250元	創造價值—讓自己升值的13個秘訣	220元
李嘉誠談做人做事做生意	220元	超級記憶術（平裝紀念版）	199元

● 都會健康館系列

書名	定價	書名	定價
秋養生—二十四節氣養生經	220元	春養生—二十四節氣養生經	220元
夏養生—二十四節氣養生經	220元	冬養生—二十四節氣養生經	220元

春夏秋冬養生套書	699元（原價880元）	寒天—0卡路里的健康瘦身新主張	200元
地中海纖體美人湯飲	220元	居家急救百科	399元（原價450元）
病由心生—365天的健康生活方式	220元	輕盈食尚—健康腸道的排毒食方	220元
樂活，慢活，愛生活—健康原味生活501種方式	250元	24節氣養生食方	250元
24節氣養生藥方	250元	元氣生活—日の舒暢活力	180元
元氣生活—夜の平靜作息	180元	自療—馬悅凌教你管好自己的健康	250元

● CHOICE系列

入侵鹿耳門	280元	蒲公英與我—聽我說說畫	220元
入侵鹿耳門（新版）	199元	舊時月色（上輯+下輯）	各180元
清塘荷韻	280元	飲食男女	200元
梅朝榮品諸葛亮	280元	老子的部落格	250元
孔子的部落格	250元	翡冷翠山居閒話	250元

● FORTH系列

印度流浪記—滌盡塵俗的心之旅	220元	胡同面孔—古都北京的人文旅行地圖	280元
尋訪失落的香格里拉	240元	今天不飛—空姐的私旅圖	220元
紐西蘭奇異國	200元	從古都到香格里拉	399元
馬力歐帶你瘋台灣	250元	瑪杜莎艷遇鮮境	180元

● 大旗藏史館

大清皇權遊戲	250元	大清后妃傳奇	250元
大清官宦沉浮	250元	大清才子命運	250元
開國大帝	220元	圖說歷史故事—先秦	250元
圖說歷史故事—秦漢魏晉南北朝	250元	圖說歷史故事—隋唐五代兩宋	250元
圖說歷史故事—元明清	250元	中華歷代戰神	220元
圖說歷史故事全集	880元（原價1000元）	人類簡史—我們這三百萬年	280元

● 大都會運動館

野外求生寶典—活命的必要裝備與技能	260元	攀岩寶典—安全攀登的入門技巧與實用裝備	260元
風浪板寶典—駕馭的駕馭的入門指南與技術提升	260元	登山車寶典—鐵馬騎士的駕馭技術與實用裝備	260元
馬術寶典—騎乘要訣與馬匹照護	350元		

● 大都會休閒館

賭城大贏家—逢賭必勝祕訣大揭露	240元	旅遊達人—行遍天下的109個Do & Don't	250元
萬國旗之旅—輕鬆成為世界通	240元		

● 大都會手作館

樂活，從手作香皂開始	220元	Home Spa & Bath—玩美女人肌膚的水嫩體驗	250元

● 世界風華館

環球國家地理：歐洲（黃金典藏版）	250元	環球國家地理：亞洲・大洋洲（黃金典藏版）	250元
環球國家地理：非洲・美洲・兩極（黃金典藏版）	250元		

● BEST系列

人脈＝錢脈—改變一生的人際關係經營術（典藏精裝版）	199元	超級記憶術—改變一生的學習方式	220元

● FOCUS系列

中國誠信報告	250元	中國誠信的背後	250元
誠信—中國誠信報告	250元	龍行天下—中國製造未來十年新格局	250元

● 禮物書系列

印象花園 梵谷	160元	印象花園 莫內	160元
印象花園 高更	160元	印象花園 竇加	160元
印象花園 雷諾瓦	160元	印象花園 大衛	160元
印象花園 畢卡索	160元	印象花園 達文西	160元
印象花園 米開朗基羅	160元	印象花園 拉斐爾	160元
印象花園 林布蘭特	160元	印象花園 米勒	160元
絮語說相思 情有獨鍾	200元		

● 工商管理系列

二十一世紀新工作浪潮	200元	化危機為轉機	200元
美術工作者設計生涯轉轉彎	200元	攝影工作者快門生涯轉轉彎	200元
企劃工作者動腦生涯轉轉彎	220元	電腦工作者滑鼠生涯轉轉彎	200元
打開視窗說亮話	200元	文字工作者撰錢生活轉轉彎	220元

挑戰極限	320元	30分鐘行動管理百科（九本盒裝套書）	799元
30分鐘教你自我腦內革命	110元	30分鐘教你樹立優質形象	110元
30分鐘教你錢多事少離家近	110元	30分鐘教你創造自我價值	110元
30分鐘教你Smart解決難題	110元	30分鐘教你如何激勵部屬	110元
30分鐘教你掌握優勢談判	110元	30分鐘教你如何快速致富	110元
30分鐘教你提昇溝通技巧	110元		

● 精緻生活系列

女人窺心事	120元	另類費洛蒙	180元
花落	180元		

● CITY MALL系列

別懷疑！我就是馬克大夫	200元	愛情詭話	170元
唉呀！真尷尬	200元	就是要賴在演藝圈	180元

● 親子教養系列

孩童完全自救寶盒（五書＋五卡＋四卷錄影帶）			3,490元（特價2,490元）
孩童完全自救手冊—這時候你該怎麼辦（合訂本）			299元
我家小孩愛看書—Happy學習easy go！	200元	天才少年的5種能力	280元
哇塞！你身上有蟲！—學校忘了買、老師不敢教，史上最髒的科學書			250元

◎ 關於買書：

1、大都會文化的圖書在全國各書店及誠品、金石堂、何嘉仁、搜主義、敦煌、紀伊國屋、諾貝爾等連鎖書店均有販售，如欲購買本公司出版品，建議你直接洽詢書店服務人員以節省您寶貴時間，如果書店已售完，請撥本公司各區經銷商服務專線洽詢。

北部地區：(02)85124067　桃竹苗地區：(03)2128000　中彰投地區：(04)27081282

雲嘉地區：(05)2354380　臺南地區：(06)2642655　高屏地區：(07)3730079

2、到以下各網路書店購買：

大都會文化網站 (http://www.metrobook.com.tw)

博客來網路書店 (http://www.books.com.tw)

金石堂網路書店 (http://www.kingstone.com.tw)

3、到郵局劃撥：

戶名：大都會文化事業有限公司　帳號：14050529

4、親赴大都會文化買書可享8折優惠。

大都會文化 讀者服務卡

書名：翡冷翠山居閒話

謝謝您選擇了這本書！期待您的支持與建議，讓我們能有更多聯繫與互動的機會。

A. 您在何時購得本書：_____年_____月_____日

B. 您在何處購得本書：__________書店，位於__________（市、縣）

C. 您從哪裡得知本書的消息：1.□書店 2.□報章雜誌 3.□電台活動 4.□網路資訊 5.□書籤宣傳品等 6.□親友介紹 7.□書評 8.□其他__________

D. 您購買本書的動機：（可複選）1.□對主題或內容感興趣 2.□工作需要 3.□生活需要 4.□自我進修 5.□內容為流行熱門話題 6.□其他__________

E. 您最喜歡本書的（可複選）：1.□內容題材 2.□字體大小 3.□翻譯文筆 4.□封面 5.□編排方式 6.□其他__________

F. 您認為本書的封面：1.□非常出色 2.□普通 3.□毫不起眼 4.□其他__________

G. 您認為本書的編排：1.□非常出色 2.□普通 3.□毫不起眼 4.□其他__________

H. 您通常以哪些方式購書：（可複選）1.□逛書店 2.□書展 3.□劃撥郵購 4.□團體訂購 5.□網路購書 6.□其他__________

I. 您希望我們出版哪類書籍：（可複選）

1.□旅遊 2.□流行文化 3.□生活休閒 4.□美容保養 5.□散文小品

6.□科學新知 7.□藝術音樂 8.□致富理財 9.□工商企管 10.□科幻推理

11.□史哲類 12.□勵志傳記 13.□電影小說 14.□語言學習（ 語）

15.□幽默諧趣 16.□其他__________

J. 您對本書（系）的建議：__________

____

K. 您對本出版社的建議：__________

____

讀者小檔案

姓名：__________ 性別：□男 □女 生日：_____年_____月_____日

年齡：□20歲以下 □21～30歲 □31～40歲 □41～50歲 □51歲以上

職業：1.□學生 2.□軍公教 3.□大眾傳播 4.□服務業 5.□金融業

6.□製造業 7.□資訊業 8.□自由業 9.□家管 10.□退休

11.□其他__________

學歷：□ 國小或以下□ 國中□ 高中／高職□ 大學／大專□ 研究所以上

通訊地址：__________

電話：（H）__________ （O）__________ 傳真：__________

行動電話：__________ **E-Mail**：__________

謝謝您購買本書，也歡迎您加入我們的會員，請上大都會文化網站**www.metrobook.com.tw**登錄資料，您將會不定期收到本公司最新圖書優惠資訊和電子報。

北區郵政管理局
登記證北台字第9125號
免　貼　郵　票

大都會文化事業有限公司
讀者服務部收

110 台北市基隆路一段432號4樓之9

寄回這張服務卡（免貼郵票）
您可以：
◎不定期收到最新出版訊息
◎參加各項回饋優惠活動